躍動・陸のASEAN、南部経済回廊の潜在力

メコン経済圏の新展開

浦田秀次郎・牛山隆一 編著

文眞堂

まえがき

　日本企業にとって東南アジア諸国連合（ASEAN）は以前から重要な事業展開先であったが，2010年頃から改めて注目度が高まった。同様に主要な拠点である中国では賃金が高騰したうえ，尖閣問題を巡り日中関係も悪化した。その一方，ASEAN は日本や韓国，中国，インドなどと自由貿易協定（FTA）/経済連携協定（EPA）を相次いで締結し，アジア経済連携ネットワークの中核として存在感を高めた。2015年末の目標時期に向け経済共同体創設の動きも本格化するなど注目材料が相次いだ。その ASEAN の中でも熱視線を浴びているのが，インドシナ半島のメコン川流域に位置するタイ，ベトナム，カンボジア，ラオス，ミャンマー5カ国で構成される「陸の ASEAN」である。

　その理由としては，以下の2点が挙げられよう。第1にカンボジア，ラオス，ミャンマーのいわゆる CLM と呼ばれる ASEAN 後発国が新たな投資先として浮上してきた。特に2011年3月のテイン・セイン政権誕生後，政治の民主化と並行して経済の改革・開放が急速に進められたミャンマーは大きな関心を集めた。人口5000万人超の同国は「アジア最後のフロンティア」と称され，日本企業の進出ブームが起き，在ヤンゴン日本人商工会議所の会員企業数は300社超（2016年8月）と過去5年間で6倍に膨らんだ。CLM 各国はいずれも特別経済区（SEZ）の整備や外資向け優遇措置の拡充等を通じ外資誘致を推進し，経済開発に役立てようとの姿勢を鮮明にしている。そんな状況下，CLM が持つ低廉な労働力，潜在力を秘める消費市場，豊富な資源などがクローズアップされている。

　第2に，「陸の ASEAN」では国境をまたぐ経済活動が以前に比べやりやすくなった。ASEAN 域内は経済共同体創設により国境の垣根が着実に低くなったが，「陸の ASEAN」では国際幹線道路の整備も進められ，陸路のコネクティビティ（連結性）が改善した。国際幹線道路の中でも重要なのは，ベトナム中部からラオス，タイを経由してミャンマーへ抜ける東西経済回廊，ベトナム南

部からカンボジア，タイを通過しミャンマーへ至る南部経済回廊，中国・雲南省からラオス・ミャンマーを南下しタイに入る南北経済回廊——の3つだ。これらは陸のASEANを縦横に貫通するものであり，域内の主要物流ルートとしての発展が期待される。今なお整備を要する部分もあるが，各回廊では舗装や拡幅，架橋等の工事が着々と進められてきた。こうしたハード面に加え，越境手続きの簡素化などソフト面のインフラ整備も徐々に前進している。

「陸のASEAN」は，経済圏として一体感を強め始めた。中核国タイは，CLMやベトナムとの経済関係の強化を重視し，地元企業の越境活動を後押しするため公的支援策を拡充している。実際，タイ企業の間では昨今，これらの国々に生産や販売の拠点を新増設する動きが加速しており，貿易・投資の拡大に結びついている。成長力に富む近隣諸国の活力を取り込もうとするタイの動きは，「陸のASEAN」の一体化を促す力になっている。

一方，タイに分厚い生産拠点を持つ日本企業の間では，同国での賃金上昇や人手不足に対応するため，労働集約的な生産品目・工程を周辺のカンボジアやラオスへ移す，いわゆる「タイプラスワン」と呼ばれるオペレーションが見られるようになった。タイにおける投資環境の変化が直接の契機であるが，CLM各国の外資導入策の強化，国境幹線道路の整備により容易になった面もある。このように日本企業が国境をまたぐ生産・販売ネットワークの構築に乗り出したことも，「陸のASEAN」経済の関係緊密化に寄与している。

様々な見所を持つ「陸のASEAN」の中で，我々が着目したのが南部経済回廊である。その理由は，同回廊が域内の物流ルートとして最も発展が期待され，実際に日本企業の注目度も高いからである。

南部経済回廊はベトナム最大の都市ホーチミン，カンボジアの首都プノンペン，タイの首都バンコクを結ぶ。これらの都市は，各国消費市場の中心であるうえ，日系も含む外資の主要な工場立地先でもあることから生産活動の中核も担う。したがって各国の所得上昇や外資の進出増に伴い，南部経済回廊の物流は大きく伸びていく可能性がある。同回廊のミャンマー側起点のダウェイでは大規模SEZの開発も予定される。その先行きには曲折も予想されるが，開発が進めば同回廊の注目度はさらに高まるはずである。

本書は，南部経済回廊の開発の経緯・現状を詳しく論じるとともに，タイや

ベトナム経済にとっての同回廊の意義,ミャンマー・ダウェイ開発の展望,日本企業の事業展開例など,南部経済回廊を様々な側面から分析した。「陸のASEAN」ないしはメコン圏に関する文献は昨今増えているが,本書は南部経済回廊に特化したという点で,多くの既存文献とは異なる特徴を持つ。ASEAN,メコン圏に関心を持つ企業・政府関係者,研究者,学生など幅広い層にとって本書が有益な情報となれば,我々執筆者にとって望外の喜びである。

本書は,公益社団法人日本経済研究センター(日経センター)が刊行した2015年度の国際経済研究報告書「南部経済回廊に迫る～メコン圏の注目地域」の内容をベースにとりまとめた。日経センターはASEANを重要な研究対象と位置づけ,2012年度に「ASEAN経済と企業戦略」,13年度に「ASEAN経済と中所得国の罠」,14年度に「ASEAN経済統合どこまで進んだか」という報告書を相次いで刊行した。ASEAN3部作とも言える一連の報告書を受け,15年度に刊行したのが,分析対象地域を絞り込んだ「南部経済回廊に迫る」である。今回の書籍化にあたってはデータや文章を可能な限り更新するとともに追加の情報も随所に盛り込み,内容を拡充させた。

文眞堂の前野隆氏,前野弘太氏をはじめ編集部の方々には本書の刊行にご理解を賜るとともに編集作業にも大変なお力添えをいただいた。心からお礼を申し上げたい。

2017年2月

編著者　浦田秀次郎
　　　　牛山　隆一

目　次

まえがき ………………………………………………………………………… i

総論　南部経済回廊が秘める潜在力
——生産・販売ネットワークの構築進む ……………………… 1

1. はじめに …………………………………………………………………… 1
2. 南部経済回廊圏経済の現状と将来見通し ……………………………… 2
   2.1 南部経済回廊圏経済のマクロ経済状況 …………………………… 2
   2.2 生産ネットワークへの参加状況 …………………………………… 7
   2.3 制度面での連結性の現状と課題 ………………………………… 12
3. 経済回廊の意義と課題 ………………………………………………… 14
4. 提言 ……………………………………………………………………… 16

第1章　南部経済回廊開発の経緯・展望
——インフラ整備のさらなる進展に期待 ……………………… 19

1. はじめに ………………………………………………………………… 19
2. GMS 経済回廊選定の歴史と南部経済回廊 …………………………… 21
   2.1 優先道路の開発 …………………………………………………… 21
   2.2 3つの経済回廊の開発 …………………………………………… 23
   2.3 完成間近の3つの経済回廊 ……………………………………… 24
   2.4 新回廊の指定 ……………………………………………………… 25
   2.5 本書で対象とする南部経済回廊の定義 ………………………… 27
3. 南部経済回廊：サブ回廊のルートと人口・所得水準 ………………… 28
   3.1 中央サブ回廊 ……………………………………………………… 28
   3.2 南部沿岸サブ回廊 ………………………………………………… 33
   3.3 北部サブ回廊およびトンレサップ北岸ルート ………………… 37

3.4　回廊間リンク ………………………………………………… 40
4. 中央サブ回廊の主要都市，国境の開発状況 ……………………… 43
　　4.1　バンコク ……………………………………………………… 43
　　4.2　プノンペン …………………………………………………… 45
　　4.3　ホーチミン市 ………………………………………………… 47
　　4.4　アランヤプラテート＝ポイペト国境 ……………………… 50
　　4.5　バベット＝モクバイ国境 …………………………………… 51
5. 中央サブ回廊越境輸送円滑化の課題 ……………………………… 53
　　5.1　カンボジアとベトナムとの間の取り決め ………………… 53
　　5.2　タイとカンボジアとの間の取り決め ……………………… 56
　　5.3　越境交通協定（CBTA）実施に向けての課題 …………… 57
6. 日本の役割：中央サブ回廊輸送円滑化の課題 …………………… 58

第2章　タイプラスワンと南部経済回廊
　　　　──メコン圏のハブ機能を高めるタイ …………………… 63

1. はじめに ………………………………………………………………… 63
2. 日本企業にとってのタイプラスワン ……………………………… 64
　　2.1　タイにおける日本企業の集積化 …………………………… 64
　　2.2　タイの輸出からみる集積地の競争力の変化 ……………… 69
　　2.3　集積地と南部経済回廊 ……………………………………… 71
3. タイプラスワンを後押しする要因 ………………………………… 73
　　3.1　工程間分業の細分化（フラグメンテーション） ………… 73
　　3.2　賃金の上昇と労働力不足 …………………………………… 74
　　3.3　新興国・途上国向け輸出のためのサプライチェーンの必要性 … 76
　　3.4　国境工業団地の活用 ………………………………………… 78
4. タイ政府にとってのタイプラスワン ……………………………… 81
　　4.1　タイにとってのハブ構想 …………………………………… 81
　　4.2　プラユット政権下による新しい開発戦略 ………………… 82
　　4.3　ハブとしての集積地化の加速 ……………………………… 85
5. 日本企業のタイプラスワンとタイ政府のタイプラスワンの共存共栄 … 88

5.1	タイのタイプラスワンをどう捉えるか	88
5.2.	南部経済回廊の発展とタイプラスワンの方向性	89

第3章 タイ，対CLM経済関係の拡大進む
——南部経済回廊，対カンボジア貿易で役割増大 … 92

1. はじめに … 92
2. タイとCLMの貿易関係 … 93
   - 2.1 タイの貿易相手国としてのCLM … 93
   - 2.2 CLMの貿易相手国としてのタイ … 94
   - 2.3 タイの対CLM貿易品目——「タイプラスワン」の進展映す … 98
   - 2.4 タイの対カンボジア国境貿易と南部経済回廊 … 101
3. タイとCLMの投資関係 … 103
   - 3.1 タイの対外直接投資動向——「投資国」として高まる存在感 … 103
   - 3.2 タイの対CLM投資——ASEAN域内ではシンガポールに次ぐ投資先 … 105
   - 3.3 タイ政府が支援を強化——カンボジアなどを最重要国に指定 … 107
4. タイ企業のカンボジア事業動向 … 109
   - 4.1 タイ企業，多彩な業種で攻勢強める … 109
   - 4.2 タイ企業の国際化とカンボジア事業（個別の事例） … 113
5. タイの対CLM援助と南部経済回廊関連の動き … 119
   - 5.1 タイの対外援助額——対CLMが8割超を占める … 119
   - 5.2 「南部経済回廊」関連のインフラ整備 … 121
6. おわりに … 123

第4章 ベトナムの視点から考える南部経済回廊
——ベトナム企業の対カンボジア投資を促進 … 125

1. はじめに … 125
2. ベトナムの経済発展と南部ベトナムの位置づけ … 127
   - 2.1 ベトナムの経済発展と対外開放政策 … 127
   - 2.2 ホーチミン市の経済 … 128

2.3　ベトナム南部とカンボジア間の輸送インフラ ………………… 131
　　2.4　ベトナムにとっての経済回廊 ………………………………… 134
　3.　ベトナムとカンボジアの経済関係 ………………………………… 138
　　3.1　貿易構造 ………………………………………………………… 138
　　3.2　ベトナムとカンボジアの貿易 ………………………………… 140
　　3.3　ベトナムの対外直接投資 ……………………………………… 142
　4.　ベトナムとカンボジア間の越境物流の現状と課題 ……………… 152
　　4.1　国境の様子 ……………………………………………………… 152
　　4.2　越境交通の現状 ………………………………………………… 153
　　4.3　国境貿易データ ………………………………………………… 154
　5.　結びにかえて ………………………………………………………… 156

第5章　ミャンマーのダウェイSEZと南部経済回廊
　　　　――経済効果への期待大，新政権は開発に慎重 ……………… 160

　1.　はじめに ……………………………………………………………… 160
　2.　ミャンマー経済の動向とダウェイSEZおよび南部経済回廊の
　　　開発に至る経緯 ……………………………………………………… 161
　　2.1　ミャンマー経済の長期停滞 …………………………………… 161
　　2.2　テイン・セイン政権の経済改革 ……………………………… 164
　　2.3　テイン・セイン政権によるダウェイSEZおよび南部経済回廊
　　　　　開発への取り組み ……………………………………………… 166
　3.　ダウェイSEZおよび南部経済回廊の概要と意義 ………………… 168
　　3.1　プロジェクトの概要 …………………………………………… 168
　　3.2　プロジェクトの意義 …………………………………………… 174
　4.　新政権下でのダウェイSEZおよび南部経済回廊開発の行方 …… 177
　　4.1　テイン・セイン政権が既決した事項の継承方針 …………… 177
　　4.2　留意すべき新政権独自の経済政策方針 ……………………… 178
　　4.3　新政権の発足と最初の100日間の政策動向 ………………… 180
　　4.4　今後の展望 ……………………………………………………… 181
　5.　おわりに ……………………………………………………………… 182

第6章　存在感高まるカンボジア
　　――南部経済回廊を活用して国際的サプライチェーンの一環へ… 185

1. はじめに …………………………………………………………… 185
2. カンボジアのマクロ経済概況 …………………………………… 186
   - 2.1　経済成長率 ………………………………………………… 186
   - 2.2　物価上昇率 ………………………………………………… 187
   - 2.3　国際収支 …………………………………………………… 187
   - 2.4　ドル化経済 ………………………………………………… 187
   - 2.5　産業構造 …………………………………………………… 188
   - 2.6　国家財政 …………………………………………………… 188
   - 2.7　カンボジアの金融セクター ……………………………… 188
   - 2.8　カントリーリスク ………………………………………… 190
   - 2.9　世界銀行の所得階層別分類（低所得国から低中所得国への
　　　　格上げ）………………………………………………… 190
3. 最近の政治状況 …………………………………………………… 191
   - 3.1　カンボジア略史 …………………………………………… 191
   - 3.2　2013年総選挙後の動揺と現状 …………………………… 193
   - 3.3　与野党の蜜月の終了と緊張激化 ………………………… 195
4. カンボジアのビジネス環境 ……………………………………… 197
   - 4.1　投資先としてのカンボジアのメリット ………………… 197
   - 4.2　カンボジアの課題と対策 ………………………………… 202
5. カンボジア進出企業の企業戦略 ………………………………… 212
   - 5.1　労働集約型産業 …………………………………………… 213
   - 5.2　フラグメンテーション（国際的サプライチェーン）…… 213
   - 5.3　中間層マーケットとASEAN経済共同体 ……………… 215
   - 5.4　M&A ……………………………………………………… 216
6. 政策提言 …………………………………………………………… 217
7. おわりに …………………………………………………………… 218

第 7 章　日本企業の事業展開例
――南部経済回廊を活用して積極経営 ………………………… 220

1. はじめに ………………………………………………………………… 220
2. カンボジアへの日本企業の投資状況 ………………………………… 222
3. デンソー――南部回廊で調達先拡大へ ……………………………… 226
4. 日本精密――「時計村」をバベットに建設 ………………………… 229
5. 中山商事――バベットの限界？ ……………………………………… 232
6. プリンテ――初の海外にカンボジア選択 …………………………… 234
7. 春うららかな書房――タイ，ベトナム市場もにらむ ……………… 236
8. マダム・サチコ・アンコール・クッキーズ――お土産菓子から
  農村開発へ ……………………………………………………………… 238
9. プノンペン SEZ など工業団地の開発・運営――プノンペンから
  ポイペトへ ……………………………………………………………… 240
10. 郵船ロジスティクスなど物流サービス――越境サービス提供 …… 245
 Box 1.　サハ・グループのミャンマー国境地域への展開 ……………… 249
11. 今後の「南部経済回廊」……………………………………………… 251
 Box 2.　南部経済回廊ルポ ………………………………………………… 252

索引 ………………………………………………………………………………… 261

総論

南部経済回廊が秘める潜在力
―― 生産・販売ネットワークの構築進む

1. はじめに

　東南アジア諸国連合（ASEAN）は 2015 年末に経済共同体（AEC）を発足させ，地域経済統合を梃子に，競争力に富み，公平で，世界経済と緊密な関係を構築できるような経済の実現を目指している。AEC の設立は，ASEAN 諸国に対して地域協力の重要性を再認識させる一方，ASEAN 以外の国々に対しては ASEAN への関心を喚起した。注目を集める ASEAN であるが，ASEAN 域内の地域としては，経済開発の急速に進むインドシナ半島の陸地に位置するメコン圏諸国（「陸の ASEAN」），その中でもベトナム（ホーチミン）―カンボジア（プノンペン）―バンコク（タイ）―ダウェイ（ミャンマー）を結ぶ「南部経済回廊（Southern Economic Corridor：SEC）」に対する日本企業の関心が急速に高まっている（地図総 -1 参照）。
　SEC が，分厚い産業集積を誇るバンコク，高成長が見込まれる ASEAN 後発国の主要都市を通ることから，SEC を活用し効率的な生産・販売・流通ネットワークを構築しようとの動きが目立ってきた。
　こうした状況を踏まえて，本書では，SEC 開発の現状・展望，日系企業の集積地タイから見た SEC の意味・可能性，カンボジア，ベトナム，ミャンマーの開発戦略における SEC の位置づけ，日本企業の具体的な SEC 活用例等，SEC を様々な側面から分析し，日本企業，さらにメコン圏との関係強化を目指す日本の政策担当者に対して有益な情報を提供する。
　本章では，以下，第 2 節で南部経済回廊圏諸国経済の現状と今後の見通しを検討すると共に，それらの国々の生産ネットワークへの参加状況を概観し，生

地図総-1　南部経済回廊

注：「南部経済回廊」は厳密には本地図で記したルートである「中央サブ回廊」を含む4つのサブ回廊で構成される。詳細は第1章参照。
資料：日経センター作成。

産ネットワークへの参加に大きな影響を与える制度面での連結性の実態を分析する。第3節では，経済回廊の意義と課題を経済学の視点から検討する。第4節において政策提言を提示する。

2. 南部経済回廊圏経済の現状と将来見通し

2.1 南部経済回廊圏経済のマクロ経済状況

　ASEAN諸国は2008年の世界金融危機から比較的に早く回復し，2010年に

は7％を超える高成長率を記録した。しかし，その後，インフレ懸念に対する金融引き締め，世界経済成長の減速，商品価格の低下などの諸要因によって，成長率は低下した。ASEAN諸国全体の成長率は2015年には4.4％であったが，2016年の成長率は4.5％が見込まれている[1]。2017年の成長率は2016年よりも0.3％ポイント高い，4.8％と予測されている。その背景には，中国をはじめとして多くの国々の経済成長率が鈍化することによる輸出への負の影響があるにも拘わらず，低インフレにより支えられた消費や投資が増加するという予想がある。

　南部経済回廊に属するカンボジア，ミャンマー，タイ，ベトナムの経済動向を概観しておこう（図表総-1，図表総-2）。カンボジアは1990年以降年平均7％以上の高い経済成長率を維持している。衣類輸出，観光サービス輸出，建設などが高成長の牽引役である。世界経済や中国経済の減速の影響を受けて，以前に比べれば成長率は鈍化している。アジア開発銀行は，2016年および

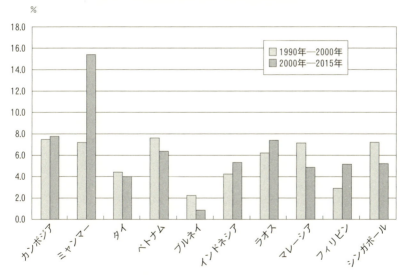

図表総-1　南部経済回廊およびASEAN諸国の成長率（％）

資料：世界銀行，World Development Indicators on line　アクセス日2016年7月25日

1　Asian Development Bank（2016b）

図表総-2　南部経済回廊および ASEAN 諸国の GDP 成長率（％）

	実績値							予測値	
	1990年—2000年	2000年—2010年	2011年	2012年	2013年	2014年	2015年	2016年	2017年
カンボジア	7.4	8.0	7.1	7.3	7.4	7.1	7.0	7.0	7.1
ミャンマー	7.2	12.0	5.6	7.3	8.4	8.7	7.2	8.4	8.3
タイ	4.4	4.6	0.8	7.3	2.7	0.8	2.8	3.0	3.5
ベトナム	7.6	6.6	6.2	5.2	5.4	6.0	6.7	6.3	6.5
ブルネイ	2.2	1.4	3.7	0.9	-2.1	-2.3	-1.1	1.0	2.5
インドネシア	4.2	5.2	6.2	6.0	5.6	5.0	4.8	5.2	5.5
ラオス	6.2	7.1	8.0	7.9	7.8	7.5	6.7	6.8	7.0
マレーシア	7.1	4.6	5.3	5.5	4.7	6.0	5.0	4.2	4.4
フィリピン	2.9	4.8	3.7	6.7	7.1	6.1	5.9	6.0	6.1
シンガポール	7.1	5.8	6.2	3.4	4.7	3.3	2.0	2.0	2.2

注：網掛け部分が南部経済回廊

資料：1990年から2010年については，世界銀行，WDIより計算（アクセス日2016年2月7日），カンボジアは1993年から2000年，ミャンマー（2000年から2010年）については，アジア開発銀行，Key Indicators for 各年版より計算。
2011年，12年はアジア開発銀行，Key Indicators for Asia and the Pacific 2015, 2015年10月より取得。
ブルネイ，カンボジア，ラオス，ミャンマーの2013年から2017年の数値は，アジア開発銀行，Asian Development Outlook 2016, 2016年3月より取得。
タイ，ベトナム，インドネシア，マレーシア，フィリピン，シンガポールの数値については，2013年，14年の数値はAsian Development Outlook 2016, 2015年，16年，17年の数値は，アジア開発銀行，Asian Development Outlook 2016 Supplement, 2016年7月より取得。

2017年の経済成長率は各々，7.0％と7.1％と予測する。衣類の輸出では，中国からの工場の移転や高付加価値商品の拡大などによって，順調な拡大が予測されている。但し，賃金上昇およびリエルはドルと連動していることから，ドルの切り上げが懸念材料である[2]。

ミャンマーは2011年に5.6％と低い成長率を記録した後，回復した。2015年の成長率は14年から低下し8％を下回ったが，2016年と17年については各々，8.4％および8.3％と8％以上の成長率が予測されている。高成長率の源泉は拡張的な財政金融政策と構造改革によって刺激された投資の拡大である

---

[2] カンボジアとミャンマーについては主にAsian Development Bank (2016a) を参考にした。

が，インフレ懸念が高まるならば，減速を余儀なくされる。一方，開放政策や構造改革に呼応する形で直接投資の増加が見込まれることは好材料である。高成長の維持には，政策実施における透明性の向上，汚職の削減，教育・訓練の質の向上，政府サービスの効率および質の向上等が不可欠である。

　タイ経済は，2013年に発生した政情不安により成長率を大きく低下させたが，2015年には自動車や半導体の輸出が回復したことで成長率も上昇した。2016年に入り，政府投資やサービス輸出の増加に支えられて，経済成長率は上昇傾向にある。アジア開発銀行は，2016年および2017年の経済成長率は，各々，3.0％，3.5％と予測している。2017年の成長率上昇の背景には，経済環境の好転と商品価格の上昇による消費の拡大が見込まれている[3]。

　ベトナム経済は2012年に成長率を鈍化させて以来，経済成長率を徐々に上昇させており，2015年は，過去5年間で最も高い6.7％を記録した。成長率の上昇は，製造業および建設業によって牽引された。工業製品輸出や活発な対内直接投資も成長率の上昇に寄与した。アジア開発銀行は，2016年および2017年の経済成長率を，各々，6.3％と6.5％と2015年の成長率よりも低い成長率を予測している。成長率鈍化の予測の1つの理由は，ベトナム経済で比較的に大きな位置を占める農業生産の低下による影響がある。

　アジア開発銀行による2030年に関する予測では，2010年から2030年の20年間におけるカンボジア，ミャンマー，タイ，ベトナムの年平均成長率は，各々，8.2％，9.0％，4.8％，7.3％となっている（図表総-3）。同期間における南部経済回廊4カ国のGDP合計は3.2倍に拡大することが予測されている。ASEAN全体の伸びの予測が3倍であることから，南部経済回廊諸国は他のASEAN諸国よりも高い成長率が予想されている。

　南部経済回廊諸国の経済状況を把握しておこう。南部経済回廊諸国間で，人口，国土面積，経済規模（GDP）および経済発展段階（1人当たりGDP）において大きなバラツキが確認できる（図表総-4）。人口では，ベトナムが最大であり，9千万人以上の人口を擁しているのに対して，カンボジアが最小で，ベトナムの人口の約6分の1の約1600万人である。タイおよびミャンマー

3　タイとベトナムの経済状況および予測については，Asian Development Bank (2016b) を参考にした。

は，それらの国々の間に位置しており，各々，約6800万人，約5400万人である。

国土面積では，ミャンマーが最大で，65万 km^2，最小はカンボジアの約18万 km^2，タイとベトナムは，それらの国々の間に位置しており，各々，51万 km^2，31万 km^{2}となっている。

経済規模（GDP）では，タイが最大で，3953億ドル，最小はカンボジアの180億ドルで，タイのGDPの約22分の1である。タイに続いて経済規模が大きいのはベトナムで1936億ドル，その次がミャンマーで649億ドルである。経済発展段階を示す1人当たりGDPについては，タイが最も高く5800ドル，続いて，ベトナムの2100ドル，ミャンマーの1200ドル，最も低いのはカンボジアで1160ドルとなっている。因みに，カンボジアとミャンマーはASEAN加盟10カ国の中で，1人当たりGDPが最も低い国とその次に低い国となっている。

図表総-3　南部経済回廊およびASEAN諸国経済の将来予測

	2010年				2030年				2010年—2030年
	人口(100万人)	GDP(10億ドル)	世界シェア(%)	1人当たりGDP	人口(100万人)	GDP(10億ドル)	世界シェア(%)	1人当たりGDP	GDP成長率(%)
ASEAN	592	1,860	3.00	3,141	704	5,531	4.34	7,857	5.6
カンボジア	14	11	0.02	795	17	54	0.04	3,132	8.2
ミャンマー	48	45	0.07	946	54	254	0.20	4,683	9.0
タイ	69	319	0.51	4,614	73	814	0.64	11,109	4.8
ベトナム	88	106	0.17	1,211	101	436	0.34	4,292	7.3
ブルネイ	0.4	12	0.02	31,724	0.5	26	0.02	49,958	3.8
インドネシア	240	708	1.14	2,952	280	2,105	1.65	7,528	5.6
ラオス	6	7	0.01	1,158	8	32	0.03	4,150	7.8
マレーシア	28	238	0.38	8,373	37	694	0.54	18,619	5.5
フィリピン	93	200	0.32	2,130	126	772	0.61	6,114	7.0
シンガポール	5	213	0.34	41,910	6	356	0.28	59,578	2.6

注：網掛け部分が南部経済回廊諸国
資料：Asian Development Bank and Asian Development Bank Institute, ASEAN, PRC, and India: The Great Transformation, 2014年

図表総-4　南部経済回廊とASEAN諸国の主要経済指標（2015年）

	人口 (100万人)	人口増加率	面積 (1万km²)	GDP (10億米ドル)	1人当たりGDP (米ドル)
カンボジア	15.6	1.62	17.7	18.0	1,159
ミャンマー	53.9	0.86	65.3	64.9	1,204
タイ	68.0	0.34	51.1	395.3	5,816
ベトナム	91.7	1.07	31.0	193.6	2,111
ブルネイ	0.4	1.38	0.5	15.5	36,608
インドネシア	257.6	1.21	181.2	861.9	3,346
ラオス	6.8	1.67	23.1	12.3	1,812
マレーシア	30.3	1.42	32.9	296.2	9,766
フィリピン	100.7	1.56	29.8	292.0	2,899
シンガポール	5.5	1.19	0.1	292.7	52,889

注：網掛け部分が南部経済回廊諸国
資料：World Bank, World Development Indicators on line　アクセス日2016年7月24日

2.2　生産ネットワークへの参加状況

東アジア諸国の1980年代後半以降の高成長をもたらした1つの重要な要因は，多国籍企業による生産ネットワーク・サプライチェーンの構築と効率的運営である。多国籍企業は生産工程を工程ごとに分解し，分解した生産工程を直接投資を用いて，それらの生産工程を最も効率的・低コストで実施できる国・地域に配置し，それらの生産工程を貿易で連結させることで生産ネットワークを構築し，活発に活用している。各生産工程において生産された原材料や部品は低賃金労働が存在する国・地域に集められ，それらを用いて完成品が組み立てられ，組み立てられた完成品は最終消費地へと輸出されている。世界金融危機の発生する2008年以前においては，最終消費地としては，欧米諸国や日本などの先進諸国が圧倒的に大きな位置を占めていたが，その後は，先進諸国における低成長，それとは対照的な新興国・中所得国などにおける高成長により，アジアを中心とした新興国・中所得国が大きな最終消費地になってきている。企業にとって生産ネットワーク・サプライチェーンへの参加は，取引関係が拡大するだけではなく，取引を通じて技術や経営ノウハウなどの，企業の競争力を強化する要素を取得することが可能になることから，極めて重要である。そこで，本節では，南部経済回廊圏経済の生産ネットワークへの参加状況

を見ることにしよう[4]。はじめに生産ネットワーク構築の手段となる多国籍企業による対内直接投資の動向を考察し，次に，構築された生産ネットワークの活用を示す部品貿易の実態を検討する。

　南部経済回廊諸国への対内直接投資は21世紀に入って上昇している（図表総-5）。投資規模では，タイへの投資が最も大きく拡大しているが，年毎の振幅も大きい。2007年までは継続的に拡大したが，その後，乱高下するような形で著しく変化し，2013年には大きく拡大した。乱高下の1つの要因は政治的不安定である。ベトナムへの直接投資は順調かつ安定的に拡大しているが，その背景には，中国において労働力不足から賃金が上昇したことが，低賃金労働者の供給が豊富なベトナムの投資先としての魅力を高めたことがある。カンボジアは投資規模は他の国々と比べて低いが，着実に対内直接投資を拡大させている。ミャンマーへの直接投資は2010年に一時的に大きく拡大したが，それを除いても，明確に上昇傾向にある。

　南部経済回廊諸国は直接投資を引き付け，生産ネットワークに組み入れられることで，経済成長を実現することができるのであろうか。既に，対内直接投

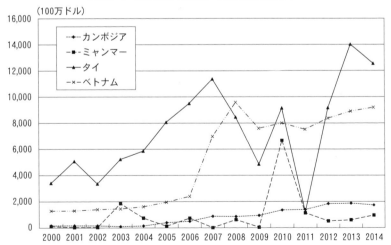

図表総-5　南部経済回廊諸国への対内直接投資フロー

資料：UNCTAD, FDI Database　アクセス日 2016年2月7日

4　詳細は以下の章で分析。

資が上昇傾向にあることから、生産ネットワークへのより深い参加が実現することは期待できる。但し、同じような考えを持つ政府は多く存在し、優遇政策などで積極的に投資誘致を行っている。そのような状況の中で、投資家は南部経済回廊諸国を投資先としてどのように見ているのであろうか。また、これらの国々において多国籍企業が事業を行っていくうえでの問題は何であろうか。以下では、これらの疑問への回答を見つけるために、日本企業に対して毎年行われている国際協力銀行によるアンケート調査の結果を検討することにする。

2015年7月に行ったアンケート調査の結果によると、南部経済回廊諸国は中期的有望事業展開先として上位20位以内に選ばれている[5]。具体的には、タイ（4位）、ベトナム（5位）、ミャンマー（10位）、カンボジア（17位）であった。これらの国々は、2011年度の調査から継続的に上位20位以内にランクされており、日本企業にとって投資先として注目度が高い。有望理由と課題については、上位10位以内にランクされた国々についてのみ掲載されていることから、タイ、ベトナム、ミャンマーについて、有望理由と課題を見てみよう（図表総-6）。有望理由として選ばれた上位3項目について、これら3国に共通するものは、「安価な労働力」と「現地マーケットの今後の成長性」であり、3国共に、コスト（供給）面と需要面の両面において有望と見られている。これらの共通項目以外で上位3項目に選ばれた項目は、タイでは「現地マーケットの現状規模」、ベトナムでは「優秀な人材」、ミャンマーでは「投資にかかる優遇税制がある」であった。「組み立てメーカーの供給拠点として」、「産業集積がある」、「第3国輸出拠点として」という項目を有望理由として選択した企業はタイに多くみられるが、このことはタイが生産ネットワークに深く組み込まれていることを物語っている。

他方、日本企業が事業を行うにあたっての課題としては、上位3つに指摘された項目で3カ国に共通の項目はないが、2カ国に共通に指摘された項目は3つある。「労働コストの上昇」と「他社との激しい競争」の2項目はタイとベトナムについて指摘されている。また、「治安・社会情勢が不安」はタイとミャンマーで指摘されている。その他、法制に関する課題がベトナム（「法制

---

[5] 国際協力銀行（2015）

図表総 -6　日本企業にとっての中期的有望事業展開先国・地域の有望理由と課題

(%)

有望理由	4位 タイ	5位 ベトナム	10位 ミャンマー	課題	4位 タイ	5位 ベトナム	10位 ミャンマー
回答社数	128	116	34	回答社数	118	110	33
1. 優秀な人材	8.6	24.1	8.8	1. 法制が未整備	3.4	19.1	54.5
2. 安価な労働力	38.7	49.1	50.0	2. 法制の運用が不透明	12.7	30.9	33.3
3. 安価な部材・原材料	12.5	7.8	2.9	3. 徴税システムが複雑	4.2	7.3	3.0
4. 組み立てメーカーの供給拠点として	27.3	14.7	5.9	4. 税制の運用が不透明	5.1	16.4	15.2
5. 産業集積がある	22.7	9.5	0.0	5. 課税強化	9.3	6.4	3.0
6. 他国のリスク分散の受け皿として	3.9	19.0	8.8	6. 外資規制	12.7	12.7	15.2
7. 対日輸出拠点として	11.7	11.2	5.9	7. 投資許可手続きが煩雑・不透明	8.5	17.3	27.3
8. 第3国輸出拠点として	24.2	19.0	11.8	8. 知的財産権の保護が不十分	4.2	8.2	3.0
9. 原材料の調達に有利	6.3	2.6	0.0	9. 為替規制・送金規制	3.4	5.5	21.2
10. 現地マーケットの現状規模	35.9	15.5	5.9	10. 輸入規制・通関手続き	6.8	12.7	15.2
11. 現地マーケットの今後の成長性	55.5	71.6	67.6	11. 技術系人材の確保が困難	19.5	16.4	21.2
12. 現地マーケットの収益性	10.9	10.3	8.8	12. 管理職クラスの人材確保が困難	21.2	20.0	21.2
13. 商品開発の拠点として	2.3	0.0	0.0	13. 労働コストの上昇	50.8	39.1	6.1
14. 現地のインフラが整備されている	23.4	6.9	2.9	14. 労使問題	7.6	12.7	3.0
15. 現地の物流サービスが発達している	4.7	4.3	0.0	15. 他社との激しい競争	42.4	20.9	6.1
16. 投資にかかる優遇税制がある	14.8	1.7	14.7	16. 代金回収が困難	3.4	4.5	9.1
17. 外資誘致などの政策が安定している	8.6	5.2	0.0	17. 資金調達が困難	2.5	1.8	6.1
18. 政治・社会情勢が安定している	7.0	20.7	2.9	18. 地場裾野産業が未発達	7.6	16.4	15.2
				19. 通貨・物価の安定感がない	5.1	11.8	15.2
				20. インフラが未整備	5.1	20.0	66.7
				21. 治安・社会情勢が不安	28.0	5.5	39.4
				22. 投資先国の情報不足	5.1	10.0	30.3

注：数字は回答者数の中で当該項目を選択した企業の割合（％）。網掛け部分は上位3項目。
資料：国際協力銀行『わが国製造業企業の海外事業展開に関する調査報告』―2015年度　海外直接投資アンケート結果（第27回）―

の運用が不透明」）とミャンマー（「法制が未整備」）で選択されている。さらに，ミャンマーにおいては「インフラ未整備」が課題であると指摘している企業の割合が極めて高い。

　これらのアンケート調査の結果は，タイ，ベトナム，ミャンマーだけではなく，他の発展途上諸国にとって，直接投資を誘致するにあたっての課題を示している。具体的には，生産性に見合った労働賃金，経済成長，政治的および経済的安定，整備され透明性が高い形で運用される法制度の存在などが重要であることを示している。法制度の整備や透明性が高い形での運用を実現するにあたっては，自国による投資制度の整備など独自の積極的対応は不可欠であるが，2国間投資協定（BIT），投資分野を含んだ自由貿易協定（FTA）を活用すると共に国際機関等からの経済協力を有効に活用すべきである。南部経済回廊諸国はASEAN加盟国であることから，ASEAN経済共同体の枠組みの中で実施されているASEAN包括的投資協定（ACIA）も有効に活用すべきである。

　南部経済回廊諸国間での生産ネットワークはどの程度構築されているのであろうか。生産ネットワークへの関与の度合いを示す1つの指標は部品貿易量である。図表総-7には，カンボジア，タイ，ベトナム諸国間での部品貿易額が

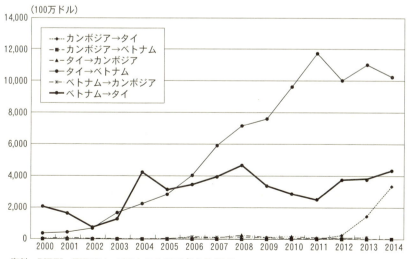

図表総-7　南部経済回廊における部品貿易（100万ドル）

資料：RIETI, TID2014　アクセス日2016年7月24日

示されている。同図表からはタイとベトナムの間では，2000年以降，部品貿易が大きく拡大していることが読み取れる。特に，タイからベトナムへの部品輸出の伸びが顕著である。タイとベトナムとの貿易金額と比べると規模は小さいが，カンボジアからタイへの部品輸出が2012年から2014年にかけて拡大している。その他の，国ごとの組み合わせに関しては，部品貿易は極めて少ない。これらの観察結果は，タイとベトナムは既に生産ネットワークに組み込まれていること，カンボジアが近年になって生産ネットワークに組み込まれてきたこと，一方，ミャンマーは図表には示されていないが，現時点では，生産ネットワークにほとんど組み込まれていないことを示している。

2.3 制度面での連結性の現状と課題

南部経済回廊諸国間の貿易や投資は拡大傾向にあるが，それらのさらなる拡大を推進するには，貿易や投資を阻害する障害を削減・撤廃しなければならない。本項では，南部経済回廊諸国間の貿易および投資の流れに影響を与える貿易および投資の障壁についてみることにしよう。

南部経済回廊諸国はASEAN加盟国であり，ASEANの下で進められているASEAN経済共同体（AEC）実現にむけた貿易や投資の自由化を中心とした様々な取り組みに参加している。財貿易の自由化では，他のASEAN諸国と共に南部経済回廊諸国も少々バラツキはあるが関税を低下させている[6]。特に，ASEAN域内貿易に関する関税率は，1993年から開始されたASEAN自由貿易地域（AFTA），AFTAを発展させ，2010年に発効したASEAN物品貿易協定（ATIGA）の下での合意により，大きく削減された[7]。関税の削減は大きく進んだが，衛生植物検疫（SPS），貿易の技術的障害（TBT），アンチ・ダンピングなどの非関税障壁削減・撤廃はほとんど進んでいない。また，輸出入における通関手続きや商品の輸送などに関するロジスティクスにおいて，南部経済回廊諸国は改善の余地が大きい（図表総-8，図表総-9）。例えば，輸出入に掛かる通関や書類を準備するための時間や費用についてみると，タイは世界189カ国中56位で平均よりも上に位置するが，カンボジア，ベト

---

6 深沢・助川（2014）参照。
7 深沢・助川（2014），石川（2015）などを参照。

ナムは 90 位後半で平均以下である（図表総 -8）。また，ミャンマーは 140 位でかなり低い位置にある。輸出入に掛かるこれらの時間や費用は，必要書類を減らすことで，かなり改善される。ロジスティクスの効率性に関しても，輸出入に掛かる時間と費用に関する調査結果と同様の傾向が読み取れる（図表総 -9）。タイ，ベトナム，カンボジアはロジスティクスの効率性では比較的に良好なパフォーマンスを記録しているが，ミャンマーについては改善の余地が大きい。ロジスティクス分野での効率改善は短時間では難しいが，綿密な計画を作成し，着実に実施していくことが重要である。南部経済回廊諸国では，直接投資およびサービス貿易分野における自由化は ASEAN 経済共同体完成に向けて進んではいるが，財貿易における関税撤廃のような速度と水準では進んでいない[8]。自由化へ向けてのスピードを加速させる必要がある。

図表総 -8　輸出入に掛かる時間と費用（2015 年）

国名	ランキング (189 カ国中)	国境での輸出通関業務に掛かる時間	国境での輸出通関業務に掛かる費用（米ドル）	輸出に掛かる時間：書類準備	輸出に掛かる費用：書類準備（米ドル）	国境での輸入通関業務に掛かる時間	国境での輸入通関業務に掛かる費用（米ドル）	輸入に掛かる時間：書類準備	輸入に掛かる費用：書類準備（米ドル）
シンガポール	41	12	335	4	37	35	220	1	37
マレーシア	49	20	321	10	45	24	321	10	60
タイ	56	51	223	11	97	50	233	4	43
フィリピン	95	42	456	72	53	72	580	96	50
カンボジア	98	45	375	132	100	4	240	132	120
ベトナム	99	57	309	83	139	64	268	106	183
インドネシア	105	39	254	72	170	99	383	144	160
ラオス	108	3	73	216	235	5	153	216	115
ブルネイ	121	72	340	168	90	48	395	144	50
ミャンマー	140	144	432	144	140	120	367	48	115

注：網掛け部分が南部経済回廊諸国
資料：世界銀行, Doing Business Data　アクセス日　2016 年 7 月 24 日

8　石川（2015）などを参照。

図表総 -9　ロジスティックスの効率性（2016 年，160 カ国中のランキング）

	総合		通関業務の効率性		輸送インフラの質		国際輸送の競争力		ロジスティクスサービスの効率性		積送品の追跡能力		スケジュール通りの目的地への到着	
	評点	順位	評点	順位	評点	順位	評点	順位	評点	順位	評点	順位	評点	順位
シンガポール	4.14	5	4.18	1	4.20	6	3.96	5	4.09	5	4.05	10	4.40	6
マレーシア	3.43	32	3.17	40	3.45	33	3.48	32	3.34	35	3.46	36	3.65	47
タイ	3.26	45	3.11	46	3.12	46	3.37	38	3.14	49	3.20	50	3.56	52
インドネシア	2.98	63	2.69	69	2.65	73	2.90	71	3.00	55	3.19	51	3.46	62
ベトナム	2.98	64	2.75	64	2.70	70	3.12	50	2.88	62	2.84	75	3.50	56
フィリピン	2.86	71	2.61	78	2.55	82	3.01	60	2.70	77	2.86	73	3.35	70
カンボジア	2.80	73	2.62	77	2.36	99	3.11	52	2.60	89	2.70	81	3.30	73
ミャンマー	2.46	113	2.43	96	2.33	105	2.23	144	2.36	119	2.57	94	2.85	112
ラオス	2.07	152	1.85	155	1.76	155	2.18	148	2.10	144	1.76	156	2.68	133

注：網掛け部分が南部経済回廊諸国

資料：世界銀行，Logistics Performance Index, http://lpi.worldbank.org/international/global 2016 年 7 月 24 日アクセス

3. 経済回廊の意義と課題

　経済回廊は地理的に限定された地域において経済主体を連結させる枠組みであり，幹線道路，鉄道，港湾などの輸送インフラを中心として形成される[9]。経済回廊は，単にヒトやモノを移動させる輸送回廊ではなく，経済資源や経済活動が集中している都市部のハブ同士を連結させるだけではなく地方も取り込み，投資の誘発を通じて経済活動を活性化させる重要な核を形成する枠組みである。経済回廊は単独では大きな経済効果を引き出すことはできず，世界レベルや地域レベルのサプライチェーンなどの広範囲におよぶ経済ネットワークの一部として存在することで大きな経済効果を実現することができる。経済回廊は，本書の研究対象となっているメコン地域だけではなく，南アジアやアフリカにおいても形成されている。経済回廊は地域レベルでの経済発展を推進する

9　経済回廊については，Brunner（2013）などを参照。

ための枠組みであり，地域ごとの特徴などにより，内容も異なっている。本節では，経済回廊について，形成プロセス，経済的意義および課題などについて検討する。

経済回廊からは様々な経済的および非経済的メリットが期待できる。経済的メリットとしては，地域経済の効率的・効果的発展，国内および海外からの投資誘発，生産能力の量的拡大および質的向上，経済成長・発展の実現，雇用拡大，貧困削減などが挙げられる。また，地域社会の結束，地域文化の継承，天然資源の保護などの非経済的メリットも期待できる。経済回廊の経済的メリットは，近年，注目度が上昇している新経済地理学の観点から説明できる。新経済地理学によれば，産業立地を決定する要因として，特定の地域に産業立地を集中させる「集積の利益」と産業立地を分散させる「分散の利益」の2つの対立する要因が認識される[10]。集積の利益とは，経済活動が特定の地域に集中することで，外部経済や規模の経済が機能し，企業にとっては生産コストの低下という形で得られる利益である。集積の利益の例としては，産業の集中で労働市場の層が厚くなり，有能な人材を獲得することが容易になること，様々な活動を行う企業が集積することで部品や原材料の調達や製品の販売先の可能性が増えることで効率的な経済活動が可能になること，新技術や新製品など様々な情報の入手が容易になることなどが挙げられる。一方，産業の集中は，地代の上昇，労働賃金の上昇，交通混雑などの外部不経済を発生させることから，外部不経済を回避することによる利益（分散の利益）を求めて産業の分散が進む。経済回廊の設立は，輸送インフラのハード面およびソフト面での整備により輸送費用が低下することから，経済活動の特定地域への集中を促すが，周辺地域との輸送インフラの整備も進むことから，経済活動の分散も可能にし，産業立地の望ましいバランスを実現する。

経済回廊は輸送回廊，ロジスティクス回廊，貿易回廊という発展段階を経て形成されるという見方がある[11]。経済回廊をそのような観点から捉えることは，経済回廊を建設するにあたっての計画作成において有益であると思われる。輸送回廊は，集積を含む経済活動拠点を繋ぐ枠組みであり，その実現には

---

10 産業立地については，例えば，黒岩（2015）を参照。
11 例えば，Srivastava（2011）を参照。

輸送サービス業者によって輸送サービスを効率的に提供することが重要である。ロジスティクス回廊は，経済活動拠点を輸送インフラによって物理的に繋ぐだけではなく，輸送サービスが，より一層効率的に提供されるように技術面，組織面，法制度面などを調和させた制度を実現している枠組みである。貿易回廊はロジスティクス回廊に貿易円滑化措置を適用した枠組みである。貿易回廊では，ヒトやモノが継ぎ目のない形で空間を移動できるようになる。具体的な措置としては，通関業務の簡素化などが含まれる。最終段階の経済回廊では，投資が誘発され，競争力が強化され，経済成長が促進される。

　経済回廊建設にあたっての課題を指摘しておこう。輸送インフラ（ハードおよびソフト）の未整備，貿易および投資を制限する規制，不透明な国境措置の適用，賄賂，非効率な通関システム，各国間での非整合的な制度（基準・認証など）などが経済発展を推進する経済回廊の実現を困難にする。これらの課題に対して効果的に対応し，経済回廊の実現に資するような政策としては，以下のようなものが考えられる。民間投資を促進するような投資環境の整備，二国間投資協定や自由貿易協定などの国際条約への参加，二国間・多国間輸送プロジェクトの推進，インターモーダル輸送の推進，規則・基準・標準などの強化および調和，人材育成，関係国間の協力・調整の強化，地域協力，アジア開発銀行や東アジア ASEAN 経済研究センター（ERIA）などの地域国際機関との協力強化などが重要であろう。

4. 提言

　南部経済回廊は道路建設，越境交通協定（CBTA）批准，経済特区建設などが進み，地域経済の成長・発展に大きな貢献をするようになってきた。しかしながら，秘めた潜在力を顕在化させるには，様々な課題を克服しなければならない。本章の第3節で経済回廊は輸送回廊，ロジスティクス回廊，貿易回廊という発展段階を経て形成されるという経済回廊発展段階説を紹介した。以下では，この見方に沿って課題を見出し，課題克服にあたって日本が果たすべき役割を考えることで，日本の協力についての提言を提示したい。

輸送回廊の建設には，主要な都市を繋ぐ輸送インフラの建設が不可欠である。陸の ASEAN での輸送の中心は陸上輸送であるが，特に道路の建設・整備が重要である。道路建設については，ホーチミン（ベトナム），プノンペン（カンボジア），バンコク（タイ），ダウェイ（ミャンマー）と繋がる南部経済回廊では，ホーチミン・プノンペン・バンコク間は道路の整備が進んでいるが，ダウェイへの道路整備が喫緊の課題である。既に建設されている道路に関しても，補修だけではなく，車線の拡張，高速道路化が必要である。また，大都市近辺では，都市での混雑を回避できるような環状道路の建設を進めなければならない。

　ロジスティクス回廊の建設については，越境交通協定（CBTA）がすべての国で批准されたことから，かなり進んだ。但し，制度的には整備されつつあるが，ロジスティクスの効率性に関しては，南部経済回廊諸国はそれぞれ問題を抱えている。貿易回廊の建設にあたっては，効率的な通関業務の実施などの貿易円滑化措置の実施が必要である。具体的には，税関，出入国，検疫などの国境での手続きのシングル・ウィンドー化，シングル・ストップ化を進めなければならない。経済回廊の建設にあたっては，投資誘発が不可欠であり，そのための措置として，経済特区の建設，電力の安定供給，法制度の整備と透明性の高い形での運用，投資協定の締結などが重要である。

　南部経済回廊諸国が直面する上述したような課題の克服にあたって，日本の政府と民間企業は様々な形で協力することが期待されている。例えば，道路や発電施設の建設にあたっては政府による開発援助（ODA）だけではなく，官民連携（PPP）による協力が有効である。また，貿易円滑化などのソフト面での課題の克服にあたっては，人材育成を通じた協力が大きく貢献する。協力を実施する際には，相手の国々の関係者との間で活発かつ率直な意見交換を通じて，相互理解を深め，有効な対応策を策定しなければならない。言うまでもなく，南部経済回廊のように複数の国々が関係するプロジェクトについては，個々の国々だけではなく地域レベルでの協力が不可欠である。日本側としては，協力プロジェクトの策定において，日本や他の国々における経験や教訓を参考にし，説得的な議論・説明を提示する必要がある。日本の提供する協力の効果を向上させるためには，同じような協力を実施している他の国々や

ASEAN 事務局，アジア開発銀行，ERIA 等の国際機関との連携・協調は不可欠である。

参考文献

石川幸一（2015）「ASEAN 経済共同体構築の進捗状況と課題」浦田秀次郎・牛山隆一・可部繁三郎編著『ASEAN 経済統合の実態』文眞堂

黒岩郁雄（2015）「経済統合」ジェトロ・アジア経済研究所　黒岩郁雄・高橋和志・山形辰史編『テキストブック開発経済学（第3版）』有斐閣

国際協力銀行（2015）『わが国製造業企業の海外事業展開に関する調査報告―2015年度　海外直接投資アンケート結果（第27回）―』

深沢淳一・助川成也（2014）『ASEAN 大市場統合と日本』文眞堂

Asian Development Bank (2016a) *Asian Development Outlook 2016*, March.

Asian Development Bank (2016b) *Asian Development Outlook 2016 Supplement*, July.

Brunner, Hans-Peter (2013) What is Economic Corridor Development and What Can It Achieve in Asian's Subregions? ADB Working Paper Series on Regional Economic Integration No.117, Asian Development Bank

De,Prabir (2015) "Economic Corridor as Part of Global Value Chains and Production Network," ADB, ADBI, ナンヤン工科大学共催による「Economic Corridors Development for Competitive and Inclusive Asia セミナー」（シンガポール）での発表資料（2015年8月26日）

Srivastava, Pradeep (2011) Regional Corridors Development in Regional Cooperation, ADB Economics Working Paper Series No. 258, Asian Development Bank

（浦田秀次郎）

第1章

南部経済回廊開発の経緯・展望
——インフラ整備のさらなる進展に期待

1. はじめに

　カンボジア，ラオス，ミャンマー，タイ，ベトナムの5カ国から構成されるメコン圏，さらにその5カ国に中国・雲南省と広西チワン族自治区[1]を加えた大メコン圏（GMS）では，国境を跨ぐ東西，南北，南部の3つの経済回廊をキー・コンセプトに開発が進められてきている。

　図表1-1に示すように，東西経済回廊はベトナム中部の港湾都市ダナンから国道1号をドンハーまで上り，その後西に向かいラオスのサワンナケートやタイのコンケンを経て，ミャンマーのアンダマン海の都市モーラミャインに至る。南北経済回廊は，バンコクを起点にラオスないしはミャンマーを経て，中国雲南省の昆明まで北上する区間と，昆明からベトナムのハノイまで南東方向に下り，ベトナム北部の港湾都市ハイフォンに至る区間，さらには2005年に広西チワン族自治区がGMSに加盟したことに伴い新たに指定されたハノイから南寧までの区間の3つの折れ線上の区間から構成される。

　南部経済回廊は，4つのサブ回廊から成る。中央サブ回廊は，ダウェイからバンコク，プノンペン，ホーチミン市を経て，ベトナム南部の沿岸都市ブンタウに至るルートで，同ルートはタイ国内のプラチンブリ県周辺で一時的に二又に分かれ，カンボジア国内のトンレサップ湖の南岸と北岸とで同様に二又に分かれている。南部沿岸サブ回廊は，タイのトラートからカンボジアの沿岸部を経て，ベトナムのカマウ省のナムカンに至るルートである。南部経済回廊のな

---

[1] 広西チワン族自治区は，2005年以降GMSの対象地域となっている。

かでも北部に位置付けられるのが，カンボジアのシエムレアップから同国のストゥントラエンを経て，ベトナムの沿岸都市クイニョンに至るルートである。これら3つの東西方向に走るサブ回廊を串刺しにし，カンボジアの港湾都市シハヌークビルから東西経済回廊のサワンナケートを結ぶのが4つ目の経済回廊

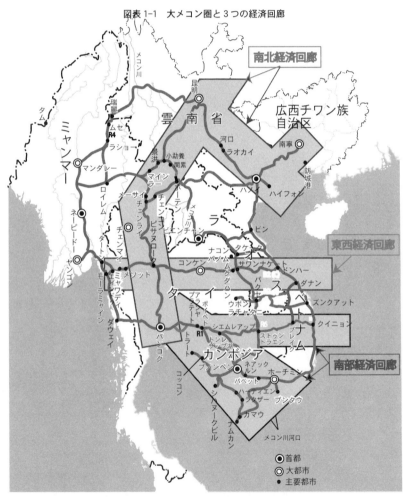

図表1-1　大メコン圏と3つの経済回廊

注：ダウェイとバンコクとの間の区間は，後に加えられた区間である。
出所：ADBの過去のウェブサイトをもとに筆者作成。

間リンクである（白石 2010）。ただ，南部経済回廊というと中央サブ回廊をさすのが一般的で，本書では狭義の意味での「南部経済回廊」として，用いることとしたい。

本章では，このうち南部経済回廊に焦点を充てて，その開発の経緯を振り返り，同回廊開発の課題を示していく。第2節では，GMS経済協力における優先道路開発と経済回廊開発の歴史を振り返り，そのうえで本書で定義する「南部経済回廊」のルートを明らかにする。第3節は，南部経済回廊のルートを，サブ回廊ごとに詳細に紹介する一方，沿道の管区，県，州，省の人口密度や1人当たり県内および省内総生産（GPP）をみていく。第4節は，中央サブ回廊に焦点を当て，沿道の大都市であるバンコク，プノンペン，ホーチミン市と，国境地域を紹介する。第5節は，トラックやバスなどの車両の越境ルールについてこれまでの経緯を振り返るとともに，今後の課題を示す。そして第6節で，日本への政策提言として，中央サブ回廊の輸送円滑化の課題を述べることとする。

2. GMS経済回廊選定の歴史と南部経済回廊

2.1 優先道路の開発

カンボジア，ラオス，ミャンマー，タイ，ベトナム，中国・雲南省の5カ国・1地域から構成される大メコン圏（GMS）経済協力プログラムは，アジア開発銀行（ADB）のイニシアティブで1992年10月に第1回経済閣僚会議を開催することで始まった。1992年10月という時点は，カンボジアの内戦が終結したパリ和平会議から1年しか経ておらず，この地域にようやく和平の機運が訪れようとしていた時期である。したがって，このプログラムは，戦禍の絶えなかった国境地域に道路や送電，通信網を通し経済復興をはかるとともに，そのための国同士の話し合いを通じ，和平の機運を醸成し，この地域に安定をもたらすことに主眼が置かれていた。このため，このプログラムのもとでのプロジェクトは，少なくとも2カ国以上にまたがる，もしくは空港建設など1カ国内のプロジェクトではあるが，その恩恵が地域全体に及び得るものであることが条件とされた（「ツー・プラス原則」）。プログラムの対象分野は当初，①

交通，②通信，③エネルギー，④人的資源，⑤環境，⑥貿易・投資の6部門[2]とされ（石田 2007），このうち交通に関しては上述のような原則に基づき，7つの越境道路の開発が検討された[3]が，この時点の道路は3つの経済回廊とはまだ隔たりが大きい（Ishida and Isono 2012）。

1993年8月に開催された第2回閣僚会議では，プロジェクトをより合理的で実現可能なものにしていく観点から，プロジェクト選定のため，以下のような5つの条件についての合意がなされた（Ishida and Isono 2012）。

(1) 新しい道路の建設よりも既存の道路の改修を優先
(2) プロジェクト選定に6カ国の満場一致は不要，直接関係する国の間で合意を得たプロジェクトを優先すべき
(3) プロジェクトの設計にはプロジェクトの貿易創出の潜在性に注意を払うべき
(4) プロジェクト実施と即時の効果を出すため，交通プロジェクトは既存区間ないしその延長で実施されるべき
(5) 予算制約の観点から，プロジェクト選定の基準を設けることが必要

この合意に基づき，プロジェクトの対象となる道路が描き換えられ，後述する優先道路プロジェクトにきわめて近いものとなった。その後，1994年の4月と9月に開催された第3回および第4回経済閣僚会議を経て，図表1-2で示すような優先道路が選定された。優先道路にはRoadの頭文字であるRが付けられた。

このうち，R1は南部経済回廊の中央サブ回廊，R6は回廊間リンクである。特にR1は，最もその貿易創出効果などが大きい道路として，第1の優先道路として位置づけられている。またR2は東西経済回廊の原型となる道路であるが，この時点ではタイとラオスとベトナムを結ぶもので，ミャンマーは含まれておらず，ラオスとベトナムの国道8号になるのか，9号になるのか，12号に

---

[2] その後観光と農業が新たな部門として加えられ，貿易・投資がそれぞれ独立した部門に分けられたことで，計9部門となっている。
[3] 各段階における具体的なルートについては，Ishida and Isono (2012) を参照されたい。

2. GMS 経済回廊選定の歴史と南部経済回廊   23

図表 1-2　GMS 経済協力プログラム初期の優先道路

出所：ADB(1994) をもとに筆者作成。

なるのかはまだ定められていない。また，R3 と R5 を組み合わせたものが，南北経済回廊となっていく。

2.2　3 つの経済回廊の開発

　優先道路をはじめ優先プロジェクトがリストアップされ，プロジェクトに

よっては実施に移されていくものも出てきた。ところが，プロジェクトが本格的な実施段階を迎えようとしていた矢先の1997年，タイを皮切りに起きたアジア通貨危機により，プログラムは出鼻をくじかれた。1998年9－10月開催の第8回経済閣僚会議は，ある種の敗北感さえ感じられる雰囲気のなかで開催された。しかし，他方ここで後退するのではなく，起死回生のための起爆剤が必要であることも同時に感じられた。その起爆剤として，ADBのスタッフによって提示されたのが「経済回廊」のコンセプトである（石田2007）。

経済回廊の具体的なルートは，2000年1月の第9回経済閣僚会議で決められた。経済回廊のルートは，図表1-2で示された優先道路をもとに決められた。ところが，優先道路の選定時においては，現在の南部経済回廊の中央サブ回廊でもあるR1の優先度が最も高かったが，いざ実施段階に入ると，その開発の焦点は専ら東西経済回廊に注がれることとなった。その背景には，会議の場でミャンマーのエーベル大臣が東西経済回廊の恩恵をさらに高めるため，経済回廊開発にミャンマーと中国を含めるよう提案したことがある。

この提案を受け，タイ・ラオス・ベトナム道路がミャンマーまで延伸され，図表1-1に示される東西経済回廊となった。なお，2001年には東西経済回廊の事前F/SをADBが実施しており，そのなかで経済回廊の定義は「交通インフラを主軸にモノ，サービス，資本，ヒトの国境を越えた移動を促進する地理的に定義された地域で，貿易，投資，その他の経済活動が，回廊並びにその周辺地域で活性化される」（ADB 2001）とされた。

なお，図表1-2と図表1-1を比較すると，南部経済回廊はカンボジアのトンレサップ湖北岸を通るルートが加えられたのと，ストゥントラエンからクイニョンに抜ける北部サブ回廊と，タイのトラートからベトナムのナムカンまでの南部沿岸サブ回廊が新たに加えられた。

2.3 完成間近の3つの経済回廊

3つの経済回廊も，2006年に東西経済回廊の第2メコン友好橋，2012年に南北経済回廊の第4メコン友好橋，2014年に南部沿岸サブ回廊のカイロン川架橋，2015年には南部経済回廊の北部サブ回廊のストゥントラエン橋と中央サブ回廊のネアックルンの「つばさ橋」がそれぞれ完成ないし同式典が行われ

図表 1-3　ASEAN 諸国の海岸線と陸上国境の総延長の割合

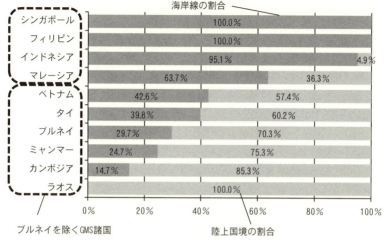

出所：CIA のウェブサイト（2012 年 4 月 15 日閲覧）をもとに筆者作成。

た。また，東西経済回廊のミャンマー国内の片側通行の区間に新たなバイパス道路が 2015 年に完成し，経済回廊もほぼ完成したと言える（石田 2015）。残るは東西経済回廊のタイとミャンマーの友好橋の重量制限がある点で，この点でも新しい橋の建設が始まっており，完成は 2018 年ともいわれる。

　この 10 年間を振り返ると，バンコクとハノイ，ハノイと華南を結ぶトラックの定期便が運航されるようになる一方，ラオスのサワンナケートやカンボジアのポイペトに SEZ が建設され，外国企業によるタイプラスワンなどの少なからぬ投資が行われてきている。図表 1-3 は ASEAN 諸国の海岸線と陸上国境の割合を示したものであるが，ブルネイを除く GMS の国々はいずれも陸上国境が 50％以上を占めている。特に CLM 諸国のように陸上国境が 70％以上の国々では，海路を通じた貿易は容易でない。その意味で，近隣諸国の市場や港湾に越境することで，諸外国へのアクセスを改善する経済回廊が，これらの国々に少なからぬ経済発展の波をもたらしたことが示唆される。

2.4　新回廊の指定

　GMS 経済協力プログラムの各部門の各国政府職員が集まって討議する作業

部会のなかにサブ地域交通フォーラムがある。3つの経済回廊の開発が進むなか，次のステップとして，ADB が GMS 新交通戦略に関する研究を提案，同研究の実施が 2004 年の第 8 回サブ地域交通フォーラムで採択された。同研究は GMS 交通部門戦略研究（TSSS）として最終報告が 2006 年の第 10 回サブ地域交通フォーラムで承認され，2007 年の第 14 回 GMS 閣僚会議で採択され（Ishida and Isono 2012），新回廊の地図が ADB のウェブサイトに掲載された（図表 1-4）。

図表 1-4　2007 年に採択された GMS の新回廊

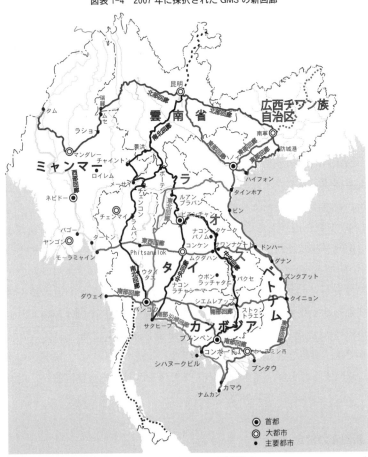

出所：ADB の過去のウェブサイトの地図をもとに筆者作成。

新回廊は，東部回廊から北部回廊まで東西南北4方向の回廊，東西，南北，北東の3方向の回廊，その他として南部沿岸回廊と中央回廊の2回廊の計9回廊から構成される。また，3つの経済回廊が帯状であるのに対し，線状であり，このことからか「経済回廊」とは呼ばれていない。また，ベトナム国道1号，ラオス国道13号，タイ国道1号など，各国の屋台骨ともいえる国道が含まれ，これまでのように越境交通インフラばかりが強調されているわけでもない。さらに，インド，マレーシア，中国の広東省や重慶・四川省などサブ地域外との連結が想定されている。

南部経済回廊に関しては，中央サブ回廊と北部サブ回廊が南部回廊としてまとめられ，トンレサップ湖北岸のシエムレアップからプノンペンに至る区間が指定から除かれる一方，ストゥントラエンからシエムレアップまでの区間が加えられ，さらにバンコクからダウェイまでが延長されている。また，南部沿岸回廊では，タイのトラートからバンコクまで伸びている。さらに回廊間リンクが，中央回廊としてラオスの中国との国境ボーテンまで延長されている。

2.5　本書で対象とする南部経済回廊の定義

本書で対象とする南部経済回廊の定義は，3つの経済回廊の下での定義に，新たに新回廊で加わった部分を含めたものとしたい。すなわち，バンコクからダウェイまでの区間と南部沿岸回廊のバンコクからトラートまでの区間を新たに加えることで，以下の区間と定義することとしたい（図表1-5）。

◎中央サブ回廊：ダウェイSEZ―バンコク―プノンペン―ホーチミン市―ブンタウ
　　　　　　　　シエムレアップ―コンポントム―プノンペン
　　　　　　　　タイ国内の二又ルート（後述）
◎南部沿岸サブ回廊：バンコク―トラート―コッコン―ハーティエン―ナムカン
◎北部サブ回廊：シエムレアップ―ストゥントラエン―プレイク―クイニョン
◎回廊間リンク：サワンナケート―パクセー―ストゥントラエン―プノンペン―シハヌークビル

3. 南部経済回廊：サブ回廊のルートと人口・所得水準

　ここでは，第2節で示したサブ回廊の具体的ルートについて，ミャンマーの管区，タイの各県，カンボジアの各州，ベトナムの各省の代表地点や，国境，回廊の起点や終点を一直線上に並べ，それぞれの地点の距離，国道の番号，人口密度や所得水準をもとに沿道の地域特性を概観してみることとしたい。なお，経済回廊がそれぞれの州都や県都ないしは省都などを通っている場合も多いが，場合によってはそれらの一部をかすめているに過ぎない場合もある。したがって，どの地点を管区，県，州，省の代表地点とするかを決めなくてはならない。具体的にどの地点を代表地点としたのかは，図表1-6～図表1-10の注に記してある。また，各代表地点間の距離は，できる限り筆者の実走記録をもとに作成した。このため，ADBの資料などに基づく距離とも異なる場合もあるし，地図の距離とも異なることがある点には留意してもらいたい。ただ，筆者が実走していない区間もわずかながら存在するのと，大都市内部は道路が複雑であるため，地図などを参照しながら距離を特定した。

3.1　中央サブ回廊

　中央サブ回廊は，ダウェイSEZの海岸を起点とし，バンコク，プノンペン，ホーチミン市の3大都市を経て，ベトナムのブンタウに至るルートで，ミャンマーの区間は169km，タイの区間は438km，カンボジアの区間は580km，ベトナムの区間が182kmの総延長1368kmの回廊である（図表1-5および図表1-6参照）。

　ミャンマーの区間はイタリアン・タイ・デベロップメント社が，ダウェイSEZを開発するに際し，建設資材をタイから輸送するために建設した，簡易道路が走行可能となっている。ただミャンマー国内の区間はアップダウンもあり，トンネルの建設が予定されている区間も存在する。

　タイのプーナムロン国境からカンチャナブリにかけては多少のカーブや勾配があるものの，さほど険しくはない。この地域では，サトウキビ，トウモロコ

3. 南部経済回廊：サブ回廊のルートと人口・所得水準　29

図表1-5　南部経済回廊の主要地図

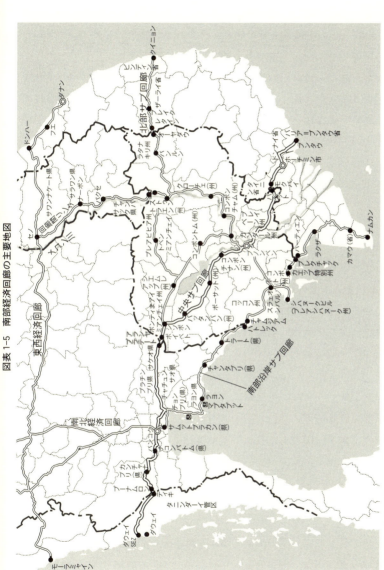

注：国の位置は、左上がミャンマー、その右上がラオス、その右がタイ、右下がカンボジア、一番右がベトナムである。
出所：タイ、ラオス、ベトナムの県・省境は、International Steering Committee for Global Mapping (ISCGM) が提供するデータの Shape File をもとに作成。カンボジアとミャンマーの州境は統計資料の付属地図を活用した。道路は、タイは think net の地図、カンボジアは Cambodia Korma Magazine のウェブサイト、ラオスは PERIPLUS 社の旅行地図、ミャンマーは Italian Thai Development 社の資料、ベトナムは ezilon map のウェブサイトなどをもとに筆者がトレースした。

シ，キャッサバなどの畑が多くみられる。他方，カンチャナブリを過ぎると，終点のブンタウまで平坦な区間が続く。首都バンコクでは，国道4号から国道338号へと分岐し，その後341号を通り，クルントン橋でチャオプラヤー川を渡った後，国道7号に向かうルートを選んだ。

国道7号を，スワンナプーム国際空港を経てさらに進み，チャチュンサオ県に入ると国道314号を左折し，しばらく走ると国道304号を進む。国道304号を進むと，図表1-1と図表1-2で二又に分かれた区間に来る。この二又の区間は，図表1-16を参照するとわかるように，国道359号を経て，国道33号に入る区間と，国道304号から鉄道に沿って直接国道33号に入る区間がある。図表1-6では前者の南側ルートを示している。このルートの沿道は，サトウキビ，ユーカリ，キャッサバの広大な原野が続く。他方後者の北側のルートを選ぶとロジャナ・カビンブリ工業団地，304工業団地，ハイテク工業団地など工業地帯が続く。

興味深いことに2001年と2002年の県内総生産（GPP）の平均値と2012年のGPPを比べると，チャチュンサオ県とともにプラチンブリ県のGPPが急速に伸びている一方で，人口密度はさほど上昇していない。これは，工業団地での工場立地による生産増の効果が大きいためと思われる。なお，これらの工業地帯から100〜150km行けば，カンボジアとの国境アランヤプラテートに着く。

アランヤプラテートから国境を越えると，ポイペトに入る。カンボジアに入ると，中央サブ回廊はプノンペンまでは国道5号，プノンペンからベトナムとの国境バベットまでは国道1号と，タイと比べると至ってシンプルである。ポイペトから国道5号と6号が分かれるシソポンまでの区間は，舗装されたのが2008年頃と最後まで開発から取り残された区間である。この区間の開発が遅れた理由として，開発に携わったADBの担当者は不発弾が多かったためである[4]と話していた。

シソポンでトンレサップ湖の南側の国道5号と北側の国道6号に分かれる。国道5号はバッタンバン，ポーサット，コンポンチナンを経て，プノンペン近

---

[4] 2008年1月7日におけるADBにおけるヒアリングに基づく。

3. 南部経済回廊：サブ回廊のルートと人口・所得水準   31

図表 1-6　中央サブ回廊の管区・県・州・省間の距離，国道番号，人口密度，所得水準

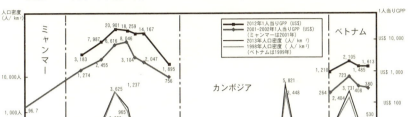

注：1)　管区，県，州，省の代表地点は，各国とも以下の地点を選択した。ミャンマーのタニンダーイ管区は，イタリアン・タイ・デベロップメント社が開発した工事資材を輸送するための簡易道路の起点（海岸線）を選択した。タイ国内については，カンチャナブリ県はカンチャナブリ中心部，ナコン・パトム県は国道4号から国道338号に分岐する地点，バンコクは国道341号から国道7号に切り替わる地点，サムットプラカン県は国道7号のラトクラバンから国道314号への出口までの中間地点，チャチュンサオ県は国道314号と国道304号との交差点，プラチンブリ県は国道304号と国道359号の分岐点，サケオ県が国道33号と国道359号の合流点をそれぞれ選択した。カンボジア国内は，カンダール州は，プノンペンより西は国道61号と交わる地点（リー・ヨンパット橋）を，東は州内の国道1号の中間地点を選択，プノンペンは通称日本橋といわれるチュローイチョンバー橋と国道5号の合流地点を選択，ボンティアイミアンチェイ州は国道5号と6号の分岐点，その他の州は州都のモニュメントのある場所を代表地点として選択した。ベトナムの省の代表となる地点についてはタイニン省はモクバイ国境から進んで，タイニン方面への道路との合流点を，ホーチミン市は国道22号から国道1号に入った地点と，サイゴン川の橋までの区間の丁度中間地点を，ドンナイ省は国道1号から国道51号に分岐する地点，バリア＝ブンタウ省はフーミー地区とのT字路を選択した。なお，バンコク，プノンペン，ホーチミン市内の距離は，一部地図の情報も参照した。
2)　タイ国内の国道304号から国道33号に直接抜けるルートについては含んでいない。
3)　1998年のベトナムの人口密度のデータは年報に記載されていなかったことから，1999年4月1日時点の人口密度で代用した。
4)　カンボジアには州ごとの州内総生産（GPP）の公式データは存在しない。タイ国内は統計局の県内総生産を用いた。ミャンマーはミャンマー管区の世帯当たり年間消費支出を，平均世帯構成員数で乗じて求めた。ベトナムは，各省の1人当たり月次所得を12倍したデータを用いている。
5)　2001～2002年の1人当たりGPPについては，ベトナムの1人当たり月次所得の数字が2001～2002年のものであったことから，タイについては2001年と2002年の1人当たりGPPの平均値を用いた。また，ミャンマーについては，2001年の1人当たり消費支出で代用した。

出所：筆者の走行記録，各種地図並びに参考資料にある各国の統計資料をもとに筆者作成。

図表 1-7　2015 年完成の「つばさ橋」

出所：2015 年 11 月 6 日筆者撮影。

郊のカンダール州と続く。このなかでもバッタンバン州は人口 100 万人を超え，カンボジア西部で最大の都市であり，同地のコメは「香り米」としてブランド化されている。バッタンバンからポーサットにかけては，蜜柑が美味しいことでも知られる。またコンポンチナンは陶器つくりが盛ん[5]である。コンポンチナン州辺りからプノンペン近郊では，縫製業の工場が次第にみられるようになる。図表 1-6 をみる限り，これら 3 州の人口密度はタイやベトナムと比べると決して高くはないが，その増加率はいずれも高く，なかでもバッタンバンの増加率が高い。

プノンペンのトンレサップ川に架かるチュローイチョンバー橋（通称「日本橋」）の西岸付近で国道 5 号は終わる。プノンペン市は GMS では人口密度が最も高い。プノンペン市内は，市の中心を縦断するノロドム通りないしモニボン通りを経て，バサック川の橋から国道 1 号に入る。市内から 30km 弱進むと左手に中国の有償援助で 2013 年 1 月に開港したプノンペン新港があり，さらに 35km 程進むと 2015 年 4 月に日本の無償援助で建設されたネアックルンの「つばさ橋」をわたる（図表 1-7）。

つばさ橋をわたると，プレイベーン州，スバーイリアン州と，しばらく両側

5　Cambodia Krorma Magazine のウェブサイト（2015 年 12 月 30 日参照）に基づく。

は水田が続き,ベトナムとの国境の町バベット(第4節参照)に至る。なお,国道1号のネアックルンからプノンペンまでの区間は日本政府の無償援助,ネアックルンからバベットまでがADBの支援により開発されてきた。また先述の国道5号の開発も日本政府の有償援助で借款契約が2013年5月と2015年12月に結ばれている[6]。

モクバイからは,10km程進むと国道22号の本線と交わる。タイニン省からホーチミン市にかけては,都市郊外の景観が続き,リンチュンIII輸出加工・工業区,チャンバン工業区,タイバック・クチ工業区などが沿道にある。国境から58km進んだ地点で国道1A号(環状2号)と立体交差し,国道1A号を左に行くと,ホーチミン市街地を通らずに,サイゴン川,ドンナイ川を渡る(図表1-15参照)。なお,国道1A号を左折せずに直進すると,左手にタンソンニャット国際空港をみながら,ホーチミン市中心部へと進んでいく。

国道1A号でドンナイ川をわたると,すぐに国道51号を右折する。国道51号は,新空港が計画されているロンタインを経て,バリア=ブンタウ省のフーミーを通り,地元観光客で賑わうブンタウの海岸に至る。フーミーを右に行くと,火力発電所および鉄鋼関連の工場が並ぶ重工業地帯があり,その地域にティーバイ・カイメップ川が流れ,その沿岸に深水港である,カイメップ・ティーバイ港のターミナルが並ぶ。

3.2 南部沿岸サブ回廊

南部沿岸サブ回廊は,バンコクから東部臨海工業地帯のあるチョンブリ県,ラヨン県を経て,カンボジアのコッコン州,プレアシハヌーク州などを経て,ベトナムの南端カマウに至る。タイの区間が473km,カンボジアの区間が289km,ベトナムの区間が281kmの総延長1043kmの回廊である(図表1-5・図表1-8参照)。

図表1-8でバンコクから国道7号の高速道路に基づき距離を計測しているが,南部沿岸という点を考慮すると,より海岸に近い国道34号の高速道路か,もしくは国道3号の距離を示す方が,良かったかもしれない[7]。図表1-8

---

6 JICAのウェブサイト(2015年12月30日参照)。詳細は本章第6節. 日本の役割を参照。
7 ちなみに図表1-5の地図のルートは国道3号を示している。

図表1-8 南部沿岸サブ回廊の県・州・省間の距離,国道番号,人口密度および所得水準

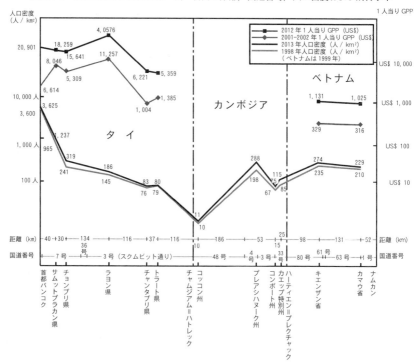

注:1) 県,州,省の代表地点は,各国とも以下の地点を選択した。バンコクはBTSラチャダムリ駅周辺,サムット・プラカン県は図表4と同じ,チョンブリ県は国道344号との交差点,ラヨン県は国道3138号と国道36号との交差点,チャンタブリ県は国道316号とのT字路,トラート県は国道3号が左折する地点を選択した。カンボジアについては,コッコン州は最初のリー・ヨンパット橋の東端,プレアシアヌーク州は国道4号と国道3号が交わるT字路の地点,コンポート州はラエック・チュー川に架かるカンポン・ベイ橋の東端,カエップ特別州は白馬のモニュメントの地点を選択した。ベトナムのキエンザン省はラクザー中心部,カマウ省は国道63号と国道1号が交わる地点を選択した。
2) 南部沿岸サブ回廊のバンコク近郊区間は,高速道路である国道7号および国道34,海岸線に沿った国道3号(スクムビット通り)が並行して走る。このうち筆者が実走したのは,国道7号で,パタヤから国道3号に移った。
3) 1998年のベトナムの人口は,統計年報に記載がなく,1999年4月1日時点の人口密度で代用した。
4) カンボジアには州ごとの州内総生産(GPP)の公式データは存在しない。タイ国内は統計局の県内総生産を用いた。ベトナムは,各省の1人当たり月次所得を12倍したデータを用いている。
5) 2001〜2002年の1人当たりGPPについては,ベトナムの1人当たり月次所得の数字が2001〜2002年のものであったことから,タイについては2001年と2002年の1人当たりGPPの平均値を用いた。
出所:筆者の走行記録,各種地図並びに参考資料にある各国の統計資料をもとに筆者作成。

図表 1-9　レムチャバン港

出所：2013 年 3 月 6 日筆者撮影。

をみてまず驚くことは，2001—2002 年の段階で，ラヨン県の方がバンコクよりも県内総生産（GPP）が高かった点である。人口密度は，バンコクと比べると相当程度低く，ラヨン県で付加価値の高い工業生産が行われていることがわかる。サムットプラカン県とチョンブリ県も 2001—2002 年で GPP がバンコクのそれを上回っているが，2012 年にはバンコクの GPP が盛り返している。

　チョンブリ県とラヨン県は，チャチュンサオ県とともに 1980 年代初頭頃から，東部臨海工業地帯として開発されてきた。なかでもチョンブリ県のレムチャバン港（図表 1-9）が 1991 年に開港するなかで，サムットプラカン県からチョンブリ県，ラヨン県にかけては自動車産業並びに同部品産業の産業クラスターが形成される一方，ラヨン県のマプタプットでは石油精製並びに石油化学産業が立地され[8]，マプタプットで生産されたプラスチック素材が，この地域の部品産業を支える構造になっている。GPP はチャンタブリ県並びにトラート県になると大きく下がる。チャンタブリ県の主要産業は，宝石関連とマンゴスチンやドリアンなど果物である。

　トラートの市街地から 116km 程行くとハトレック国境に着く。国境手前の

---

[8] JICA のウェブサイト「東部臨海開発計画総合インパクト評価」に基づく。なお，マプタプットの石油化学産業のエチレン系樹脂の多くは天然ガスをベースに生成されている。

数 10km にわたり,海岸線とカンボジアとの国境とが接近した区間が続く。ハトレック＝チャムジアム国境は,美しい海岸線のそばに存在し,海側にリー・ヨンパット・グループ（L.Y.P. グループ）のリゾート・ホテルが立つ。国境から 2km 余り行くと,左手に同グループが経営するネアン・コック・コッコン SEZ がみえてくる。この SEZ には日系企業を含め 10 社近い企業が操業している。

この地域の人々には,トンレサップ湖周辺から移り住んできたチャム族のイスラム教徒が多い。この地域の労働者はある程度タイ語を理解できるという[9]利点がある反面,人口密度が 2013 年で 11 人／km^2 で,人口が 12 万人余りと,コッコン州の面積が 11160km^2（日本の秋田県に相当）と広いとはいえ,この国境地域に投資ブームが起きる程人口は多くない。

SEZ から国道 48 号をさらに進むと左手に L.Y.P. グループが経営するサファリ・パークがあり,橋を渡るとコッコンの市街地に入る。その後,国道 48 号は,森林ないしは未耕作原野を中心に 100km 余り進む。この国道の改修は,4 本の橋梁建設も含め,タイ政府による援助によって行われている（恒石 2007 および初鹿野 2007）。国道 48 号を進み,左手に Koh Kong Sugar Industries, Ltd[10]の砂糖工場が見えてくると,その後 20km 程走行して同国道はスラェオンバルで国道 4 号とぶつかり,サブ回廊は国道 4 号を右折する。

国道 4 号をシハヌークビル方向に 40km 程進み,国道 3 号との T 字路を左折する。その後はコンポートに進み,コンポートで国道 33 号に分岐する。コンポート近郊では中国水利水電建設が投資したカムチャイ水力発電所が 2011 年に稼働しているほか,タイのサイアム・セメント・グループが 2007 年にセメント工場を建設し,同社はさらなる追加投資を行う予定である[11]。コンポートから国道 33 号に分岐し,カエップ特別州を一度かすめながらコンポート州に戻り,プレクチャック国境に向かう。なお,カエップ特別州内で白馬の像を通るが,この白馬の像から右に分岐すると,カエップのビーチ・リゾート・エ

---

[9] 2013 年 11 月 4 日付け現地日系企業とのヒアリングに基づく。
[10] 同社はタイの Khon Kaen Sugar Industry Public Company Limited 80％,台湾の食品企業である味王（Ve Wong Corporation）20％の資本構成である（Koh Kong Sugar Industries のウェブサイト）。
[11] *The Nation*, dated on August 22, 2015。

リアに行く。その後，道の両側が湿地帯の多い地域を経て，プレクチャック＝ハーティエン国境に着く。

ハーティエン国境から7km程進むと，ハーティエンの美しい干潟が左手にみえ，さらに20km余り進むと，ハーティエン・セメントの工場がみえてくる。カンボジアからベトナムに入って感じるのは，運河の橋が多くなることである。カンボジアでは湿地帯が未開発であったのに対し，ベトナムに入ると治水・灌漑が整備されている分，水田の風景も増える。ラクザーからは国道61号を経て，国道63号に入る。国道63号に入って5km程でカイロン川の橋を渡る。筆者が2011年に現地を実走した折りは，フェリーでカイロン川を渡ったものの，2014年1月に新たに橋が開通している（石田 2015）。国道63号は，狭隘な内陸区間を通り，カマウに入り，ベトナムの南端ナムカンに辿り着く。カマウ省はエビ養殖が盛んな地域である。

南部沿岸サブ回廊を総括すると，タイの区間はサムットプラカン県からラヨン県まで製造業が発展している。また，ネアン・コック・コッコンSEZの企業も東部臨海地域との相互依存関係にある企業も少なくない。ところが，コッコンから先は，人口密度ないしGPPや所得水準で際立った州や省があるわけではなく，特に国境を隔てた経済関係を築くのは容易ではないように思える。プレアシハヌーク州で製造業の集積が若干認められるものの，これらは国道4号を通じてプノンペンとの相互依存関係が強い。またキエンザン省やカマウ省も，カントー市やホーチミン市との関係がより強く，サブ回廊沿いにカンボジアとの相互依存関係を築くのはなかなか難しいように思える。

3.3 北部サブ回廊およびトンレサップ北岸ルート

北部サブ回廊は，ボンティアイミアンチェイ州の州都シソポンから，アンコールワットなどの遺跡群があることで有名なシエムレアップを通り，プレアビヒア州，ストゥントラエン州，ラタナキリ州，ベトナムのザーライ省を経て，ビンディン省の港町クイニョンに至るカンボジアの区間592km（シエムレアップを起点にすると489km），ベトナムの区間233kmの総延長825kmの経済回廊である（図表1-5・図表1-10参照）。

シエムレアップからプレアビヒア州の州都トベンミアンチェイ（『プレアビ

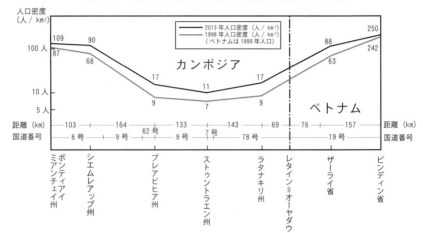

図表 1-10 北部サブ回廊の州・省間の距離，国道番号，人口密度

注：1) 州，省の代表地点は，各国とも以下の地点を選択した。カンボジアについて，ボンティアイミアンチェイ州は国道5号と国道6号の分岐点，シエムレアップ州はシバサ通りとの交差点，プレアビヒア州は国道62号からストゥントラエン方向に国道9号を東に向かうT字路地点，ストゥントラエン州は国道9号が国道7号と交わる地点，ラタナキリ州はバンルン中心部の78A号との交差点を選択した。ベトナムについては，ザーライ省はプレイク市内のランアバウトの地点，ビンディン省はクイニョン中心部を選択した。
2) ベトナムの人口密度は，1999年4月1日時点の人口に基づいて計算した。
3) カンボジアには州ごとの州内総生産（GRP）の公式データは存在しない。ベトナムは，各省の1人当たり月次所得を12倍したデータを用いている。

ヒア・シティ」と最近呼んでいる）を経てストゥントラエンに向かう道路は，3つの経済回廊が策定された時点では地図上には存在しておらず，貫通もしていなかった。この区間は，中国の援助で建設され，プレアビヒア州で2013年に完成，ストゥントラエン州では1730mのメコン川架橋も含めて2014年に完成し[12]，メコン川の開通式を2015年4月1日に行っている[13]。また，ストゥントラエンからラタナキリ州の州都であるバンルンまでの区間も中国の援助で建設されている。他方，バンルンからベトナムとの国境があるオーヤダウまでの区間は，ベトナムが建設している。

シソポンからシエムレアップまでの国道6号沿道は，比較的水田が多くみら

---

[12] 2015年11月4日および5日におけるプレアビヒア州、ストゥントラエン州政府におけるヒアリングに基づく。
[13] People's Daily, April 1, 1015.

れ，池には蓮が植えられている。シエムレアップの先から国道9号に入ると，集落周辺では米作が行われていたり，ときよりバナナの畑などもみられるが，未耕作の森林や原野も多い。トベンミアンチャイから38km地点のチャーブ郡では中国の砂糖工場が2015年現在建設中であった。国道78号沿道は，筆者が訪れた2011年時点では，ゴム，キャッサバ，大豆，カシューナッツの林や畑が多くみられた。ここで，図表1-10の北部サブ回廊の区間の州の人口密度を比べると，プレアビヒア州，ストゥントラエン州，ラタナキリ州と人口密度が著しく低く，特にラタナキリ州は少数民族の割合が著しく多い州でもある[14]。

　レタイン国境からベトナムのザーライ省に入り，国道19号を走る。ザーライ省のプレイクは，1990年に小規模な家具工場からスタートし，現在では国内のプロ・サッカー・チームをも所有するホアン・アイン・ザーライ・グループの本社[15]が存在する。ベトナムに入った途端に，未耕作地帯はほとんどみられず中部高原のザーライ省においても，コーヒー，サトウキビ，ユーカリ，トウモロコシ，胡椒などが栽培されている。国道19号がビンディン省の平野部に入るに従い，稲作地帯が増える。ビンディン省は，海産物や同加工品，家具や合板，花崗岩の生産でベトナム国内でも屈指の省である[16]。またクイニョンにはクイニョン港があるほかサイゴン・ニューポート社が中規模ターミナルを所有している。先述のラタナキリ州のキャッサバやゴムなどはオーヤダウ＝レタイン国境を経て，クイニョン港から輸出されている。

　トンレサップ湖北岸の国道6号線について言及すると，図表1-1をみる限り，同北岸ルートはコンポントムから下りるルートとなっている。しかし，同ルートは地図をみる限り未舗装ルートで，地図によっては記載されていない。このため，図表1-11では，コンポントムから国道6号でプノンペンまで行く433kmのルートを示し，本書でも同ルートを南部経済回廊の一部としている。この区間もその他の沿道地域と同様，未耕作の原野や森林もみられるが，水田の割合は多い。また，北部サブ回廊のプレアビヒア州やストゥントラエン州と

14　2008年のカンボジア人口センサスでは，ラタナキリ州の全人口に占める少数民族の割合は57%であった（石田2013）。
15　Hoan Anh Gia Lai Groupのウェブサイト（2016年1月7日参照）。
16　2011年9月15日付けビンディン省人民委員会におけるヒアリングに基づく。

図表 1-11　中央サブ回廊のトンレサップ湖北岸ルートの省間の距離，国道番号，人口密度と所得水準

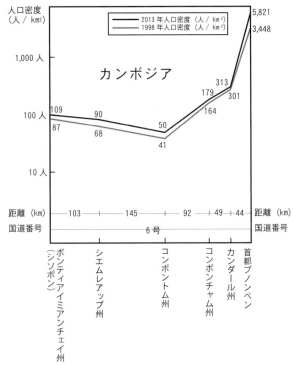

注：1) 州，省の代表地点は，各国とも以下の地点を選択した。コンポントム州は国道62号と国道6号とのT字路，コンポンチャム州は国道6号と国道7号の合流点（スクン），カンダール州は国道8号とのT字路，プノンペンは日本橋から4km離れた地点を選択した。
　　2) 筆者はシエムレアップ－コンポントム間を実走していないため，この区間は地図の距離に基づいて示した。
出所：筆者の走行記録，各種地図並びに参考資料にある各国の統計資料をもとに筆者作成。

比べても，コンポントム州の人口密度は高く，人口密度が景観に反映されている。

3.4　回廊間リンク

　南部経済回廊の回廊間リンクは，東西経済回廊と南部経済回廊の3つのサブ回廊を結び，カンボジアのシハヌークビル港に至る，ラオスの区間522km，カンボジアの区間770km，総延長1292kmのサブ回廊である（図表1-5・図表

1-12参照)。なお,図表1-1の3つの経済回廊をみる限り,南部経済回廊の帯は,ラオスまで及んでいないが,ADBのウェブサイト[17]は上述の定義をしている。

ラオスのサワンナケートは,サワン・セノSEZにも,日系ないし欧州系,タイ企業の進出が増加している。しかし,サワンナケートを離れると,カンボジアの北部サブ回廊と同様に未耕作地帯が少なくないが,集落が存在すると水田がみられ,また車に乗っていると放牧された牛が道を横切るなど,長閑な風景が続く。サワンナケートから133km離れた国道15号を左折すると,県庁所在地のサラワンに行く。なお,そのT字路のナーポンはロースト・チキンが美味しいことで知られる。チャンパサック県の県庁所在地パクセは,ダオ・コーヒーの工場やラオ・ビール(Beer Lao)の工場もあり,近郊の200haのエリアが2015年に8月6日に日系中小企業向け経済特定区に指定され,日系企業が4社程操業している。このほか,チャンパサック県は,世界文化遺産に指定されたワット・プー,メコン川のコーン・パペンの滝や数々の滝が存在するほか,パクセからボロベン高原に上がった地域はキャベツなど高原野菜やコーヒーの栽培が盛んで,観光資源も豊富である。

ラオスのノンノックキエンとカンボジアのトラペアンクリール国境から60km程でメコン川最大の支流の1つセコン川の橋を渡る。すると,右折するとセコン川がメコン川に合流するストゥントラエンの町になる。国道7号を少し南に行くと北部サブ回廊である国道9号とのT字路となり,さらに10km余り行くと同じく北部サブ回廊の国道78号とのT字路がある。しばらくは天然林と未耕作の原野が続き,100km余りでクローチェに辿りつく。クローチェは,メコン川に面した町である。なお,クローチェからラオスとの国境までセコン橋も含め,中国の有償援助により,2008年4月25日に改修が終わっている[18]。先述の通り,ストゥントラエンを挟む北部サブ回廊並びに国道7号などカンボジア東北部の道路は中国の援助で建設されている区間が多い。

クローチェから国道7号が東方向に大きく膨らませながらカーブを描くのに対し,直進する近道が国道73号で,この道路はメコン川に沿って走る。国道

---

17 http://www.adb.org/countries/gms/sector-activities/multisector (2016年1月31日閲覧)。
18 *People's Daily*, April 29, 2008.

42　第 1 章　南部経済回廊開発の経緯・展望

図表 1-12　回廊間リンクの県・州・省間の距離，国道番号，人口密度および所得水準

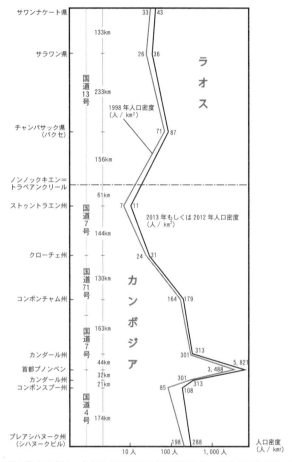

注：1)　県，州の代表地点は，各国とも以下の地点を選択した。ラオス国内では，サワンナケート県は，国道 13 号が国道 9 号から南に分岐する地点，サラワン県は国道 13 号の国道 15 号との T 字路，チャンパサック県は国道 13 号と国道 16W 号との T 字路を選択した。ストゥントラエン州はセコン橋の南端，クローチェ州は国道 73 号と国道 7 号が交わる地点，コンポンチャム州はメコン川のきずな橋の西端，プノンペンの北のカンダール州は国道 8 号との T 字路，プノンペンは王宮周辺，プノンペンの南のカンダール州は国道 51 号との T 字路，コンポンスプー州はコンポンスプー中心部，プレアシハヌーク州はシハヌークビル港を選択した。

　　2)　カンボジアの人口密度は 2013 年，ラオスの人口密度は基づいて示した。2012 年の数字をそれぞれ用いている。

出所：筆者の走行記録，各種地図並びに参考資料にある各国の統計資料をもとに筆者作成。

73号を90km程進むと再び国道7号にぶつかり7号を右折，その後40km程進むと，日本のODAで建設されたメコン川のきずな橋を渡り，コンポンチャムの町に入る。コンポンチャム州は天然ゴムやカシューナッツ，ピーナッツの産地として知られ，同州の人口は168万人とカンボジアでは最大である。コンポンチャムから50km弱程行くと，国道7号は，スクンで国道6号と合流し，そのままプノンペンに向かう。図表1-12をみてもわかるように，人口密度はストゥントラエンからプノンペンまで一貫して右肩上がりである。

　プノンペンからは国道4号に入る。途中，プノンペン近郊では国際空港，プノンペンSEZ並びに多くの縫製工場を通るが，やがて上り勾配の区間となり，峠の途中にコンポンスプーの町がある。その先50km程上ると峠の頂きとなり，そこから40km程で南部沿岸サブ回廊の国道48号とのT字路，さらに40km南下して国道3号とのT字路を通る。その先30km程で，左手にシハヌークビル空港，右手には中国無錫の紅豆集団と地場資本の合弁によるシハヌークビルSEZがあり，その先15km程で回廊間リンクの終点シハヌークビル港に着く。シハヌークビル港には，日本の円借款でシアヌークビル港湾当局が2012年から運営するシハヌークビル港SEZが隣接している。

4. 中央サブ回廊の主要都市，国境の開発状況

　ここでは南部経済回廊の中央サブ回廊にフォーカスし，沿道の大都市であるバンコク，プノンペン，ホーチミン市近郊と，主な国境であるタイのアランヤプラテートとカンボジアのポイペトとの国境，カンボジアのバベットとベトナムのモクバイとの国境の開発状況について述べることとしたい。

4.1　バンコク

　図表1-13はバンコクおよびその近郊の地図である。バンコク近郊の工業団地は，パトゥムタニ，アユタヤ県と北に向かって発展するとともに，サムットプラカン，チョンブリ，ラヨンと南部沿岸サブ回廊に沿うような形で発展した結果，北と東の方向に沿って工業団地が分布するようになった。加えて，チャ

図表1-13 バンコク近郊の道路および工業団地の分布状況と港湾並びに空港の位置

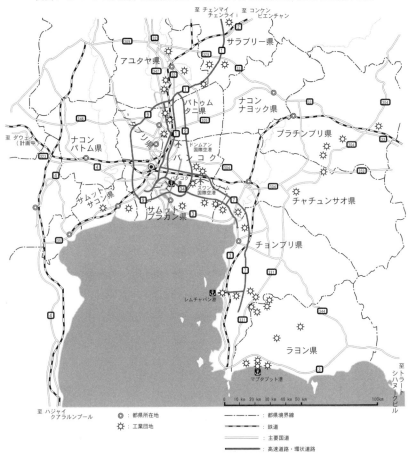

出所：Freytag-Berndt 社の地図をもとに筆者作成。

チュンサオ県およびプラチンブリ県の国道304号に沿った地域にも工業団地が分布しており，その先にカンボジアとの国境であるアランヤプラテートが存在する。

また，従来からのドンムアン空港は北に向かう高速道路の右手にある一方，スワンナプーム国際空港は東に向かう国道3号から少し離れた地点にある。バンコク港（クロントイ港）はバンコク中心部のチャオプラヤー川の河川港であ

る一方,深海港であるレムチャバン港はチョンブリ県にある。国道1号はチェンマイなどのタイ北部並びにヤンゴンに向かう際の国境の町メソットに向かう車が利用する。国道2号は,東北タイを通り,ラオスの首都ビエンチャンに向かう。国道33号はアランヤプラテートを通じてプノンペンに向かう道路で,国道3号は南部沿岸サブ回廊のタイの区間である。また,国道4号はタイ南部並びマレーシア方面に向かう道路である。

　周知の通り,バンコク近郊では自動車産業並びに電子・電機産業が発展し,関連の部品工場がティア1,ティア2,ティア3と重層的な関係にある産業クラスターを形成している。こうしたなか,アユタヤ県などバンコクより北に分布する工場と,チョンブリ県やラヨン県など東に分布する工場との間で少なからぬ部品取引が存在する。また,広域に分布した工場から港湾や空港への良好なアクセスも同時に求められる。さらにタイプラスワンをはじめとするCLM諸国への分工場の立地が進む場合,バンコクから放射状に延びる国道を,バンコク中心部の交通渋滞を避けて結ぶことが求められる。そこで求められるのが環状道路であるが,図表1-13で示す高速道路でもある国道9号が,その役割を担っている。

4.2　プノンペン

　バンコクで環状道路が整備されているのとは対照的にプノンペンでの都市内輸送インフラの整備は遅れている。交通渋滞解消の手段として,環状道路に加え,バイパス並びに交差点の立体化,さらには都市内河川の架橋などが求められているが,プノンペン市内では2015年末現在,立体交差がようやく4件整備された程度である。

　図表1-14に示すようにプノンペン国際空港は国道4号で首都中心部から10km弱の距離にあり,シハヌークビル港は,国道4号を進んでプノンペン中心部から230km,ホーチミン市方面に向かう小型のバージ船が寄港するプノンペン港までは国道1号沿いに中心部から27km程を要する。また,少なからぬ日系企業が操業するプノンペンSEZは国道4号沿いで,中心部から18km,プノンペン国際空港から8kmの距離にある。カンボジアの主要輸出産品である衣服の縫製工場は,プノンペンSEZの周辺を含め,プノンペン郊外

図表1-14　プノンペン近郊の環状道路計画および空港，港湾，SEZ

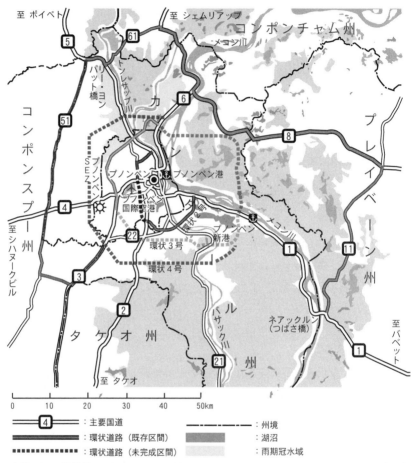

出所：Total社地図，Infrastructure and Regional Integration Technical Working Group（2012）第3章執筆者鈴木氏の助言に基づき，筆者作成。

並びにカンダール州，コンポンチナン州などに分布する。また，カンボジア国内の主要幹線道路は，国道1号から国道6号まで，すべてプノンペンに集中する。特に越境移動の観点から，タイとは国道5号，ベトナムとは国道1号，ラオスとは国道6号を途中で分岐した国道7号が，輸送上重要となる。

プノンペンSEZからシハヌークビル港に貨物を輸送する場合，首都中心部

を通過するわけではないので，あまり問題はない。他方，プノンペンSEZか
ら国道1号でホーチミン市に向かうないしはプノンペン新港に向かう場合，プ
ノンペン中心部を通らないと適切な道路が存在しない。このように立体交差に
加えて，バイパスないしは環状道路の開発がプノンペンにとっての課題であ
る。

　プノンペンの環状道路ないしバイパスに該当する道路はないのか。1つは図
表1-14の灰色で塗りつぶした区間で，国道61号からトンレサップ川を渡り，
国道6号を少し南下し，国道8号に入り，国道11号を通ってネアックルンの
つばさ橋の対岸に出るルートが，JETROのインフラ・マップで紹介されてい
る。この道路を実走したところ距離で139km，時間で2時間20分を要した。
他方，国道5号の国道61号とのT字路とプノンペン中心部を経て，国道1号
でネアックルンまで行った場合は82kmで2時間15分で，迂回路を通った場
合と距離は50km以上の差があるものの，時間はほとんど変わらず，プノンペ
ン中心部の渋滞が著しい場合は，時間の節約になるかもしれない。

　他方，プノンペン中心部の渋滞を解消するため，環状道路が計画され，環状
2号は中国が支援し一部完成しており，環状3号は韓国の有償援助で建設が予
定されていたが（IRITWG 2012），後者は現時点でどのようになったか確認で
きない。これらの環状道路ができれば，プノンペンSEZからプノンペン新港
およびホーチミン市への物流が大幅に改善される。しかし，プノンペンより東
側は湿地帯が多く建設に困難が伴う一方で，西側は住宅地や工場などが多いた
め，土地収用が容易ではないとのことである[19]。

4.3　ホーチミン市

　ホーチミン市は，空港から市の中心部までが7kmとプノンペンと比べて
も，さらに近い。サイゴン川沿岸に港湾ターミナルが存在し，サイゴン川とド
ンナイ川の合流点付近に，ベトナムでのコンテナ取扱量トップを誇るカットラ
イ港がある。またサイゴン川をホーチミン市中心部からわずかに下った地点に
タントゥアン輸出加工区があるなど，空港も港湾も初期の工業団地も市中心部

19　2014年11月28日におけるカンボジア公共事業運輸省でのヒアリングに基づく。

図表1-15 ホーチミン市近郊の道路，工業団地，空港，港湾の立地状況

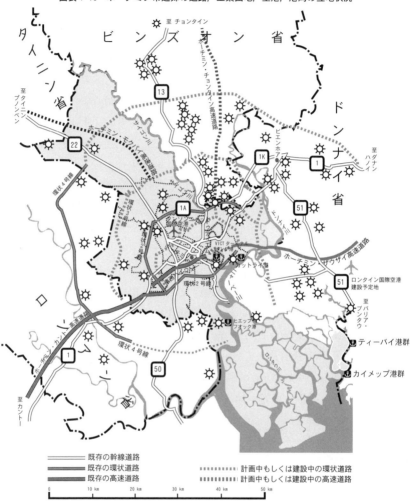

出所：ベトナムの行政地図および交通地図をもとに筆者作成。

に近接している。

　工業団地は1990年代に建設されたもののなかにはホーチミン市内に立地されたものもあるが，サイゴン川およびドンナイ川周辺には地盤の緩い場所も一部あるとのことで，国道13号に沿ったビンズオン省並びに国道1号や国道51

号沿いのドンナイ省など，地盤がより強固な地域に分散していった。他方，場所によって地盤が緩い地域があると敬遠されていたロンアン省でも工業団地が増加傾向にある（大里 2013）。

　ホーチミン市のタンソンニャット空港は3000mクラスの滑走路が2本あるが，航空便の離着陸の頻度は年々増加している。他方，市の中心部に近いため，空港のさらなる拡張には限界がある。このため，ドンナイ省で国道51号周辺のロンタインに新空港を建設する計画がある。

　また，バリア・ブンタウ省を流れる，上流のティーバイ川と下流のカイメップ川は，河川ながらその水深が20m近くあるとされる。ただ湾口部に浅瀬があったことから，長らく開発が進まなかったが，日本のODAで湾口部の浚渫を行ったことで，シンガポール港湾公社（PSA）や香港のハチソン・ワンポア・ホールディングス（HWH）など世界有数のターミナル・オペレーターと日中韓の海運企業などがこの地域の港湾ターミナルへの投資を行った。

　ベトナム政府は，カイメップ・ティーバイ港をベトナム南部の海運の中心にしていくと聞く[20]。しかしターミナルを運営するサイゴン・ポート社などはホーチミン市が株式を所有しているため，ホーチミン市への税収が期待できるホーチミン市内で最も下流にあるヒエップフオック港へのサービスを強化しているため，期待通りにカイメップ・ティーバイ港の利用が伸びているわけではない（志摩 2013）。

　しかし，ドンナイ省のロンタイン地区には少なからぬ工業団地が存在し，バリア・ブンタウ省のフーミー地区には臨海型の鉄鋼や火力発電所など重工業が発展している。さらに図表1-15に示されているようにベトナム南北高速道路の一部となるホーチミン・ザウザイ高速道路がロンタインの先まで開発されたことで，ホーチミン市中心部からのアクセスが改善され，ロンタインからフーミー周辺の開発は今後も進むものと思われる。

　他方，冒頭でも述べた通り，空港と港湾が市内にあるがゆえに，経済発展とともにそれだけ市内の交通渋滞が激しくなる。ホーチミン市とその近郊では環

20　ベトナム海運総局は，混雑するホーチミン市の港湾を経由する貨物を制限し，貨物を近郊バリア・ブンタウ省のカイメップ・ティーバイ港に回させる計画を発表している（2015年10月21日付け『時事』）。

状道路が計画されてきているが，近隣の省との調整も必要なことからか，期待通り開発が進んでいない。市内は道路の拡幅や交差点の立体化が進められているほか，地下鉄が日本のODAで建設されているが，引き続き環状線の開発も急ぐ必要があろう。

4.4 アランヤプラテート＝ポイペト国境

早朝アランヤプラテート＝ポイペト国境のゲートが開かれると，労働者風のカンボジア人が多数タイ側に渡ってくる。アランヤプラテートの国境にはロンクルア市場があり，これらカンボジア人の多くはロンクルア市場のそれぞれの区画で，水産物や青果物，衣服，雑貨などを販売する[21]。訪れるタイ人によると，この市場の商品はかなり値段が安いとのことである。カンボジア人は商品をリアカーに載せて，通行証により1日に国境を何度か往復し，夕方ポイペト

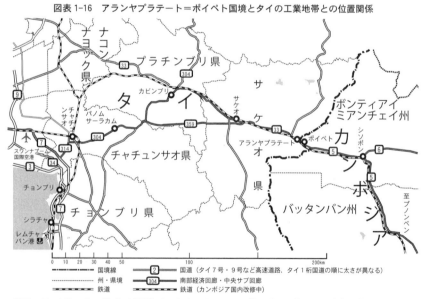

図表1-16 アランヤプラテート＝ポイペト国境とタイの工業地帯との位置関係

出所：Total社のカンボジア地図並びにタイのThink Net社の地図に基づき，筆者作成。

---

21 元々市場はカンボジア側にあったが，治安上の理由や商品越境時の高い課金を避けるために1998年にタイ側に移ったものがロンクルア市場とされている（矢倉2010）。

側に戻る。また，アランヤプラテート側の国境では，プノンペンまで改修が進むと期待される鉄道が敷設されており，2013年3月時点で工事をしていたが，2015年11月には線路が敷設されていた。

アランヤプラテートの国境からタイを出国すると，ポイペトのゲートとの間の中立地帯のカンボジア側にカジノが林立している。矢倉（2010）によると，1999年に最初のカジノがオープンし，2008年時点で8カ所のカジノが営業しているが，中立地帯の面積にも限界があることもあり，筆者がみる限りその後際立って増えた様子は窺えない。なお，中立地帯に建てられているのは，賭博が禁止されているタイ人の客が出国手続きをし，カンボジアに入国せずにカジノで遊んで帰ることができるためと考えられる（矢倉 2010）。

ロンクルア市場とカジノに加え，ポイペトにも2，3軒の国境SEZが立地している。カンボジアとタイとの間では，最低賃金で2016年初現在1.5倍の賃金格差が存在する。タイ側のマザー工場で労働集約的な工程をカンボジアで最もタイに近いポイペトに移すことで労働コストを削減するタイプラスワンのビジネス・モデルを活用する企業が少しずつ出てきたようである。図表1-16をみるとわかるように，アランヤプラテートからレムチャバン港まで約250km，しかし国道304号のカビンブリ付近にも工業団地が分布しており（図表1-13），これらの工業団地との距離は150km程度である。150kmを経て実際の賃金が2分の1程下がることで，新たなビジネス・モデルが見出されつつある。しかし，他方でタイ側にも安価なカンボジア人労働者を活用した国境SEZを立地する計画もある（第2章参照）。

4.5　バベット＝モクバイ国境

バベットもポイペトに劣らず，国境付近はカジノが林立している。ただ，ポイペトと異なり，中立地帯に立地しているわけではなく，国境ゲートからバベットに入ったエリアに立地している。モクバイの方は，主として免税スーパー・マーケットが立地されている。

バベットの国境ゲートから6～14km程離れた地点にマンハッタンSEZ，タイセン・バベットSEZとドラゴン・キングSEZの3軒の工業団地が存在する。実は，バベットはカンボジア領内で低開発国向け一般特恵関税制度

図表 1-17 バベットの位置関係

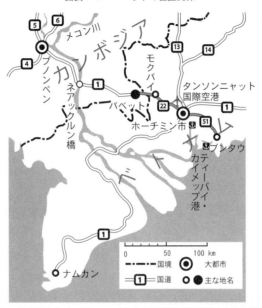

出所：カンボジアは Gecko Maps，ベトナムは道路交通地図をもとに筆者作成。

(GSP) が利用できる一方，プノンペンとの距離が 165km であるのに対しホーチミン市までは 75km，タンソンニャット空港までは 70km 弱の距離にある（図表 1-17 参照）。また，電力もベトナムと比べると高いものの，プノンペンよりも安価である。加えて，SEZ 内には関連行政機関のワンストップ・サービスが提供されていて，ホーチミン市の港湾から第 3 国に輸出する場合，越境保税通関制度により，SEZ 内で税関検査を受けた後シールを貼っていれば，国境およびベトナム国内の税関検査を受けずに無税で船積みが可能である。さらにバベットで勤務する外国人にはベトナム政府からビザが支給され，休日をホーチミン市で過ごすことも可能である。このため，日系企業を含め 20 社以上もの企業が，それぞれマンハッタン SEZ とタイセン・バベット SEZ に工場を立地した。

ところが，2012 年に台湾系の自転車生産企業で労働争議が起きたのをきっかけに，労働争議が激化し，相次いで賃上げ要求が出され，賃金も高騰し，労使関係が難しい状況にある。またベトナムから受けている電力が，進出した企

業に安定して供給されていないため，停電が頻発する事態も起きている（以上石田 2014）。かつてはカンボジアの低賃金とGSP，ベトナムの電力および港湾のインフラが活用できる「いいとこ取り」ができるとされたSEZも，現時点での投資環境は芳しくない。

5. 中央サブ回廊越境輸送円滑化の課題

　これまでみてきたように南部経済回廊の中央サブ回廊は，ミャンマー，タイ，カンボジア，ベトナムの4カ国を通る。しかし，トラックやバスが国境を越境するためには，取り決めが必要となる。その取り決めは，2国間の取り決めと，多国間の取り決めがある。2国間の取り決めでは，タイとカンボジア，カンボジアとベトナムとの間でこれまで締結されているが，ミャンマーとタイとの間では締結されていない。また，多国間の枠組みではGMSのカンボジア，中国，ラオス，ミャンマー，タイ，ベトナムの6カ国間で，越境交通協定（CBTA）の付属文書と議定書を含むすべての文書を，2015年にタイとミャンマーが批准したことで，すべての国が批准した。また，ASEANでも「トランジット貨物円滑化に関するASEAN枠組協定（AFAFGIT）」の本協定が1998年に署名されているが，ASEAN10カ国すべてがその一部の議定書に署名しておらず，実現の目途はついていない[22]。

　そこで，本節では，2国間の取り決めについて，最初に話が進められたカンボジアとベトナムとの2国間協定について述べたうえで，次にタイとカンボジアの協定について述べ，すでにGMS関係6カ国によって批准されたCBTAを実施するに際しての課題について述べることとしたい。

5.1　カンボジアとベトナムとの間の取り決め

　図表1-18に示すようにカンボジアとベトナムは，1998年の段階で，2国間の道路交通に関する協定を結んでいる。ただ，協定文書は全文9箇条で署名も

22　CBTAについては石田（2008）および石田（2010），AFAFGITなどASEANの枠組については Ishida（2014）を参照されたい。

含め9頁の簡素な協定である。特徴としては，タクシー（5席），旅客車両（10席以上），貨物車両，トレーラとセミトレーラに加え，非商用車も対象に認めている（第2条）。

また，一方の国の貨物車両，旅客車両，タクシーが，相手国の領土で営業しているとき，貨物を積んだり，乗客を乗せ，相手国内で配送したり，降車させることは禁じられている（第7条「カボタージュの排除」）。しかし他方で，プノンペンからホーチミン市まで貨物や乗客を輸送した車両が，ホーチミン市で貨物や乗客を乗せ，プノンペンに運ぶことは可能である。また第11条でトランジット・フィーに言及しているように，隣接する第3国とのトランジット輸送を行う可能性についても言及をしている。

2005年の2国間道路交通に関する実施議定書は，この1998年の協定を実施

図表1-18 南部経済回廊沿道の越境交通に関する2国間協定・議定書・覚書

<カンボジア―ベトナム間>

	署名場所	署名日	効力を持つ日	クォータ
2国間道路交通協定	ハノイ	1998年6月1日	署名日から有効	未定
2国間道路交通協定の実施議定書	ハノイ	2005年10月10日	署名から3カ月後に有効	各40台
バベット=モクバイ国境におけるCBTA早期実施に関する覚書	プノンペン	2006年3月31日	署名日から有効	不定
2国間道路交通協定と同議定書の商用車のタイプと数量に関する覚書	プノンペン	2009年3月17日	署名日から有効	各150台
同上覚書の改定	プノンペン	2010年9月15日	未詳	各300台
同覚書の改定	バリ	2012年9月15日	署名日から有効	各500台

<タイ―カンボジア間>

	署名場所	署名日	効力を持つ日	クォータ
アランヤプラテート=ポイペト国境におけるCBTA早期実施に関する覚書	昆明	2005年7月4日	署名日から有効	不定
アランヤプラテート=ポイペト国境における越境輸送権の交換に関する覚書	ビエンチャン	2008年3月20日	署名日から90日で有効	各40台
同上覚書の改定	プノンペン	2009年9月17日	署名日から30日で有効	不定

出所：各協定，議定書，覚書文書をもとに筆者作成。

するための車両の登録,越境輸送に際しての携行書類,車両の一時的輸入[23],動力車両保険の強制加入,詳細規定と位置づけられる。同議定書の参照規定は1998年のこの協定のみとなっているが,文書をみる限り,その内容はCBTAの規定が大きく反映されている。実際のところ,CBTAの本協定が6カ国によって署名・批准されたのは,2003年9月17日である。議定書は93箇条,添付資料も含め54頁に及ぶ2国間の越境交通文書としてはかなり分厚いものである。パスポートやビザ,健康診断も含めたヒトの移動,通関並びに衛生植物衛生(SPS)検疫,輸送料金などに言及し,何よりも旅客並びに貨物輸送契約とその輸送責任に多くの条文を割いている。他方で,CBTAのポイントともいえるシングル・ストップ検査や道路標識,マルチモーダル輸送などについては言及していない。また,1998年の協定では定められていなかった越境輸送が認められる車両のクォータについて40台と定めている。なお,同クォータは2007年3月5,6日にシエムレアップで開催された2国間協定実施に関する会議で150台に拡大することで双方が合意している。

　2009年の覚書は,それまで発行された1998年の協定,2005年の議定書に基づき,商用車についての詳細なルールを規定したもので,20箇条で6頁のものである。なお,2006年に署名されたバベット゠モクバイ国境におけるCBTA早期実施に関する覚書は,2009年の覚書には反映されていない。この覚書は旅客輸送を定期バス(および車両)と非定期バス(同)について分けているのが特徴である。また運賃については,非定期バスの場合,市場原理に基づき自由に決定できる一方,定期バスの場合は締結国の合意が必要と規定されている。また貨物の運賃は,道路輸送契約で決められ,輸送契約を締結していない場合は市場原理に基づき,決められる(第12条)。また,輸送業者が相手国に支社ないし駐在員事務所を設置し,マーケティングや営業活動を行うことを,相手国側政府は促進しなければならない(第9条)。さらに添付資料でホーチミン市からポイペトやフエからコッコンまでを含む29のルートとバベット゠モクバイ,トラペアンプロン゠サーマット,プレクチャック゠サーシア(ハーティエン),プノムデン゠ティンビエンの4国境が指定されている。

23　トラックやバスは,他国の領土に入った時点で輸入されたことになるが,再び出国する(一時的輸入)ことを前提に,関税が課せられないことを規定している。

2009年の覚書は，2010年と2012年に改定されている。2010年の改定でクォータが300台に拡張されている（第1条）が，他方でそのルートはパイロット・ケースとしてプノンペンとホーチミン市間に限定し，パイロット・ケースが成功した場合に他のルートに拡大するとしている（第2条）。この場合，2009年の覚書で指定された29のルートの営業がどのように扱われるのか規定をみる限りわからないが，ホーチミン市とシエムレアップとの間を結ぶバスが運行されている以上，既に認可されたルートについては，パイロット・ケース以外でも引き続き運行されているようである。2012年の変更では，クォータがさらに500台に拡大されている。

5.2 タイとカンボジアとの間の取り決め

タイとカンボジアの間では，2005年に署名したCBTA早期実施（IICBTA）に関する覚書が，最初に2国間で締結された取り決めである。両国はさらに2008年に新たな覚書を取り交わした。この覚書は，CBTA本文，2005年の覚書を序文で参照するとともに，IICBTAおよびCBTAの付属文書と議定書が発効するまでの暫定的な取り決め（第2条）とされている。このためか16箇条の簡素な内容であるが，添付資料を含めると11頁に及ぶ。

また，越境交通が認められる国境はアランヤプラテート＝ポイペト国境に限定され，ルートはCBTAの議定書1で規定されているように（第4条），バンコクないしはレムチャバン港からカンボジアのバベットに至る中央サブ回廊のルートとなる。

2008年の覚書は車両の登録国の表示（タイは「T」，カンボジアは「KH」）の義務づけ（第6条），車両の一時輸入（第7条），相手国の領土内を走行する場合に求められる携行書類（第10条），車両の幅や高さ，エンジンやシャーシの番号など技術的要件（第5条）などについて取り決められている。肝心の輸送権の交換に関しては，非定期旅客輸送ないしは貨物用車両40台までと規定されている（第9条）。

2008年の覚書は，2009年に改定されている。同改定では，2005年のIICBTAに関する覚書への参照を無効にするとあり（第1条），同時にIICBTAの条文に基づく条項を書き換えている（第2条）。ただ，2009年時点

ですべての国が CBTA のすべての付属文書や議定書を批准しているわけではなく，この改定がなぜ必要であったのか，その意味は筆者によくわからない。本覚書は署名日から 90 日で効力を持つ（第 13 条）とされているが，実際に 40 台のクォータが実施されたのが，2012 年 6 月 14 日である（助川・道法 2012）。なお，現時点でそれぞれ 40 台とのクォータは余りに少ないが，特定企業でタイのナンバーのままカンボジア側の許可を得て運行している企業もあるほか，カンボジア側でタイで登録された車両の通行を厳格に運用しているわけではなく，タイ・ナンバーの車両もしばしば見受けられる。

5.3 越境交通協定（CBTA）実施に向けての課題

　越境交通協定（CBTA）のすべての付属文書と議定書にタイとミャンマーが 2015 年に批准したことで，CBTA も効力を持つようになった。それより前の 2015 年 2 月 6 日に，東西経済回廊のラオスのデンサワンとベトナムのラオバオとの間で，ワンストップ通関を開始する式典が開催された[24]。具体的には税関，出入国，検疫（CIQ）の手続きの窓口を 1 つ屋根の下で一括して行うシングル・ウィンドー検査と，出国と入国時で 2 回行われる検査を入国時のみの 1 回にするシングル・ストップ検査が実施された。

　CIQ の手続きを入国の 1 回だけにするためには，ラオス側の CIQ 担当者のうち約半数の職員がベトナム側に出向き，ベトナム側の担当者とラオスからベトナムに入る車両の検査を共同で行うことで，ラオスを出国する際の手続きをしないでも済むようになる。また，ベトナム側からラオス側に入る車両に対しては，ベトナム側の約半数の CIQ 担当者がラオス側でラオス人担当者とともに共同検査を行う。ただ，共同検査といっても検査項目は入国と出国で多くの場合異なる。

　通関に関しては，日本の支援で導入されたベトナム自動貨物通関情報処理システム（VNACCS）により，輸入貨物の審査が自動的にグリーン（簡易検査），イエロー（書類審査），レッド（検査扱い）に区分され，イエローと判定された貨物は駐車スペースで書類審査を行い，レッドと判定された貨物は共同

24　The Voice of Vietnam, June 2 2015.

検査場（CCA）で，ベトナム人とラオス人スタッフのもとで，物的検査が行われる（蒲田・佐藤・柴田 2015）。

出入国管理に関しても，窓口にラオス人職員とベトナム人職員とが並んで座っている。ラオスからベトナムに入る場合，ラオス人職員にパスポートを手渡し出国審査が終わると，パスポートが旅客に返却されずに，隣に座るベトナム人職員に手渡され入国審査が行われ，パスポートが返却される。

こうした仕組みが，南部経済回廊のアランヤプラテート＝ポイペト国境とバベット＝モクバイ国境にもいずれは導入される。しかし，そのためにはCCAを4カ所設置しなければならない。特にアランヤプラテート（クロンルーク）＝ポイペト国境については，既に中立地帯にカジノが林立し，CCAを建設することが難しい。そこで，2010年11月にタイのアピシット首相がカンボジアを訪問した折り，現在の国境よりも南に7km程下がったタイのノンイアンとカンボジアのストゥンボットに新たな国境ゲートを建設することが合意された（Ishida 2013）。同地点に物流向けの国境を新設することに関しては，タイの周辺諸国経済開発協力機構（NEDA）もF/Sを実施している。他方，タイ側は，クロンルーク＝ポイペト国境を北上したタイのパライとカンボジアのオーネアンに国境ゲートを新設する案も検討を始めている[25]。

もう1点は，カンボジアの国境ゲートに動物並びに植物検疫の担当職員がいない点である。カンボジアの国境ゲートでは，商業省傘下のカンボジア輸出入検査不正防止機関（CAMCONTROL）が，消費者の健康を守るため危険な商品の輸出入を差し止め，不正な貿易を防止する役割を担っているが，商業省傘下のCAMCONTROLがタイおよびベトナムの動物並びに植物検疫担当者と同じ認識のもと共同検査を行うことができるのかどうかは見極める必要がある。

6. 日本の役割：中央サブ回廊輸送円滑化の課題

本章のまとめとして，ここでは中央サブ回廊を狭義の「南部経済回廊」と捉

---

25 *The Bangkok Post*, October 19 2015.

6. 日本の役割：中央サブ回廊輸送円滑化の課題　59

え，その課題を検討し，日本の役割を考えていくこととしたい。

　課題を挙げていくと，第1にミャンマー区間のダウェイからティキまでの道路の改修が1つの課題である。現在，イタリアン・タイ・デベロップメント社が工事用に建設した未舗装道路があるが，これらの道路を片側1車線，将来的には片側2車線道路として開発し，ダウェイに初期の投資を呼び込むことが第1の課題である。特に現在ではトンネルも橋桁もなく，アップダウンとカーブが多いが，振動などの面で最低限の道路環境は整備していくことが望ましい。なお，ダウェイでは2万ヘクタールにも及ぶ敷地でSEZの開発が進められているが，労働人口との関係でどの程度の規模の開発が進められるか，この時点である程度見極めていくことが求められる。そして中長期的には，片側2車線以上の道路ないしは高速道路と深海港の開発に着手し，タイをはじめとする陸のASEANからインド，アフリカ，南アジア向けの輸出基地の礎となることをめざすべきであろう（第5章参照）。

　第2は，日本の無償資金協力によるカンボジアの国道1号線のプノンペン—ネアックルン間の改修工事は，残るプノンペン近郊4kmの片側2車線化が進められ，2017年に完成予定である。この後，日本の円借款供与で国道5号線のバッタンバン—シソポン間が2013年，プノンペン近郊のプレッククダムからポーサット州のスレアマーム間が2014年，それらの間に相当するプレアマーム—バッタンバン間の改修が2015年にそれぞれ日本政府との間で調印されている。南部経済回廊であるカンボジアの国道1号線と5号線の改修，一部片側2車線化と主要都市のバイパス建設の先にみえるのは，高速道路化であろう（詳細は第6章参照）。2015年12月16日にはプノンペンで「カンボジア高速道路セミナー」が日本の国道交通省の主催で行われている。高速道路の建設に関しては，現在ベトナムでノイバイ—ラオカイ高速道路，ハノイ—タイグェン高速道路，ハノイ—ハイフォン高速道路が完成している。筆者は2016年1月にノイバイ—ラオカイ高速道路の区間を視察したが，高速道路建設に際しては，インターチェンジと旧市街地との間で工業団地が建設される一方，ハノイに供給する農産物の供給基地の遠隔化などの経済効果が出ている。その意味でも，高速道路をどこに通し，インターチェンジをどこに設置するのかなどは，経済効果も含めた検討を行うことが求められている。

第3の課題は，プノンペン並びにホーチミン市における環状道路など大都市開発である。プノンペンでは4つ計画されている環状道路のうち，1つは中国が開発を進めている。残りの環状道路の支援を検討する必要性については慎重に検討する必要があろうが，他方で立体交差化などはまだまだの状況である。また，バスなどの公共交通機関を充実させる一方，将来的に都市鉄道も検討の視野に入れることも，日本として求められよう。一方，ホーチミン市においても環状道路の開発が不可欠であろう。他方で，ロンタイン新空港のマスター・プランはJICAで作成しているが，カイメップ・ティーバイ港，さらにはフーミー地区も含め，ロンタインからフーミーまでの地域開発を，ホーチミン市との関係も含め包括的に進めていくことが求められる。特にこの地域は鉄鋼など重工業地帯として開発されてきており，環境汚染防止や防災の観点からも，日本の果たすことのできる役割は大きい。

　第4は，CBTAの全文書がすべての国によって批准された現在，シングル・ウィンドー並びにシングル・ストップ化の実施に向けた動きを支援することであろう。共同検査場（CCA）の建設，出入国や税関職員のキャパシティ・ビルディング（キャパビル）などで支援できることは大きい。アランヤプラテートとポイペト間の物流向け国境ゲートの建設は，タイ政府が支援の意向を示しているが，日本にはラオスで支援した実績があり，コンサルティングをはじめ，相手国政府からの要請があれば，日本の果たす役割は大きいと思われる。また，キャパビルに関しては，カンボジアの場合，CAMCONTROLの職員とタイやベトナムの動物・植物検疫の職員との共同検査で，支援できる点は少なくない。ただ，他方でキャパビル事業の場合，他のドナーも同時に行う可能性があり，筆者が2010年に行った調査ではキャパビル・ラッシュで現場の人員が不足するといった事態も起きている。ドナー間のキャパビルの調整といった点も，今後の課題といえよう。

　こうした支援を通じ，南部経済回廊の沿道の地域の経済発展が促進され，雇用の機会が生まれ，人々の生活水準が向上することが求められよう。他方で，開発を進めるなかでの土地収用や交通事故の増加，環境汚染など負の外部効果も少なからず起こるものである。こうした負の外部効果にも目を配りながら，開発を進めていくことが，日本の貢献の在り方といえよう。

参考文献

石田正美（2007）「大メコン経済協力と3つの経済回廊」石田正美・工藤年博編『大メコン圏経済協力：実現する3つの経済回廊』アジア経済研究所

─── （2008）「越境交通協定（CBTA）とは何か」石田正美編『メコン地域開発研究―動き出す国境経済圏』アジア経済研究所

─── （2010）「越境交通協定（CBTA）と貿易円滑化」石田正美編『メコン地域 国境経済をみる』アジア経済研究所

─── （2013）「CLV開発の三角地帯の課題」『アジ研ポリシー・ブリーフ』No. 26

─── （2014）「ASEAN域内の物流ネットワーク：GMS経済回廊の現状と展望」北陸環日本海経済交流促進協議会―アジア経済研究所『ASEAN経済の動向と北陸企業の適応戦略』アジア経済研究所

─── （2015）「メコン地域における物流事情：インフラ整備の経済効果」BTMU Global Business Insight Asia & Oceania, （2015年6月26日）三菱東京UFJ銀行国際業務部

大里和彦（2013）「工業団地の立地の強みと地盤の弱み：ヒエップフック港と工業団地整備の現状（2）」『通商弘報』（2013年4月4日）日本貿易振興機構

蒲田亮平・佐藤進・柴田哲男（2015）「東西経済回廊の国境でシングル・ストップ検査の第4フェーズ実施：越境交通協定の進捗（1）」『通商弘報』（2015年1月14日）日本貿易振興機構

志摩紘一（2013）「カイメップ・チーバイ港の稼働率が低調」『通商弘報』2013年7月25日，日本貿易振興機構

白石昌也（2010）「南部経済回廊」石田正美編『メコン地域 国境経済をみる』アジア経済研究所

助川成也・道法清隆（2012）「国境を越えて――一貫輸送が可能に―車両の相互乗り入れが始まる（1）」『通商弘報』（2012年7月10日付け）日本貿易振興機構

恒石隆雄（2007）「タイの近隣諸国への経済協力と国内地域開発の新展開」石田正美・工藤年博編『大メコン圏経済協力：実現する3つの経済回廊』アジア経済研究所

初鹿野直美（2007）「カンボジア南部経済回廊開発：変わりゆく国境地域」石田正美・工藤年博編『大メコン圏経済協力：実現する3つの経済回廊』アジア経済研究所

矢倉研二郎（2010）「カンボジア―タイ国境における経済開発の現状と課題」石田正美編『メコン地域 国境経済をみる』アジア経済研究所

Asian Development Bank（ADB, 1993a）*Subregional Economic Cooperation: Initial Possibilities for Cambodia, Lao PDR, Myanmar, Thailand, Vietnam and Yunnan Province of People's Republic of China.*

─── （1993b）*Economic Cooperation in the Greater Mekong Subregion*, Proceeding on the Second Conference on Subregional Economic Cooepration among Cambodia, Lao People's Democratic Republic, Myanmar, Thailand, Vietnam and Yunnan Province of the People's Republic of China 30-31 August 1993.

─── （1998）*Eight Ministerial Conference on Subregional Cooperation.*

─── （2000）*Ninth Ministerial Conference of Subregional Cooperation.*

─── （2001）*Preinvestment Study for the Greater Mekong Subregion East-West Economic Corridor, Volume 1 Integral Report*, Manila: Asian Development Bank.

─── （2005）*Greater Mekong Subregion Ninth Meeting of the Subregional Transport Forum (STF-9) Beijing, People's Republic of China, 01-02 June 2005, Summary of Proceedings*（in website of ADB, accessed on August 8, 2008）.

─── （2006）*Tenth Meeting of the Subregional Transport Forum back-to-back with Final*

Meeting on the GMS Transport Sector Strategy Study, Vientiane, Lao People's Democratic Republic, 21-23 March 2006.

Infrastructure and Regional Integration Technical Working Group (2012) Overview on Transport Infrastructure Sectors in the Kingdom of Cambodia

Ishida, Masami (2013) "What is Cross-Border Transport Agreement (CBTA) ?" Ishida, Masami ed., *Border Economies in the Greater Mekong Suregion*, London: Palgrave Macmillan.

——— (2014) "What Are Differences: CBTA and ASEAN Framework Agreements," a paper presented at the 14th International Convention of the East Asian Economic Association

Ishida, Masami and Ikumo Isono (2012) "Old, New and Potential Economic Corridors in the Mekong Region" Ishida, Masami ed. *Emerging Economic Corridors in the Mekong Region*, Bangkok Research Center

Central Statistical Organization (2008) *Statistical Yearbook 2006*, Nay Pyi Taw.

General Statistics Office (2000) *Statistical Yearbook 1999*, Hanoi.

——— (2004) *Statistical Yearbook 2003*, Hanoi.

General Statistics Office (2014) *Statistical Yearbook of Vietnam 2013*, Hanoi.

——— (2015) *Statistical Yearbook of Vietnam 2014*, Hanoi.

National Institute of Statistics (2008) *Kingdom of Cambodia Statistical Yearbook*, Phnom Penh.

National Statistical Center (2000) *Lao PDR Statistical Yearbook 1999*.

——— (2014) *Lao PDR Statistical Yearbook 2013*.

National Statistical Office (2005) *Statistical Yearbook Thailand 2005*, Bangkok.

——— (2006) *Statistical Yearbook Thailand 2006*, Bangkok.

——— (2014) *Statistical Yearbook Thailand 2014*, Bangkok.

(石田正美)

第 2 章

タイプラスワンと南部経済回廊
―― メコン圏のハブ機能を高めるタイ

1. はじめに

　ASEAN 経済共同体（AEC）の発足，カンボジア，ラオス，ミャンマー，ベトナム（CLMV）経済の離陸（高成長），そして南部経済回廊を含めた国境をまたぐ輸送網の整備により，メコン圏の中心に位置するタイのハブ機能が注目を集めている。

　なかでも南部経済回廊の整備に伴い，タイのバンコクがカンボジアのプノンペンとベトナムのホーチミンという大都市との連結性が強化されたインパクトは大きい[1]。

　本章では，メコン圏におけるタイのハブ的機能を，タイプラスワンをキーワードに考察し，南部経済回廊の整備の影響を考えたい。

　ただしタイプラスワンに明確な定義はない。タイにおける賃金上昇や労働力不足に対処するために，タイの生産拠点を他の国に移転することをタイプラスワンとする見方もあれば，タイと同じ機能を持つ生産拠点を他の国にも設置する分散投資に用いる論者もある。

　本章では，以下の 2 つのタイプラスワンを考察する。

　第 1 は，日本企業にとってのタイプラスワンである。これは，タイにある生産拠点のうち労働集約的な工程を近隣諸国に移転するというビジネスモデルである（大泉　2013）。これはいいかえれば，タイの集積地から近隣諸国へのサプライチェーンの拡張であり，リスク回避というよりもタイの集積地の競争力

1　2015 年 4 月にメコン川をまたぐネアックルン橋が完成した。それまでは，フェリーを利用しなければならず，数時間待たされることもしばしばであった。

強化（ハブ機能の強化）と捉えるべき動きである[2]。

第2は，タイ政府にとってのタイプラスワンである。プラユット政権は，国内の国境地域に近隣諸国の労働力を活用できる特別経済開発区を設置する一方で，国際競争力を高めるためにバンコク周辺に工業クラスターを形成することで，タイのハブ機能を強化しようとしている。これは第12次経済社会開発計画（2017～2021年）でも重要な位置を占める成長戦略である。

このような日本企業とタイ政府のタイプラスワンについて解説し，それらがどのような要因に支えられているか，今後の南部経済回廊の整備を受けて，どのように変化するのかを考察する。

本章の構成は以下の通りである。

第2節では，日本企業にとってのタイプラスワンの前提となるバンコク周辺に集積する日本企業の現状を整理し，その領域が南部経済回廊沿いに拡大していることを確認する。第3節では，日本企業のタイプラスワンを推進する要因として，フラグメンテーションの加速，タイの労働環境の変化，新興国・途上国経済の台頭などについて述べる。第4節では，タイ政府のタイプラスワンとして，メコン圏におけるハブ機能強化策について整理する。とくに国境地域の特別経済開発区の設置とバンコク周辺のクラスター政策について解説する。そして第5節では，南部経済回廊の発展に伴う今後のタイプラスワンの方向性について述べたい。

2. 日本企業にとってのタイプラスワン

2.1 タイにおける日本企業の集積化

日本企業にとってのタイプラスワンというビジネスモデルは，日本企業がタイに大規模な集積地を形成していることを前提としている。

---

[2] タイプラスワンの特徴は，これに似た言葉であるチャイナプラスワンと比べると明確になる。チャイナプラスワンは，中国に集中した生産拠点のリスク回避を目的に，同様の生産拠点を中国以外の国に設けるという分散投資を示すものとして使われることが多い。ここでいうリスクには，政治リスク，賃金上昇リスク，環境リスクなどが含まれる。もちろんこのようなリスクはタイにも存在する。近年の政治不安は政治リスクであるし，2011年の洪水は環境リスクが小さくないことを示した。

図表 2-1　日本の対タイ直接投資の推移（製造業）

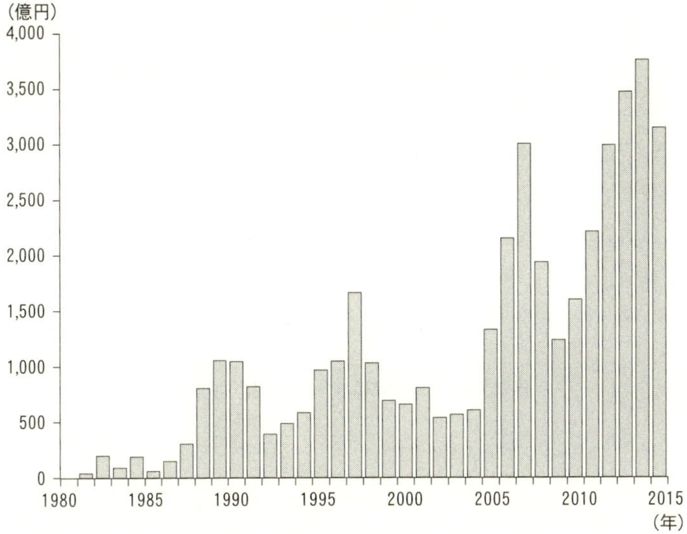

資料：財務省，日本銀行統計より作成。

　日本のタイ向け直接投資は，1985年のプラザ合意以降の円高のなかで急増した。図表2-1が示すように，時期によって変動はあるものの，総じて右肩上がりで投資額が増加してきたといえる。ちなみに，2015年は3143億円であった。

　この過程において，タイは1990年代後半に自らを震源地とするアジア通貨危機・経済危機を，2000年代後半からはタクシン政権と反タクシン政権の対立による政局不安を，2011年には世界のサプライチェーンに影響を及ぼす大洪水を経験してきた。これらは，いずれも投資家にマイナスの印象を与えるものであったが，日本企業のタイ向け直接投資は減少するどころか，むしろ増加傾向を持続している。

　これは，日本企業にとってタイが他に代えがたい投資対象国であることを示すものである。国際協力銀行（JBIC）『わが国製造業企業の海外事業展開に関する調査報告書―2015年度海外直接投資アンケート結果（第27回）』によれば，中期的（今後3年程度）に有望な事業展開国・地域として，タイはインド，インドネシア，中国に次ぐ第4位となっている。

このように,四半世紀以上にわたってタイに投資を継続してきた結果,日本企業のタイ向け直接投資累計額(製造業)は,2015年末時点で3兆8254億円と,アジアでは中国(8兆6294億円)に次いで多い[3]。業種別にみると,輸送機械器具が1兆2495億円と最も多く,製造業全体の32.7%を占める。以下,電気機械器具が6861億円(17.9%),鉄・非鉄・金属が5332億円(13.9%),化学・医薬が2850億円(7.4%)の順になっている[4]。

これら日本企業の進出先は,バンコク周辺の工業団地に集中している。

図表2-2は,タイ投資委員会(BOI)による日本の認可案件数(1973年～2014年:7584件)を地域別に整理したものである[5]。ここでは便宜上,地域

図表2-2 日本の直接投資認可件数(地域別)

(件)

	1970-74	1975-79	1980-94	1985-89	1990-94	1995-99	2000-04	2005-09	2010-14	合計
バンコク・メガリージョン	6	15	36	421	416	762	1,024	1,326	2,324	6,330
バンコク	1	5	4	59	36	61	73	184	277	700
近郊5県	4	9	26	262	192	196	228	259	411	1,587
サムットプラカン	2	4	16	118	55	67	68	97	193	620
サムットサコン	0	0	2	9	6	4	9	13	9	52
パトゥムタニ	1	3	7	124	128	122	141	142	197	865
ナコンパトム	0	1	0	9	2	0	6	3	5	26
ノンタブリ	1	1	1	2	1	3	4	4	7	24
周辺4県	1	1	6	100	188	505	723	883	1636	4,043
アユタヤ	0	0	2	22	73	182	241	238	420	1,188
チョンブリ	1	1	1	25	64	149	225	360	653	1,479
ラヨン	0	0	2	13	18	127	188	187	404	939
チャチュンサオ	0	0	1	30	33	47	69	98	159	437
その他	0	3	9	51	130	234	231	232	364	1,254
全体	6	18	45	472	546	996	1,255	1,558	2,688	7,584

注:網掛けは上位3地域。
資料:タイ投資委員会資料より作成。

---

3 日本銀行「国際収支・貿易関連統計」(http://www.boj.or.jp/statistics/br/bop_06/index.htm/ 2016年6月22日アクセス)
4 ちなみに非製造業のタイ向け直接投資残高は,2兆2077億円で,そのなかで金融が1兆6983億円と圧倒的に多い。次いで卸売が3299億円であり,この2業種で非製造業の90%以上を占める。
5 タイでは認可を受けなくても投資は可能であるが,投資優遇措置を受けるためにはBOIの認可を受けることが前提となる。投資認可は案件ごとに申請する必要があるため,一企業が一案件という

図表 2-3 バンコクと近郊 5 県，周辺 4 県

資料：筆者作成。

をバンコク，近郊 5 県（サムットプラカン県，サムットサコン県，パトゥムタニ県，ナコンパトム県，ノンタブリ県），周辺 4 県（アユタヤ県，チョンブリ県，ラヨン県，チャチュンサオ県），その他に区分した。また，バンコクと近郊 5 県，周辺 4 県を合わせて「バンコク・メガリージョン」とした[6]（それぞれの地理的位置は図表 2-3）。

バンコク・メガリージョンにおける投資認可件数は 6330 件で全体の 83.4％を占める。県別にみると，最も多いのは，チョンブリ県（1479 件）で，以下アユタヤ県（1188 件），ラヨン県（939 件）の順であり，これら 3 県はいずれも周辺 4 県に位置する。

上位 3 地域（網掛け）の変化をみると，1980 年代まではバンコクと近郊 5 県への進出が多く，1990 年以降は周辺 4 県が多くなったことがわかる。つまりバンコクを中心に進出先が郊外へと拡大している。ちなみに 2010 〜 14 年の周辺 4 県の認可件数は 1636 件で全体の 7 割を占めている。

図表 2-4 は，認可件数の推移を業種別にみたものである（上位 3 業種に網掛け）。全期間を通じて一般機械・輸送機器が多く，累計件数も 2924 件と全体の約 4 割を占めている。

図表からは明らかではないが，一般機械・輸送機器のなかでは自動車関連が

わけでなく，一企業でも複数の認可を取得している場合がある。さらに，認可済み案件を延長する場合や，案件の規模を拡大する場合にも，改めて認可を取得する必要がある。このように留意点が多いものの，案件数による考察は日本企業の立ち位置を考える上で重要である。
6 メガリージョンについては，リチャード・フロリダ（2009），大泉（2011）などを参照。

図表 2-4　日本の直接投資認可件数（業種別比率）　　　　　　　　　（件）

	1970-74	1975-79	1980-94	1985-89	1990-94	1995-99	2000-04	2005-09	2010-14	合計
農業・農産物	0	3	8	55	47	42	55	58	71	339
鉱物・セラミック・基礎金属	0	0	4	21	15	36	28	48	79	231
軽工業	0	3	9	94	65	44	57	47	67	386
一般機械・輸送機器	3	5	14	110	127	318	512	617	1,218	2,924
電気機械	0	4	5	134	214	341	342	280	455	1,775
化学工業・製紙	2	3	3	51	63	156	152	188	323	941
サービス・公共事業	1	0	2	7	15	59	109	320	475	988
	6	18	45	472	546	996	1,255	1,558	2,688	7,584

注：網掛けは上位3業種。
資料：タイ投資委員会資料より作成。

圧倒的に多い。日系自動車メーカーのタイ進出の歴史は古く，1957年のいすゞ自動車を皮切りに，1961年に三菱自動車，1962年に日産自動車，日野自動車，トヨタ自動車が進出した。これはタイ政府が自動車の輸入を制限する一方で，自動車産業を投資奨励の対象にしたことに起因する。また，タイの農村において貨物自動車（ピックアップトラック）の需要が伸びたという事情もあった[7]。

その後も自動車関連メーカーの進出は続き，現在では，完成メーカーのほかに，機械部品や内外装関連のメーカー（第1次サプライヤー），プレスや金型などのメーカー（第2次サプライヤー），生産機械メーカーや物流に関連する企業（第3次サプライヤー）が進出しており，その結果，タイは日系自動車メーカーの東南アジア最大の集積地となっている。

日本車を含めてタイの自動車生産台数は，2010年の165万台から2013年には246万台に増加した（その後は，内需低迷により2015年は190万台に減少した）。輸出台数は2010年の90万台から2015年は120万台に増加した。

このように日本はバンコク周辺にもう1つの工業地帯ともいうべき集積地を持っているといえる（大泉　2016a）。この集積地からの近隣諸国へのサプライチェーンの拡大が，日本企業にとってのタイプラスワンである。

---

[7] タイの自動車産業政策と集積地化は末廣（2005）を参照。

2.2　タイの輸出からみる集積地の競争力の変化

次にタイの集積地の競争力の変化を輸出面から検討したい。集積地に限定した輸出統計は存在しないものの，工業生産の7割がバンコク・メガリージョンが占めていることを考えれば，タイの工業製品の輸出競争力が集積地の競争力を代替しているとみなしても問題はないだろう。

タイの輸出は1970年の7億ドルから2015年には2071億ドルと，300倍近くまで増加した。そのうち工業製品は1970年に3.9％に過ぎなかったが2015年には78.4％に上昇した。

図表2-5は，2015年の輸出の上位20品目をみたものである。第1位がコン

図表2-5　タイの輸出上位20品（2015年）

(100万ドル，％)

	HSコード	品目名	金額	シェア
1	8471	コンピュータ関連製品	13,431	6.4
2	8703	乗用車	9,394	4.5
3	8704	貨物自動車	8,160	3.9
4	8542	集積回路	7,734	3.7
5	2710	石油精製品	6,810	3.2
6	8708	自動車部品	6,730	3.2
7	4001	天然ゴム	4,977	2.4
8	1006	コメ	4,544	2.2
9	8415	エアコン	4,526	2.1
10	7108	金	3,738	1.8
11	7113	貴金属装飾品	3,641	1.7
12	3901	エチレン重合体	3,403	1.6
13	4011	タイヤ	3,403	1.6
14	8473	コンピュータ関連部品	3,325	1.6
15	1701	ショ糖	2,628	1.2
16	1604	調整魚	2,625	1.2
17	8525	デジタルカメラなど記録媒体	2,265	1.1
18	1602	調整肉	2,187	1.0
19	3907	ポリアセタール	1,901	0.9
20	8418	冷蔵庫	1,817	0.9
		その他	113,646	53.9
		合計	210,883	100.0

資料：UN, COMTRDE より作成。

ピュータ関連製品（HSコード8471，134億ドル，以下同じ），第2位が乗用車（8703：94億ドル），第3位が貨物自動車（8704：82億ドル），第4位が集積回路（8542：77億ドル），第5位が石油精製品（2710：68億ドル）と，工業製品が上位を占めている。

近年は，自動車部品（8708）の輸出が急増している。自動車部品の輸出は2000年には5億ドルと少なく，上位20品目に含まれていなかったが，それ以降一貫した増加傾向にあり，2015年には67億ドルとなり，第6位となっている。また輸入額を上回るようになった（図表2-6）。これは，自動車の裾野産業が集積してきたことを示すものである。

次に輸出品目の技術水準の変化に注目したい。

ここでは，UNCTAD（国際連合貿易開発会議）による4つの区分，「労働集約的・資源集約的工業製品（labour-intensive and resource-intensive manufactures）」，「低技術集約的工業製品（low-skill and technology-intensive manufactures）」「中技術集約的工業製品（medium-skill and technology-intensive manufactures）」，「高技術集約的工業製品（high-skill and technology-intensive manufactures）」に基づいて，輸出比率を計算した。

結果は図表2-7の通りである。労働集約的・資源集約的工業製品と低技術集約的工業製品を合算したシェアは1995年の35.4％から2014年には16.7％に低

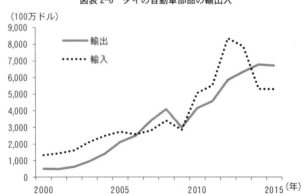

図表2-6　タイの自動車部品の輸出入

注：自動車部品はHS8708
資料：UN, COMTRADEより作成。

図表 2-7　技術水準別工業製品の輸出比率

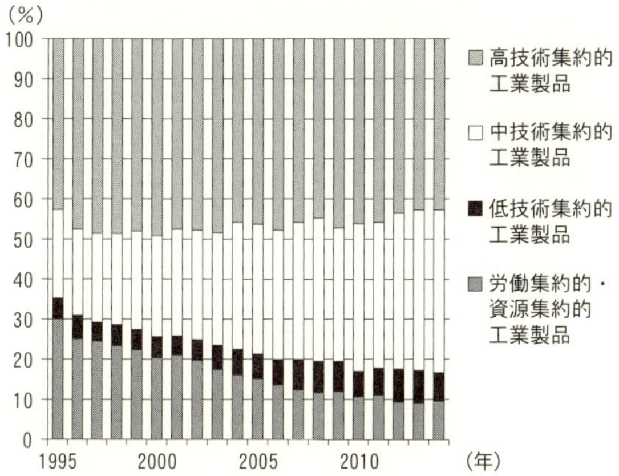

凡例：
- 高技術集約的工業製品
- 中技術集約的工業製品
- 低技術集約的工業製品
- 労働集約的・資源集約的工業製品

資料：UNCTAD より作成。

下し，他方，中技術集約的工業製品と高技術集約的工業製品の合算したシェアは同期間に 64.6％ から 83.3％ に上昇した。

このようにタイの集積地は，時間とともに技術水準を高めており，現在では，自動車や電子機器のグローバルサプライチェーンにおいて重要な位置を占めるようになっている。このことは，2011 年の大洪水時に世界の生産が一時停止を余儀なくされたことからも明らかであろう[8]。

2.3　集積地と南部経済回廊

前述のように，タイにおける日本企業の集積地は近郊 5 県から周辺 4 県へと拡大してきたが，これはタイ国内の輸送インフラの整備に強く影響を受けたものである。とくに，タイ国内の南部経済回廊沿いの輸送インフラ整備は東部臨海地域を一大工業地帯に押し上げた。

同地域は工業地帯の候補として古くから注目されていたが，諸事情により開発が進まなかった[9]。その局面を変えたのは，1991 年からのチョンブリ県レムチャバン港の拡張であり，これには日本の円借款が貢献した。他方，バンコク

---

[8] タイの洪水と集積地については，玉田・星川・船津（2013），大泉（2012）を参照。
[9] 東部臨海工業開発を阻害した要因は高い債務比率，高金利政策，原油高などがあった。末廣昭・安田靖編（1986）参照。

から東部臨海地域に向けて国道34号線が整備され，バンコクからの日帰りでの行き来が可能になったことの影響も大きい[10]。

図表2-8は，日本企業の一般機械・輸送機器の認可件数の推移を地域別にみたものである。2000年以降，バンコクの南東部に位置するチョンブリ県，ラヨン県の認可件数が増えている。その他ではアユタヤ県が多い。

このようにタイの工業地帯は道路や港湾などのインフラの整備とともに南東部に拡大しながら，集積度を高めてきた。現在では，タイにおける自動車産業の集積地は，「アジアのデトロイト」と呼ばれるようになっている。そして，このように自動車産業が南部経済回廊沿いに広がったことも，とくにカンボジアとの分業体制，タイプラスワンというビジネスモデルを現実化する要因となった。

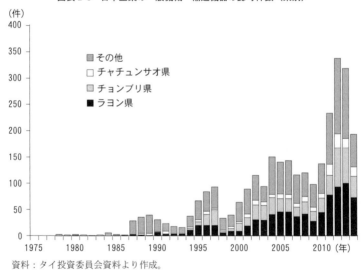

図表2-8　日本企業の一般機械・輸送機器の認可件数（県別）

資料：タイ投資委員会資料より作成。

10　アユタヤ県への工業地帯の拡大には国道32号線の完成の貢献が大きい。

3. タイプラスワンを後押しする要因

3.1 工程間分業の細分化（フラグメンテーション）

　タイプラスワンが現実性を持つようになったのには，21世紀以降，フラグメンテーションと呼ばれる工程間分業が細分化し，国境を越えて進展してきたことが強く影響している。

　フラグメンテーションとは，「1カ所で行われていた生産活動を複数の生産ブロックに分割し，それぞれを活動に適した立地条件のところに分散させること」をいう（木村　2003）。

　図表2-9は，フラグメンテーションの概念図である。

　たとえば，ある製品について，原材料の納入から最終加工までが，1つの工場で行われているとする（図中の従来の生産過程）。この生産プロセスは，実際には，いくつかの生産工程から構成されている（図中では5つ）。そして，

図表2-9　フラグメンテーションの概念図

PB：生産ブロック
SL：サービス・リンク

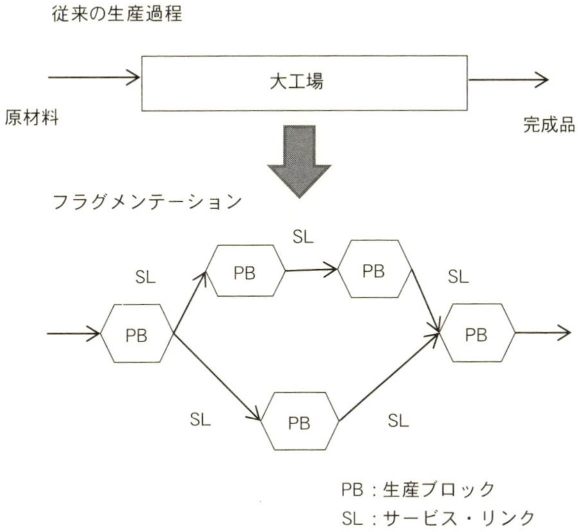

資料：木村福成（2013）。

この生産プロセスは，生産ブロック（PB）とサービスリンク（SL）によって連結している。

このような生産ブロックを最適な条件を有する立地に分散させることができれば，全体のコストを引き下げることができる。これがフラグメンテーションの基本的な効果である。ただし，1つの工場内で生産する場合には，生産ブロックを結ぶサービスリンクのコストはほとんど無視できるが，生産ブロックを工場外に移転する場合には，輸送費などのサービスリンクのコストが発生する。とくに海外に生産ブロックを移転する際には，相当な輸送コストが発生する。

これに対して，21世紀に入って，輸送技術の進歩と輸送網の整備によって，輸送コストを含むサービスリンクのコストが大幅に低下したことが，国際間での工程間分業，フラグメンテーションを加速させたのである。タイプラスワンでいえば，タイの集積地から生産ブロックの1つをカンボジアやラオス，ミャンマーに移転することは，近隣諸国の生産ブロックの魅力（安価な労働力）だけでなく，タイの集積地と近隣諸国の生産拠点を結ぶ経済回廊の整備によってサービスリンクのコストが低下したことにも後押しされている（詳細は後述）。

3.2　賃金の上昇と労働力不足

タイにおける労働環境の変化（賃金の上昇と労働力不足）もタイプラスワンを後押しする力になっている。

図表2-10は，タイの月平均賃金水準（製造業）の推移をみたものである。

製造業の月平均賃金は，2011年1月の7822バーツから2016年5月には12824バーツに上昇した。約5年間で60％近く上昇したことになる。

この賃金水準の上昇はインラック政権下での最低賃金引き上げ政策によるところが大きい。同政権は2012年4月に各県の最低賃金を約40％引き上げ，2013年1月からは全国一律に1日300バーツとした。

実際には，日本企業の多くは，最低賃金よりも高い水準の給与を支給しているが，最低賃金引き上げに伴う給与体系の見直しを余儀なくされ，給与水準は大幅に引き上げられた。また，同政策では全国一律の最低賃金を設定したため，地域による賃金格差がなくなった。これにより，タイ国内で工場を賃金水

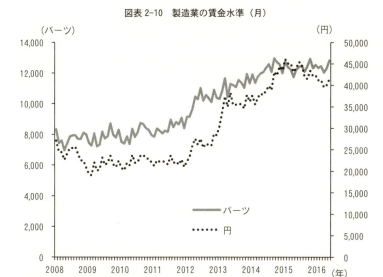

図表 2-10 製造業の賃金水準（月）

資料：タイ中央銀行統計より作成。

準の低い地域に移転させるというインセンティブがなくなった。

　さて、この賃金上昇の日本企業に対するインパクトは、バーツ建て賃金の推移では過小評価される可能性がある。図表 2-10 には円建てで換算した賃金水準も示しておいたが、2012 年以降の円安のなかで賃金水準が急上昇していることがわかる。2015 年末の円建ての賃金水準は 2012 年の 2 倍になっている。

　他方、労働力の確保も困難になっている。タイの失業率は、2010 年以降、1％を下回っている（図表 2-11）。加えて、これまでタイでは乾季に農村から出稼ぎが増えるため、失業率が 1〜3 月期に上昇するという規則性があったが、近年それがみられなくなった。このことは、農村に余剰労働力がなくなっていることを示すものである。

　2014 年以降、タイの景気が減速するなかで失業率は若干上昇する傾向にあるが、労働力不足は解消されていない。むしろ、労働力不足を補うために、近隣諸国からの労働者の流入が増えているのが実情である。2013 年の在タイ外国人は 370 万人で、そのうち 190 万人がミャンマー人で、以下ラオス人（93 万人）、カンボジア人（75 万人）となっている（UN　2016）。

図表 2-11 タイの失業率

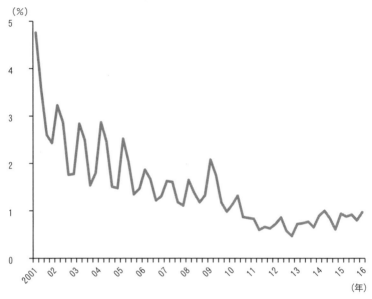

資料：タイ中央銀行統計より作成。

　ただし，日本企業が近隣諸国の労働者を活用することは困難である。規制が厳しいことに加えて，外国人にも最低賃金制度が適用されるため賃金面のメリットも少ない。よって，日本企業は賃金上昇と労働力不足に対して機械化を進めるか，労働集約的な工程を近隣諸国に移転するしかない。後者がタイプラスワンである。

3.3　新興国・途上国向け輸出のためのサプライチェーンの必要性

　タイプラスワンは，世界貿易の変化に日本企業が対処するために不可欠な戦略である。なぜなら，21世紀に入って新興国・途上国経済の台頭は顕著であり，新興国・途上国向け輸出が企業の持続的成長のカギになるからである。

　実際，新興国・途上国の名目GDPは急拡大しており，世界全体に占める割合は，2000年の20.8％から2015年に39.3％に上昇し，2021年にはさらに43.6％に達する見込みである。同様に，国際貿易における新興国・途上国のプレゼンスの向上も目覚ましい。新興国・途上国の輸出が世界に占める割合は，

2000年の25.3％から2015年は40.2％に上昇した。これは，新興国・途上国が日本の輸出のライバルに成長してきたことを示すものである。同じく輸入も同期間に22.3％から38.0％に上昇した。これは，新興国・途上国市場が急速に拡大していることを示すものである。輸入額でみると同期間に1兆4800億ドルから6兆3400億ドルと4倍以上になった。

わが国では，少子高齢化と人口減少が進むなかで国内市場に大幅な拡大が見込めないことから，新興国・途上国市場の開拓・確保は不可欠と認識されている。しかし，日本から新興国・途上国向け輸出を拡大するのは容易ではない。むしろ，生産コストの高い日本からの輸出は，新興国・途上国においてシェアを低下させているのが現状である。

図表2-12は，新興国・途上国の輸入相手先を先進国と新興国・途上国に区分してみたものである。先進国のシェアが低下し，新興国・途上国のシェアとほとんど変らないことがわかる。

今後は，新興国・途上国向け輸出は新興国・途上国から行うことが世界的な

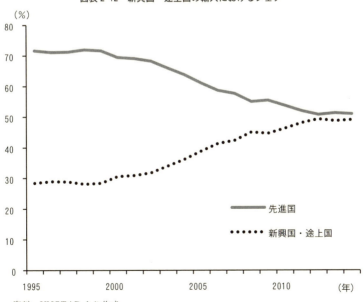

図表2-12　新興国・途上国の輸入におけるシェア

資料：UNCTADより作成。

トレンドになると予想される。実際に，新興国・途上国の輸入における日本のシェアは1995年の7.2%から2014年には4.6%に低下しており，他方，中国のシェアは同期間に1.8%から9.0%に上昇している。

新興国・途上国の市場において日本で生産された製品の価格競争力が弱いことを勘案すれば，新興国・途上国向け輸出のための新しい生産拠点とサプライチェーンを構築すべきである[11]。その点において，日本企業がすでに集積するタイを新興国・途上国向け輸出の生産拠点の中心として活用すべきであり，近隣諸国を巻き込んだサプライチェーンの構築，すなわちタイプラスワンによって，よりいっそうのコストダウンを図るべきである。

3.4 国境工業団地の活用

ラオスとカンボジアがタイ国境付近に工業団地を設けたことも，タイプラスワンの実現を加速させた。

現在，日本企業がタイプラスワンとして活用できる工業団地は，カンボジアのコッコンとポイペト，ラオスのサワンナケートにある（図表2-13：実際の活動は第7章を参照）。

日本企業は，この国境に位置する工業団地を活用する場合，分業の際に発生する生産ブロック間のサービスリンクコストを比較的低く抑えることができる。

サービスリンクコストは輸送距離が長いほど増加し，輸送が国境を越える場合は，インフラ整備，関税率，税関手続などの影響を受けて，さらに増加する。相手国が低所得国である場合には，サービスリンクコストがより高くなる可能性が高い。

これに対して，先に示したラオスやカンボジア国境の工業団地を活用する場合には，輸送はタイ国内の道路を活用するだけなので，当該国の道路整備の遅れの影響を受けない。また，関税率はAFTAの枠組みの下で大幅に引き下げられており，税関手続きについても国際機関の支援の下で徐々に整備されている。これらは，サービスリンクコストを抑制するように作用している。

11　新興国・途上国市場の開拓・確保には，当該国での生産・販売拠点の設置が望ましいが，採算が望めるほどの市場規模を持たないこと，インフラ・法規が未整備なことなどから，多くの国に対しては輸出を通じて市場を開拓しなければならない。

図表 2-13 タイプラスワン

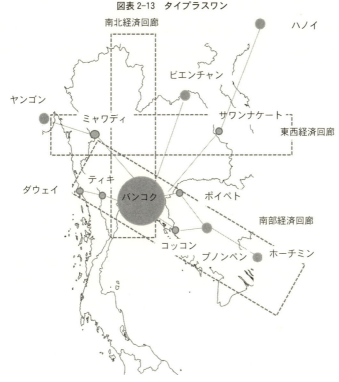

資料：筆者作成。

　加えて，このような工業団地がタイの集積地から比較的に近いというメリットも重要である。このメリットは，中国のケースと比較するとわかりやすいかもしれない。たとえば，中国・上海市の集積地にある企業が賃金の上昇を受けて，生産工程の一部を賃金の安い内陸部へ移転しようとしていたと仮定する。内陸部の賃金は上海市よりも低いものの，かなりの距離を隔てても賃金格差は小さく，移転のメリットは大きくない。JETRO『アジア・オセアニア主要都市・地域の投資関連コスト比較（第25回）』によれば，一般工職の月額基本給は上海市が472ドルであり，そこから800km以上も内陸に入った武漢市は425ドルであり，その差は10％にも満たない。

　これに対してタイの場合は，バンコクからカンボジア・コッコンまでが470

km、ポイペトまでが260kmであり[12]、国境を越えると賃金水準は急速に低下する。前述の投資関連コスト比較によれば、バンコクの一般工職の月額基本給が369ドルであるのに対して、カンボジアのプノンペンのそれは113ドルである。カンボジアの国境にある工業団地の賃金水準も、これに準じていると考えてよいだろう。つまりタイの集積地は、比較的近い距離に国境があるため、賃金格差のメリットを享受しやすい。東部臨海工業地帯に生産拠点を持つ企業であればカンボジア国境はさらに近い。

さらに、タイプラスワンというビジネスモデルは、図表2-14で示したような工程間分業であり、物流面における片荷（往復のどちらか一方しか荷物をつまないこと）によるコストを抑制できるというメリットがある。

図中に示したようにタイプラスワンは、タイの集積地（母工場）から国境の工業団地（分工場）に原材料や部品、仕掛品が輸送され、そこで加工されたものがタイの母工場に送り返されるという分業体制であり、分業ラインと増設ラインのいずれの場合にも、物流面での片荷の問題が発生しにくいのである。

図表2-14 タイプラスワンの分業モデル

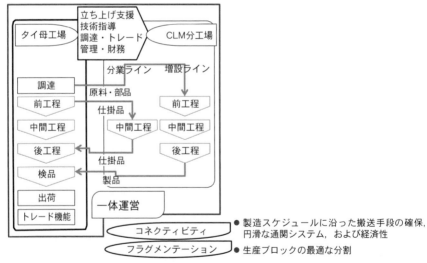

資料：SBCSカンパニーリミテッド（2015）『タイ国経済情勢と日系企業の展開』

---

12 距離はグーグル・マップで示された距離。

4. タイ政府にとってのタイプラスワン

4.1 タイにとってのハブ構想

　タイ政府も，最近タイプラスワン（Thailand-Plus-One）というフレーズを頻繁に使うようになっている。ただしタイ政府の考えるタイプラスワンは，タイがメコン圏のハブ機能を担うことを目的とした成長戦略であり，日本企業のタイプラスワンとは若干異なる。

　タイ政府が，近隣諸国との経済連携の深化を通じてインドシナ半島のハブ機能化に乗り出した歴史は，1988年に発足したチャチャイ政権にまでさかのぼることができる。同首相は，「インドシナを戦場から市場へ」という方針を掲げて，近隣諸国との経済関係の強化を図ろうとした。ベトナムが「ドイモイ（刷新）」，ラオスが「チンタラナカンマイ（新思考）」のスローガンの下に，計画経済から市場経済への移行を本格化させ，カンボジアでも長く続いた内戦に終息のめどがたったことを，タイ政府は経済勢力拡大の好機ととらえたのである。

　その後も，1992年には，タイ中央銀行は「東南アジア大陸部金融センター構想」を打ち上げ，金融面でのハブ化を目指した。これは，「バーツ経済圏」という言葉で表現された[13]。このようななか，1996年には，財務省財務局の傘下にNECF（近隣諸国経済開発基金）を設立し，タイが近隣諸国に対して援助国になることを示した（Bank of Thailand 1992）。

　ただし1990年代のCLMVはいずれも貧困問題を最優先課題とするような低所得国であり，生産面でも市場面でもタイと新しい経済関係を形成するような状況ではなかった。また，通貨危機により，タイ経済が未曽有の後退を余儀なくされたということもあり，タイと近隣諸国との経済関係はさほど深化しなかった。

　成長戦略の1つとしてハブ機能に再注目したのは，2001年に発足したタク

13　1990年代のバーツ経済圏については糸賀滋編（1993）を参照。

シン政権であった。同政権は，カンボジア，ラオス，ミャンマーを対象とした「経済協力戦略（ECS）」を策定し，後にベトナムも対象に加えた「ACMECS（エーヤーワディ・チャオプラヤ・メコン経済協力戦略会議）」の枠組みを構築した。また援助・支援を加速させるため，2005年には前述のNECFをNEDA（近隣諸国経済開発協力機構）に改組した（大泉 2008）。

その過程で現在のタイプラスワンに相当する国境経済圏の開発と道路整備が計画されていた（恒石 2008）。この実現が遅れたのは，2006年の軍のクーデターでタクシン政権が崩壊して以降，政局不安が長期化し，大型の経済政策を打ち出せる状況になかったからである。

4.2 プラユット政権下による新しい開発戦略

そして，プラユット政権になって，メコン圏におけるタイのハブ構想が三度浮上してきた。クーデター直後の2014年6月に国境開発のための「特別経済開発区（Special Economic Development Zones: SEZs）」の委員長にプラユット陸軍総司令官が就任した。当時，政治はまだ安定性を確保していなかったことを考えると，タイの官僚がいかにタイプラスワンの実現を急いでいたかがわかる。

同年8月にプラユット氏が暫定首相に任命され，これを受けて行われた9月の所信表明演説で，国境開発を積極的に進めると明言した。これはAEC発足をにらんだ近隣諸国との経済関係強化のほかに，政局不安の原因の1つとなった所得格差是正という意味を多分に含むものであったと考えられる。

まず，国境開発はターク県，ムクダハン県，サケオ県，トラト県，ソンクラー県の5地域で優先的に進めるとした（図表2-15の★）。ソンクラー県を除く，4つの地域はいずれも日本企業のタイプラスワンの候補地の対面に位置する地域である[14]。

そして，国境に位置する特別経済開発区に対する施策は，2014年12月の『7年間投資促進戦略（Seven-Year Investment Promotion Strategy（2015～

---

14 ソンクラー県は，マレーシアと国境を接する地域であり，同地域の開発を優先的に進めるとしたのは，近年テロ行為などで治安悪化が問題視される南部地域の経済底上げを意図したためと考えられる。

4. タイ政府にとってのタイプラスワン　83

図表 2-15　優先的に開発される特別経済開発区

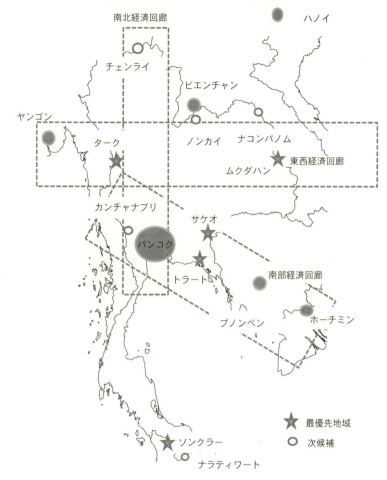

資料：筆者作成。

2021))』で明らかになった。

　この投資戦略は，インラック前政権が 2013 年 1 月に発表した『新投資促進戦略案（2013 〜 17）』を修正したものである。インラック政権下の投資戦略では，労働力不足や賃金の上昇から競争力を失いつつあった労働集約的産業への投資に対する優遇措置の廃止，それまで地域別に作成されていた優遇制度の廃

止が盛り込まれていた。これは国内外の企業からの反対によって見直しとなった。

これに対して，プラユット政権が示した投資戦略は，所得の低い20県については優遇策を残すこととし，また国境貿易の促進（第3章参照）と労働集約的産業の受け皿として，国境地域を活用する姿勢を明確にした。

対象業種は，国境地域別に区分されている（図表2-16）。共通して対象となる業種は，農業関連，物流，工業団地，観光関連産業であり，労働集約的な事業に該当する繊維・衣服はターク県とサケオ県，ソンクラー県に適用されているだけである。しかし，2015年11月にBOIは，特別経済開発区での奨励業種を追加しており，今後労働集約的な業種が加えられる可能性は高い[15]。

特別経済開発区の優遇措置は図表2-17の通りである。対象業種への投資は，8年間の法人免除とその後5年間の50％の法人税免除が受けられる。これはBOIの付与する最大級の恩典である。しかし，対象業種外にも法人税免除期間の3年間の延長が認められることになっている。つまり，労働集約的な事業は，最優遇されるわけではないが，それなりの恩典が受けられるのである。

図表2-16 特別経済開発区の優遇対象業種

	ターク	サケオ	トラート	ムクダハン	ソンクラー
農業関連	○	○	○	○	○
陶器・ガラス・セラミック	○				
繊維・衣服	○	○			○
家具	○	○			
宝石加工	○	○			
医療機器	○	○			
自動車・機械部品	○	○			
電子・電気機器	○	○			
プラスティック	○	○			
医薬品	○	○			
物流	○	○	○	○	○
工業団地	○	○	○	○	○
観光関連産業	○	○	○	○	○

資料：NESDB（2015）。

---

15 この時点での対象区域は，10県の23地区（90の小地区）を対象としている。

図表2-17　特別経済開発区の投資恩典

	対象業種	その他
税制面	●8年間の法人税免除とその後5年間の50％免除	●3年間の法人税免除 ●8年間の法人税免除を受けている場合、その後5年間の50％免除
その他	●輸送・電力・水道に関わる経費の2倍控除 ●設備導入・建設に関わるコストの25％控除 ●奨励地域での活動を目的とする土地の所有権を付与 ●機械の輸入関税の免除 ●輸出製品の生産に用いる原材料の輸入関税の免除 ●非熟練外国人労働者の雇用認可	

資料：BOI, *New Investment Promotion Measures*.

　税制面以外にも、様々な恩典が用意されている。たとえば、いずれの投資案件も、輸送・電力・水道に関わる経費の2倍額の控除が受けられる。そのなかで注目されるのが、非熟練外国人労働者の雇用が認められたことである。これによりタイ側の工業団地で近隣諸国の労働力の活用が可能になった。これは、後に述べるように日本企業のタイプラスワンのビジネスモデルと競合する可能性がある。

　このタイの特別経済開発区は、タイの地場中小企業の支援の役目を持っている。賃金上昇と労働力不足に直面しているのはタイ地場中小企業も同様である。しかしこれら中小企業が国境を越えてカンボジアやラオス、ミャンマーで生産活動を行うのはコストが高い。

　2015年7月にBOIは特別経済開発区の優遇措置の条件として最低資本金の水準を100万バーツから50万バーツに引き下げ、同時に、中古設備機械の使用制限を緩和したのも中小企業支援策の一環といえる。この中小企業は、タイの出資シェアが51％を超えること、固定資産が2000万バーツを超えることを条件としており、外国企業が優遇措置の対象から排除されていることに注意したい。

4.3　ハブとしての集積地化の加速

　2015年9月に、タイ政府は、メコン圏におけるタイのハブ機能を強化するために、「クラスター政策（Cluster Policy）」を発表した。

このクラスター政策は，2015年8月に実施された大型の内閣改造で，副首相になったタクシン元政権のブレインであったソムキット氏によって提唱されたものと考えられる[16]。

クラスター政策は，2015年9月22日の閣議決定を受け，工業省主導で正式にスタートした。2016年1月15日時点で，①自動車・同部品，②電子・電気・通信機器，③環境に配慮した石油化学・化学品，④デジタル関連サービスの4業種が「スーパークラスター」に[17]，①農業，食品，②繊維・衣服の2業種が「一般クラスター」に指定された。

自動車・部品クラスターと電気・電子・通信機器クラスターの対象地域は，アユタヤ県，パトゥムタニ県，チョンブリ県，ラヨン県，チャチュンサオ県，

図表2-18 クラスター政策と対象地域

	スーパークラスター				一般クラスター	
	自動車・部品	電子・電気・通信	環境に配慮した石油化学・化学製品	デジタル産業	農業・食品	繊維・衣服
対象県	アユタヤ県，パトゥムタニ県，チョンブリ県，ラヨン県，チャチュンサオ県，プラチンブリ県，ナコンラチャシマ県	同左	チョンブリ県，ラヨン県	チェンマイ県，プーケット県	チェンマイ県，チェンライ県，ランパン県，ランプン県，コンケン県，ナコンラチャシマ県，チャイヤプム県，ブリラム県，カンチャナブリ県，ラチャタブリ県，ペチャブリ県，プラチャブキリカン県，ラヨン県，チャンタブリ県，トラート県，チュンポン県，スラタニ県，クラビ県，ソンクラ県	バンコク，カンチャナブリ県，ナコンパトム県，ラチャブリ県，サムットサコン県，チョンブリ県，チャチュンサオ県，プラチンブリ県，サケオ県

資料：BOI, *New Investment Promotion Measures*.

---

16 当初は，SEZs計画は国境地域に限定したものと考えられていたが，これを別の地域にも適用し，クラスター政策としようとしている。
17 そのほかフードイノポリスやメディカルハブが検討されている（BOIb）。

プラチンブリ県，ナコンラチャシマ県の7県であり（図表2-18），これは同分野の日本企業の主要進出先とほぼ一致する（大泉 2016b）。環境に配慮した石油化学・化学製品はチョンブリ県とラヨン県であり，これも日本企業の主要進出地域と一致している。デジタル関連サービスについては，チェンマイ県とプーケット県が指定されているが，これはすでに映画撮影地であるこれら2地域を優先したものであり，日本企業の進出例は少ない。

　他方，一般クラスターの農業・食品クラスターは19県と多くの地域を対象としており，南部経済回廊沿いでは，トラート県，ラヨン県，チャンタブリ県，カンチャナブリ県などが対象となっている（図表2-19）。繊維・衣服クラスターは，バンコクと南部経済回廊沿いの8県が対象となっている。BOIの説明によれば，ミャンマーとカンボジアとの連携を意識していることは確実で

図表2-19　農業・食品クラスターと繊維・衣服クラスターの対象県

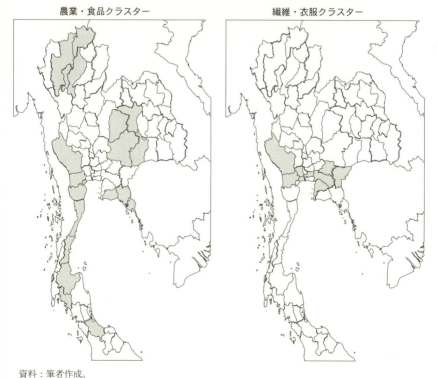

資料：筆者作成。

あり，バンコクの役割はデザイン，調達，貿易に特化することで，繊維・衣服のハブ機能を期待していることは間違いない。

スーパークラスターに該当する投資には，「8年間の法人所得税の免除とその後5年間の50％免除」を適用し，さらに最優遇すべきと産業には10〜15年の法人所得税免除の対象となる（図表2-20）。そのほか，設備に関する輸入税の免除，特別区で働く外国人・タイ人の個人所得税の免除も加えられた。

図表2-20　クラスター政策に該当する投資恩典

	スーパークラスター	一般クラスター
税制面	●8年間の法人税免除とその後5年間の50％免除 ●さらに重要とみなされた業種については10〜15年間の法人税免除を検討 ●設備・機械の輸入関税の免除特別区で働く高いレベルのスペシャリストの個人所得税免除	●3〜8年間の法人税免除とその後5年間の50％免除
その他	●高いレベルのスペシャリストに対する長期滞在認可を検討 ●奨励地域での活動を目的とする土地の所有権を付与	

資料：BOI, *New Investment Promotion Measures*.

注目されるのは，外国人の長期滞在の認可，また奨励地域における土地所有を優遇措置として検討していることである。ただし，これらの恩典には期限がついている点には留意したい。現在のところ，優遇の対象となる案件は，2016年中の申請と，2017年中に収入が発生することを条件としている。

5. 日本企業のタイプラスワンとタイ政府のタイプラスワンの共存共栄

5.1　タイのタイプラスワンをどう捉えるか

日本企業にとってのタイプラスワンの生産拠点の対面にタイの特別経済開発区が設置されたことが，日本企業のタイプラスワンの進展に悪影響を及ぼすとの見方がある（蒲田 2015）。

前述の通り，タイ政府は，特別経済開発区で働く近隣諸国の労働者に対して

通行ビザ（例：カンボジアに移住しながら国境を越えてタイ側で就業できる）を発給するとしている。タイの最低賃金制度（現在1日300バーツ）は外国人にも適用されるため，これが実現すればタイ側の特別経済開発区に労働力が流れて，近隣諸国側の工業団地での雇用確保が困難になることが危惧される。

ただし，タイの特別経済開発区に複合商業施設などが建設されることによって，より多くの労働力が確保できるようになり，双方の雇用状況がかえって改善されるかもしれない。近年，タイの工業団地では雇用を確保するためには，賃金の引き上げだけでは不十分であり，複合商業施設を含めた快適な居住空間の整備が求められていることを考えると，国境を越えた地域の発展が双方によい影響を及ぼすかもしれない。

この点で，タイ小売大手セントラルグループが特別経済開発区に複合商業施設を建設する計画を発表したことは明るい動きである。またカシコン銀行も国境での業務強化を発表するなど，タイ大手企業が国境地域開発に動き始めている。

タイ政府主導の特別経済開発区が日本企業のタイプラスワンにどのような影響をもたらすかは現時点では判断できない。ただ，日本企業のタイプラスワンとタイ政府のタイプラスワンを両立させるために，人の移動に関わる柔軟な議論の場を創設しておくことが肝要であろう。これには，対話枠組みや制度の運用面まで視野に入れた協力として，日本政府が積極的に関与していくことが望ましい。

他方，クラスター政策については，日本企業の集積地の生産性向上のために，その活用を吟味すべきと考える。すでに述べたようにクラスターの対象地域は日本企業の進出地域と重複している。加えて，タイの集積地を新興国・途上国向けの輸出生産拠点にするためには，より一層の生産性の向上が求められているからである。日本政府は，最近発表したASEAN地域の大規模な人材育成政策を，集積地の生産性向上に資するものとしていくことが望ましい。

5.2. 南部経済回廊の発展とタイプラスワンの方向性

2016年6月，タイ政府は「東部経済回廊（EEC）開発プロジェクト」と呼ばれる成長戦略を発表した。これはバンコクの東に隣接するチョンブリ県，

チャチュンサオ県，ラヨン県の3県を対象とした広域開発である。これにより南部経済回廊の国境開発とクラスター政策が面としてつながることになる。7月の閣議ではこれに対して3000億バーツを上回るインフラ計画が承認された。これには，ラヨン県のウタパオ空軍空港の商業化，チョンブリ県のレムチャバン港の拡張，バンコクとラヨン県を結ぶ高速鉄道などが含まれる。その資金調達計画はまだ明らかでないが，官民連携事業（PPP）の形態で進められる見込みである。

　これまで見てきた通り，日本企業のタイプラスワンも，タイ政府のタイプラスワンも，思惑に違いがあるものの，今後の南部経済回廊の整備によって国境地域だけでなく，プノンペン，そしてホーチミンを巻き込んだ展開になることは想像に難くない。

　さらに今後は，タイの集積地からプノンペンやホーチミンに原材料・部品などを輸出し，そこで加工された完成品が直接海外に輸出されるケースも増えていくだろう（第4章参照）。また，プノンペンやホーチミンが海外から輸入した原材料・部品を用いて加工した完成品をバンコク市場に輸出するケースも増えていくだろう。その意味では，本章で述べた国境を活用した日本企業のタイプラスワンは過渡期的なビジネスモデルかもしれない。

　今後の南部経済回廊の発展については，バンコク，プノンペン，ホーチミンという大都市の陸路によって連結した効果に加え，南部経済回廊の西端にあるミャンマーのダウェイ港の開発の行方に影響を受けよう（第5章参照）。

　さらに中期的な視点として，バンコク，プノンペン，ホーチミンという大都市の連結にミャンマーのヤンゴンが加わった場合の経済効果にも目を配るべきであろう。とくにタイのターク県のメソットとミャンマーのミャワディを経由した経済回廊（東西経済回廊）を通じたビジネス展開が新しい段階を迎えているからである。これまで時間のかかったミャワディとコーカレイ間にあるドーナー山脈を迂回する路が完成したことで，タイのメソットからヤンゴンまで1日以内で走行することが可能となった。2017年中に大型トラックが通行できるメソットとミャワディを結ぶ橋が建設される予定である。これによってホーチミン，プノンペン，バンコクの3都市にヤンゴンが加わることになる。タイプラスワンだけでなく，タイのハブ機能はますます高まるものと考えられる。

参考文献

石田正美編（2005）『メコン地域開発―残された東アジアのフロンティア』アジア経済研究所
糸賀滋編（1993）『バーツ経済圏の展望： ひとつの東南アジアへの躍動』アジア経済研究所
大泉啓一郎（2008）「大メコン圏（GMS）開発プログラムとCLMVの発展」『RIM環太平洋ビジネス情報』日本総研 Vol. 8 No. 30
大泉啓一郎（2011）『消費するアジア』中公新書
大泉啓一郎（2012）「タイの洪水をどう捉えるか」『RIM環太平洋ビジネス情報』日本総研 Vol. 12 No. 44
大泉啓一郎（2013）「『タイプラスワン』の可能性を考える」,『RIM環太平洋ビジネス情報』日本総研 Vol. 13 No. 51
大泉啓一郎（2016a）「タイに集積する日本企業」『リサーチ・フォーカス』日本総研 No. 2015-043
大泉啓一郎（2016b）「プラユット政権の新成長戦略」『リサーチ・フォーカス』日本総研 No. 2015-050
蒲田亮平（2015）「タイ メコンの活力を取り込む」『ジェトロセンサー』2015年2月号
木村福成（2003）「国際貿易理論の新たな潮流と東アジア」国際協力銀行『開発金融研究所報』2003年1月第14号
末廣昭・安田靖編（1986）『NAICへの挑戦』アジア経済研究所
末廣昭（2005）「東南アジアの自動車産業と日本の多国籍企業」工藤章・橘川武郎・グレン・D・フック編『現代日本企業』有斐閣
玉田芳史・星川圭介・船津鶴代編（2013）『タイ2011年大洪水 その記録と教訓―』アジア経済研究所
恒石隆雄（2008）「タイの国境経済圏開発」石田正美編『メコン地域開発研究』アジア経済研究所
リチャード・フロリダ（2009）『クリエイティブ都市論』ダイヤモンド社
ADB（2015）*THAILAND:INDUSTRIALIZATION AND ECONOMIC CATCH-UP*
Bank of Thailand（1992）*50 Years of the Bank of Thailand 1942-1992*
BOI（2015a）*Thailand: Global Green Automotive Production Base*
BOI（2015b）*New Investment Promotion Measures*
NESDB（2015）『タイ国内経済特区』
SBCSカンパニーリミテッド（2015）『タイ国経済情勢と日系企業の展開』
UN（2016）"Thailand： Migration Profiles"
http://esa.un.org/MigGMGProfiles/indicators/files/Thailand.pdf，2016年1月19日アクセス

（大泉啓一郎）

第3章

タイ，対CLM経済関係の拡大進む
——南部経済回廊，対カンボジア貿易で役割増大

1. はじめに

　タイは「陸のASEAN[1]」と呼ばれるインドシナ地域では最も発展した国であり，地域経済の牽引役として重要な役割を担う。近年，カンボジア，ラオス，ミャンマーのASEAN後発3カ国（以下，CLMと呼ぶ）が高成長を続けるなか，タイは国境を接するCLMとの経済的な結びつきを一段と強めている。したがって「陸のASEAN」の経済動向を把握するためには，中核国タイとCLMの経済関係の現状を押さえておくことが肝要である。

　こうした問題意識から本章では貿易，投資，企業の動き，援助など様々な面からタイとCLMの経済関係を論じる。具体的には第2節でタイ・CLM間の貿易統計を分析し，タイの輸出入先としてCLMが存在感を高め，同時に貿易構造も変化し始めたことを指摘する。第3節ではタイの対CLM直接投資が近年拡大しており，投資先としてもCLMの位置づけが高まっていることを確認する。これを受け第4節ではCLMへの事業展開に力を入れるタイ企業の事例を紹介する。さらに第5節で輸送インフラ整備を中心にタイがCLMへの援助を強化している状況を見る。最後にタイがCLMと経済関係をさらに拡大するうえでの課題，日本企業の現地での経営展開のあり方等について考察する。

　本書の主要テーマは「南部経済回廊」である。同回廊はタイのバンコク，カンボジアのプノンペンという両国の首都を通過する。この点を踏まえ，本章ではタイとカンボジアの関係に特に注意を払う[2]。

---

[1] タイ，ベトナム，カンボジア，ラオス，ミャンマーの5カ国で構成される地域を指す。
[2] 南部経済回廊は，タイ，カンボジア以外にベトナム，ミャンマーも通る。本書は，第4章でベト

2. タイとCLMの貿易関係

2.1 タイの貿易相手国としてのCLM
輸出：CLMが4位の相手先に浮上

　タイの対CLM輸出額は近年，順調に拡大している。2015年は合計131億6400万ドルに達し，05年以降の10年間で5.5倍に膨らんだ（図表3-1）。

　この増加率は，タイの輸出総額（1.9倍）のみならず，同国にとって最大の貿易相手国となった中国への輸出額（2.6倍）をも大きく上回るものだ。CLMを1つにまとめると，05年はタイの輸出先として12位であったが，15年には日本に次ぐ4位へ浮上した。CLMはマレーシアやシンガポールを上回ってASEAN域内では最大の輸出先となっている。

　CLMを個別に見ると，カンボジアが12位（10年前は24位），ミャンマーが15位（同27位），ラオスが16位（同28位）へいずれも順位が上昇している。

図表3-1　タイの輸出先の変化

2005年

順位	輸出先	輸出額（百万ドル）	シェア
1	米国	16,950	15.4%
2	日本	14,979	13.6%
3	中国	9,105	8.3%
4	シンガポール	7,641	6.9%
5	香港	6,123	5.6%
(12)	CLM	2,389	2.2%
24	カンボジア	913	0.8%
27	ラオス	769	0.7%
28	ミャンマー	707	0.6%
	輸出総額	110,163	100%

2015年

順位	輸出先	輸出額（百万ドル）	シェア	10年間の増加倍率
1	米国	23,720	11.2%	1.4
2	中国	23,366	11.1%	2.6
3	日本	19,770	9.4%	1.3
(4)	CLM	13,164	6.2%	5.5
4	香港	11,650	5.5%	1.9
5	マレーシア	10,032	4.8%	1.7
12	カンボジア	4,883	2.3%	5.3
15	ラオス	4,169	2.0%	5.4
16	ミャンマー	4,112	1.9%	5.8
	輸出総額	211,054	100.0%	1.9

注：CLMはカンボジア，ラオス，ミャンマーの3カ国。
資料：IMF, Direction of Trade より作成。

ナム，第5章でミャンマーを軸に南部経済回廊を論じる。第6章ではカンボジアに主眼を置く。本章においてはタイの対カンボジア関係を軸に議論を進める。

輸入：CLM の順位は若干上昇

タイの対 CLM 輸入額も，輸出額ほどではないものの伸びている。2015 年は CLM 合計で 56 億 5900 万ドルであり，10 年間で 2.8 倍に拡大した（図表 3-2）。この伸び率はやはりタイの輸入総額（1.7 倍）を上回るが，中国からの輸入額（3.7 倍）には及ばない。

輸入先としての CLM の順位は，05 年の 14 位から 15 年は 10 位へ上昇し，トップ 10 入りを果たしている。ただ，CLM はマレーシア，シンガポール，インドネシアに次いで ASEAN 域内では 4 位の輸入先であり，輸出先で 1 位なのに比べれば順位は低い。

CLM を個別に見ると，ミャンマーが 15 位（05 年は 16 位），ラオスが 25 位（同 39 位），カンボジアが 33 位（同 78 位）へいずれも順位を上げている。特にラオスとカンボジアの伸長が著しい。

図表 3-2 タイの輸入先の変化

2005年

順位	国・地域名	輸入額（百万ドル）	シェア
1	日本	26,026	22.0%
2	中国	11,153	9.4%
3	米国	8,724	7.4%
4	マレーシア	8,092	6.8%
5	UAE	5,699	4.8%
⋮	⋮	⋮	⋮
(14)	CLM	2,042	1.7%
16	ミャンマー	1,785	1.5%
39	ラオス	225	0.2%
78	カンボジア	31	0.0%
	総額	118,143	100%

2015年

順位	国・地域名	輸入額（百万ドル）	シェア	10年間の増加倍率
1	中国	40,911	20.3%	3.7
2	日本	31,129	15.4%	1.2
3	米国	13,921	6.9%	1.6
4	マレーシア	11,873	5.9%	1.5
5	UAE	8,134	4.0%	1.4
⋮	⋮	⋮	⋮	⋮
(10)	CLM	5,659	2.8%	2.8
15	ミャンマー	3,556	1.8%	2.0
25	ラオス	1,465	0.7%	6.5
33	カンボジア	638	0.3%	20.3
	総額	201,977	100.0%	1.7

注：CLM はカンボジア，ラオス，ミャンマーの 3 カ国。
資料：IMF, Direction of Trade より作成。

2.2 CLM の貿易相手国としてのタイ

カンボジア――タイが輸入先 1 位に台頭

CLM 側から見るとタイはどのような貿易相手なのか。まず，カンボジアの

対タイ貿易で注目されるのは，タイが最大の輸入先へ浮上してきたことである。隣国タイは以前から主要な相手国ではあったが，同国からの輸入額は2005-15年に約19倍へ膨れ上がり，カンボジアの輸入総額に占める割合は11％から29％へ大幅に上昇した（図表3-3）。

対中輸入額も10年間で約10倍と急増したが，それに対香港輸入額を上乗せしても，タイからの輸入額には及ばない。カンボジアはASEANの中ではラオスとともに親中国と言われることが多いが，貿易面，特に輸入では中国よりもタイへの依存度を高めている。

一方，輸出先としては，主要品目である縫製品の最大仕向け地・米国の存在感が圧倒的に大きく，以下，英独などが続き，タイは8位にとどまる。ただ，タイへの輸出額はかつては微小な額だったこともあり，過去10年間で38倍もの増加率を示している。

図表3-3　カンボジアの貿易相手としてのタイ

【輸出先】

2005年					2015年				
順位	国・地域名	輸出額(百万ドル)	シェア		順位	国・地域名	輸出額(百万ドル)	シェア	10年間の増加倍率
1	米国	1,597	52.9%		1	米国	2,749	23.1%	1.7
2	香港	542	17.9%		2	英国	1,045	8.8%	8.4
3	ドイツ	225	7.5%		3	ドイツ	977	8.2%	4.3
4	英国	124	4.1%		4	日本	880	7.4%	14.0
5	カナダ	107	3.5%		5	カナダ	803	6.7%	7.5
⋮	⋮	⋮	⋮		⋮	⋮	⋮	⋮	⋮
12	タイ	15	0.5%		8	タイ	580	4.9%	38.1
	総額	3,020	100.0%			総額	11,921	100.0%	3.9

【輸入先】

2005年					2015年				
順位	国・地域名	輸入額(百万ドル)	シェア		順位	国・地域名	輸入額(百万ドル)	シェア	10年間の増加倍率
1	香港	450	17.7%		1	タイ	5,371	28.5%	18.5
2	中国	424	16.6%		2	中国	4,147	22.0%	9.8
3	台湾	291	11.4%		3	ベトナム	3,069	16.3%	16.9
4	タイ	291	11.4%		4	香港	1,136	6.0%	2.5
5	ベトナム	182	7.1%		5	シンガポール	1,058	5.6%	7.8
	総額	2,545	100.0%			総額	18,867	100.0%	7.4

資料：IMF, Direction of Trade より作成。

カンボジアの対タイ輸出で注目すべき点は中身の変化であり，タイと周辺国が生産ネットワークによって結びつき始めた様子が映し出されている。この点は後述しよう。

ラオス——中国・タイ両国に大きく依存

ラオスにとってタイは最大の貿易相手国である。2015年の対タイ貿易額（輸出入合計）は約59億ドルと対中貿易額（約26億ドル）の2倍以上の規模に達している。木材や銅を中心にラオスの対中国輸出額は急増し，対タイ輸出額とほぼ肩を並べるに至った。だが，輸入先としてはタイが圧倒的な存在感を示しており，シェア60%超で2位中国（同約19%）を大きく引き離している（図表3-4）。

ラオスでは輸出入先ともに上位2カ国（タイと中国）の存在感が大きく，その合計シェアは輸出で6割弱，輸入で8割弱に達する。既述の通り，カンボジアは輸入でタイ・中国両国への依存度が高く，輸出では米英独など先進国向け

図表3-4 ラオスの貿易相手としてのタイ

【輸出先】

順位	国・地域名	輸出額(百万ドル) 2005年	シェア
1	タイ	204	28.3%
2	ベトナム	89	12.3%
3	フランス	42	5.8%
4	英国	38	5.3%
5	ドイツ	28	3.9%
	総額	722	100.0%

順位	国・地域名	輸出額(百万ドル) 2015年	シェア	10年間の増加倍率
1	タイ	1,332	30.4%	6.5
2	中国	1,180	27.0%	50.8
3	ベトナム	769	17.6%	8.7
4	インド	117	2.7%	1405.9
5	日本	89	2.0%	12.1
	総額	4,374	100.0%	6.1

【輸入先】

順位	国・地域名	輸入額(百万ドル) 2005年	シェア
1	タイ	846	66.6%
2	中国	116	9.1%
3	ベトナム	76	6.0%
4	シンガポール	44	3.5%
5	日本	21	1.7%
	総額	1,270	100.0%

順位	国・地域名	輸入額(百万ドル) 2015年	シェア	10年間の増加倍率
1	タイ	4,586	60.9%	5.4
2	中国	1,403	18.6%	12.1
3	ベトナム	549	7.3%	7.2
4	シンガポール	270	3.6%	6.1
5	韓国	187	2.5%	12.2
	総額	7,533	100.0%	5.9

資料：IMF, Direction of Trade より作成。

が多かったが，内陸国ラオスは国境を接するタイ，中国，さらにベトナムとの関係が輸出入双方で深い。

　ラオスの対タイ貿易品目では，先のカンボジアと同様，タイから生産ネットワークが拡散し始めた状況が見て取れる。この点も後で触れよう。

ミャンマー――タイが2位の輸出先に後退

　ミャンマーにとって最大の貿易相手国は中国である。2015年は，輸出入ともに約4割が対中国であった（図表3-5）。05年からの10年間の増加率は，輸出で19倍，輸入で10倍に上る。11年に軍事政権から民主政権に移管して以降，ミャンマーは欧米や日本との関係改善を進めてきたが，それ以前の軍事政権下では国際的に孤立し，中国との経済関係が緊密化していった。そんな状況が貿易統計から読み取れる。

図表3-5　ミャンマーの貿易相手としてのタイ

【輸出先】

2005年

順位	国・地域名	輸出額（百万ドル）	シェア
1	タイ	1,623	43.7%
2	インド	451	12.1%
3	中国	249	6.7%
4	日本	185	5.0%
5	マレーシア	122	3.3%
	総額	3,714	100.0%

2015年

順位	国・地域名	輸出額（百万ドル）	シェア	10年間の増加倍率
1	中国	4,763	37.7%	19.1
2	タイ	3,233	25.6%	2.0
3	インド	969	7.7%	2.2
4	日本	786	6.2%	4.3
5	韓国	460	3.6%	9.0
	総額	12,650	100.0%	3.4

【輸入先】

2005年

順位	国・地域名	輸入額（百万ドル）	シェア
1	中国	1,032	29.8%
2	シンガポール	717	20.7%
3	タイ	665	19.2%
4	韓国	178	5.1%
5	マレーシア	164	4.7%
	総額	3,460	100.0%

2015年

順位	国・地域名	輸入額（百万ドル）	シェア	10年間の増加倍率
1	中国	10,326	42.2%	10.0
2	タイ	4,523	18.5%	5.8
3	シンガポール	2,698	11.0%	4.1
4	日本	1,173	4.8%	11.6
5	インド	951	3.9%	7.8
	総額	24,492	100.0%	6.9

資料：IMF, Direction of Trade より作成。

中国とタイが輸出入とも1, 2位の相手国であるという点は、先のラオスと同じである。両国のシェアを合計すると、輸出入ともに約6割に達している。

タイは、2005年にはシェア4割超と輸出先として断トツの1位であったが、15年になると26%へ低下、2位に後退した。一方、輸入先としては3位から2位へ順位を上げ、中国からの輸入が急増する中でもシェア2割程度を維持し、健闘している。このことはタイがミャンマーの輸入先として重要な国であり続けていることを示唆している。

2.3 タイの対CLM貿易品目——「タイプラスワン」の進展映す

以下ではタイ側に再び軸足を置き、対CLM貿易を品目面から分析しよう。結論を先取りすれば、輸出品目は総じて変化に乏しいが、輸入品目には新顔が登場しており、タイとCLMの経済関係が新たな展開を見せ始めていることが見て取れる。これは本書のテーマである南部経済回廊の現状・今後を考察するうえで重要なポイントでもある。

まずタイの対CLM輸出（2015年）の上位品目を見ると、対カンボジアで1位に金が登場しているが、それ以外は石油製品、甘しょ糖、セメントなど09年時点と同じ顔触れが目立つ。対ラオスも石油製品、乗用車、貨物自動車など上位品目に大きな変化はなく、対ミャンマーも石油製品、セメント、清涼飲料水などが依然として主要品目である（図表3-6）。

石油製品はCLMいずれに対しても最大の輸出品目であり、タイがガソリン、灯油などの供給国として大きな存在感を示している。セメントなど建設資材、乗用車など耐久消費財、清涼飲料水など飲食品でも内外メーカーが集積するタイからCLMへの輸出は多い。高成長が続くCLMでの需要増もあって出荷が拡大している。タイの輸出品目で新たに上位品目に食い込んできたのは、対カンボジアで金や清涼飲料水、対ラオスで金や鉄鋼製のドラムや管など、対ミャンマーで甘しょ糖や携帯電話などがそれぞれ挙げられる。

一方、タイの対CLM輸入をみると、対ミャンマーは石油ガスがシェア約9割と相変わらず突出し、それ以外が伸びていない。ミャンマーではインフラの不備等から製造業分野で外資誘致が遅れている。こうした事情もあり同国からの輸入品目の多様化が進んでいないと思われる。

2. タイとCLMの貿易関係　99

図表 3-6　タイの対 CLM 各国，主要貿易品目

対カンボジア輸出（2009年）			
HSコード	品目名	金額	シェア
2710	石油製品	200.0	12.7%
1701	甘しょ糖（さとうきびから作った砂糖）	174.9	11.1%
2523	セメント	83.8	5.3%
103	豚	44.6	2.8%
4011	ゴム製の空気タイヤ	42.3	2.7%
2309	飼料	40.5	2.6%
	輸出総額	1580.5	100.0%

対カンボジア輸出（2015年）			
HSコード	品目名	金額	シェア
7108	金	877.7	18.0%
2710	石油製品	672.5	13.8%
2202	清涼飲料水	193.2	4.0%
2523	セメント	175.6	3.6%
1701	甘しょ糖（さとうきびから作った砂糖）	168.9	3.5%
8701	トラクター	126.7	2.6%
	輸出総額	638.3	100.0%

対カンボジア輸入（2009年）			
HSコード	品目名	金額	シェア
1201	大豆	19.0	24.5%
714	カッサバ芋など	17.1	22.0%
1005	とうもろこし	8.9	11.4%
7204	鉄鋼のくずなど	6.6	8.5%
7602	アルミニウムのくず	6.2	8.0%
7404	銅のくず	3.1	4.1%
	輸入総額	77.3	100.0%

対カンボジア輸入（2015年）			
HSコード	品目名	金額	シェア
714	カッサバ芋など	180.1	28.2%
8529	音響・映像機器の部品	164.7	25.8%
8544	ワイヤーハーネス	94.5	14.8%
7602	アルミニウムのくず	25.2	4.0%
2309	飼料	23.9	3.7%
8454	転炉や鋳造機の部品	14.8	2.3%
	輸入総額	589.7	100.0%

対ラオス輸出（2009年）			
HSコード	品目名	金額	シェア
2710	石油製品	326.9	19.9%
8703	乗用車	112.9	6.9%
2716	電気エネルギー	58.0	3.5%
8429	ブルドーザー，地ならし機など	44.1	2.7%
8704	貨物自動車	41.2	2.5%
2202	清涼飲料水	40.9	2.5%
	輸出総額	1642.6	100.0%

対ラオス輸出（2015年）			
HSコード	品目名	金額	シェア
2710	石油製品	703.8	16.9%
8703	乗用車	258.0	6.2%
8704	貨物自動車	175.6	4.2%
7108	金	161.4	3.9%
7310	鉄鋼製のドラムや管など	147.6	3.5%
2716	電気エネルギー	137.8	3.3%
	輸出総額	4168.4	100.0%

対ラオス輸入（2009年）			
HSコード	品目名	金額	シェア
7403	精製銅	229.0	49.5%
2716	電気エネルギー	92.8	20.1%
4407	木材	50.1	10.8%
1005	とうもろこし	19.9	4.3%
2701	石油製品	9.9	2.1%
8544	電気絶縁をした線，ケーブル	5.8	1.3%
	輸入総額	462.7	100.0%

対ラオス輸入（2015年）			
HSコード	品目名	金額	シェア
2716	電気エネルギー	574.4	39.2%
7403	精製銅	359.5	24.5%
8529	音響・映像機器の部品	269.5	18.4%
714	カッサバ芋など	38.5	2.6%
4407	木材	33.8	2.3%
1005	とうもろこし	20.3	1.4%
	輸入総額	1410.6	100.0%

対ミャンマー輸出 (2009年)

HSコード	品目名	金額	シェア
2710	石油製品	274.1	17.7%
2523	セメント	84.5	5.5%
2202	清涼飲料水	51.3	3.3%
2106	調整食料品	41.7	2.7%
2101	コーヒー, 茶など	36.0	2.3%
2922	アミノ化合物	33.3	2.2%
	輸出総額	1544.7	100.0%

対ミャンマー輸出 (2015年)

HSコード	品目名	金額	シェア
2710	石油製品	361.1	8.8%
2523	セメント	247.7	6.0%
1701	甘しょ糖(さとうきびから作った砂糖)	237.0	5.8%
2202	清涼飲料水	176.3	4.3%
8525	携帯電話など	141.0	3.4%
2203	ビール	115.5	2.8%
	輸出総額	4108.2	100.0%

対ミャンマー輸入 (2009年)

HSコード	品目名	金額	シェア
2711	石油ガス	2540.9	91.3%
302	魚	58.6	2.1%
4403	木材	34.2	1.2%
7403	精製銅	19.6	0.7%
2709	原油	16.8	0.6%
8905	船舶	13.4	0.5%
	輸入総額	2781.6	100.0%

対ミャンマー輸入 (2015年)

HSコード	品目名	金額	シェア
2711	石油ガス	3264.6	91.8%
102	牛	61.8	1.7%
7403	精製銅	26.9	0.8%
2709	原油	25.2	0.7%
713	乾燥した豆	23.5	0.7%
2825	アンチモン酸化物	13.9	0.4%
	輸入総額	3556.6	100.0%

注:金額の単位は百万ドル。網掛けにしたのは新たに登場した注目すべき品目。
資料:国連 COMTRADE より作成。

　注目すべきは対カンボジア,対ラオスの輸入品目で,特に対カンボジアの上位品目に大きな変化が生じている。具体的には,09年の上位3品目のうち,大豆ととうもろこしが姿を消し,15年には「音響・映像機器の部品」が2位,「ワイヤーハーネス(組み電線)」が3位となっている。15年に輸出額が減ったものの,前年14年は4位に「液晶デバイス・レーザー・光学機器」,6位に「電気モーター」も入っていた。一方,対ラオスでは15年に「音響・映像機器の部品」が3位に食い込んでいる。これらは機械製品の生産に使用される部品・部分品である。

　このような変化が映し出すのは,過去数年間に進展した「タイプラスワン」と呼ばれる現象であろう。

　タイ国内の賃金上昇や人手不足,さらにタイと周辺国を結ぶ輸送インフラの整備などを背景に,日系企業などの間では主要な生産拠点であるタイ工場から労働集約的な品目・工程を切り分け,労働コストの安い周辺国に移転し,タイ工場との間で生産ネットワークを構築する動きが出てきた。これが「タイプラスワン」と呼ばれるオペレーションで,タイからの主要な移転先となっているのがカンボジア,そしてラオスである[3]。

タイの対カンボジア輸入の中心品目となった音響・映像機器の部品などには，「タイプラスワン」の事業展開に乗り出した日系企業が，新設したカンボジア工場からタイ工場へ出荷しているものが多く含まれるとみられる。同じことは対ラオス輸入の主要品目となった音響・映像機器の部品などにも当てはまるであろう。

　このような「タイプラスワン」の動きは，本書が着目する南部経済回廊にも深くかかわるものだ。タイ・カンボジア間で「タイプラスワン」が展開される場合，両国の工場間を原材料や完成品が陸路で行き来するケースが多い。その際，日系企業の工場が集積するタイのバンコク周辺と，カンボジア側の主要な工場立地先である国境近辺のポイペト，そして首都プノンペンを通る南部経済回廊が主要な物流ルートになるからである。

2.4　タイの対カンボジア国境貿易と南部経済回廊

　タイはCLMと国境を接するため，貿易の相当量が陸上国境を通じて行われる[4]。以下では対カンボジア国境貿易の動向から南部経済回廊の利用状況を探ってみよう[5]。

　まず対カンボジア国境貿易額（輸出入合計）は2005−15年の10年間で4.2倍の1278億バーツ[6]へ増加しており，両国の経済関係が緊密化していることを示している。

　内訳は，輸出が3.6倍の1044億バーツ，輸入が17倍の233億バーツとタイ側の大幅な黒字であるが，伸び率は輸入の方が圧倒的に大きい。前述の「タイプラスワン」の進展に伴い，陸の国境を越えてカンボジアからタイに流入する品目が増えたことも背景にあるとみられる。

　対カンボジア国境貿易を輸出入別・税関別にまとめた図表3-7，3-8によれ

3　「タイプラスワン」に関する詳細な分析は第2章，日本企業の具体的な事例は第7章を参照。
4　タイ中央銀行の統計によると，2015年はタイの対カンボジア貿易のうち7割近くが国境貿易であった。
5　南部経済回廊の西側の終着地はミャンマーのダウェイであるため，タイからダウェイへの物流も考えられるが，同ルートは輸送インフラ整備が遅れており，今のところあまり使われていない（第6章参照）。
6　2016年11月中旬時点の為替レートは，1バーツ＝約3円。

図表 3-7　タイの対カンボジア輸出
（国境貿易の税関別内訳）

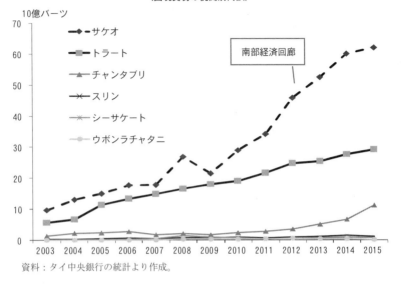

資料：タイ中央銀行の統計より作成。

図表 3-8　タイの対カンボジア輸入
（国境貿易の税関別内訳）

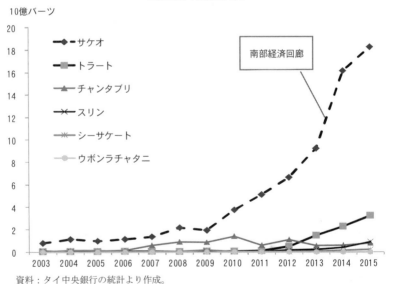

資料：タイ中央銀行の統計より作成。

ば，輸出入ともサケオ経由が圧倒的に多い。その比率（15年）は輸出で約6割，輸入で約8割を占める。

　南部経済回廊は，タイのバンコクからサケオを経由しカンボジアのポイペト，プノンペンへ走る。したがってサケオ経由が突出しているという事実は，タイの対カンボジア国境貿易で同回廊が主要な輸送インフラとなっていることを示す。サケオでは検問所の新設などが計画されており，国境貿易の主要ルートとして南部経済回廊は一段と利用される見通しである[7]。

　一方，タイの対カンボジア国境貿易では，トラート経由も輸出で3割弱，輸入で1割超（15年）をそれぞれ占める。輸出の比率は過去10年間，30−40%台でそれほど変化していないが，輸入は11年まで1−2%台に過ぎなかったのが翌13年頃から急上昇している。

　この背景には国境を挟んでトラートの反対側にあるカンボジア・コッコンに外資系企業が近年工場を設立し，タイへ製品を出荷していることがあるとみられる[8]。トラートからコッコンに入るルートは，広義の南部経済回廊を構成するサブ回廊の1つ，「南部沿岸サブ回廊」の一部である。

3. タイとCLMの投資関係

3.1　タイの対外直接投資動向──「投資国」として高まる存在感

　本節ではタイの対外直接投資に焦点を当てる。図表3-9によればタイの対外直接投資額（フロー）は2000年代後半から拡大トレンドが鮮明である。それまで対内直接投資額に比べ微小な額であったが，2009年ぐらいから状況は変化してきた。

　対外直接投資額は12年に100億ドルの大台を突破し，翌13年は約120億ドルへさらに拡大した。日本企業の主要な投資先であるタイは，ASEAN域内では直接投資の主要な受入国であり，外資導入を梃子に成長を遂げてきた国である。だが，近年は対外直接投資の主体としても存在感を高めており，2011年

---

[7]　タイ・カンボジア国境近辺でのインフラ整備の動きは，第5節で改めて取り上げる。
[8]　コッコンではワイヤーハーネスの矢崎総業やバレーボールのミカサが工場を設立している。

104　第3章　タイ，対CLM経済関係の拡大進む

図表3-9　タイの対内外直接投資（フロー）の推移

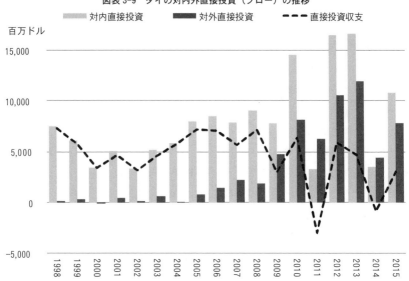

資料：UNCTADの統計より作成。

図表3-10　タイの対内外直接投資（ストック）の推移

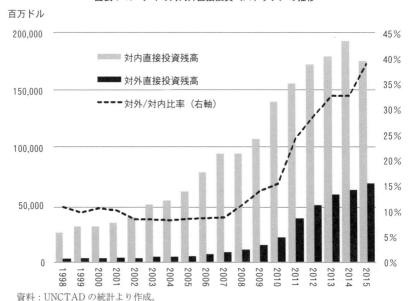

資料：UNCTADの統計より作成。

と14年は対外直接投資額が対内直接投資額を上回った[9]。

タイの対外直接投資状況を残高ベースでも確認すると,その金額は過去数年間,やはり増えている(図表3-10)。対外直接投資を長年多く受け入れてきた経緯から,対外直接投資が近年増えているといっても,残高では対内直接投資にはまだ遠く及ばない。

しかし,対内直接投資残高に対する対外直接投資残高の比率は2011年頃から上昇が目立ち始め,2000年代に10%程度で推移してきたが,2015年は4割近くにまで高まっている。対外直接投資残高が多いセクターは,「鉱業」,「製造業」,「その他[10]」,「金融・保険」,「卸売り・小売り,自動車補修」の順で,この5セクターで全体の96%を占める[11]。

タイ企業の対外直接投資が拡大している様子は,タイ証券取引所(SET)がまとめた数字からも確認できる。それによると,海外で投資を手掛けるSET上場企業の数は,2010年末の85社から2015年末の192社へ5年間で約2.3倍に増えた[12]。この数字は上場企業数の4割弱に当たる。海外で投資を行っている企業の約8割はASEAN域内に資金を投じており,中でもカンボジア,ラオス,ミャンマー,ベトナムの4カ国(CLMV)で約6割に達している。業種別(2014年)にみると,対外投資を行っている企業が最も多いのがサービス(40社)で,以下,建設・不動産(27社),工業(24社),農業・食品(20社)が続いている。

3.2 タイの対CLM投資——ASEAN域内ではシンガポールに次ぐ投資先

ASEAN10カ国を1つに括ると,ASEANはタイにとって最大の投資先である。タイ中央銀行の統計によると,15年末の直接投資残高は約231億ドルと全体の約3割を占め,2位ケイマン諸島(約12%)を大きく上回る。対ASEAN投資は10年頃から急速に拡大している。

---

9 ASEAN諸国が対外直接投資を拡大している状況は,シンガポールやマレーシアの企業の間でも同様に観察される。詳しくは,牛山・可部(2014),牛山(2015a)などを参照。
10 タイ中銀の統計には,「不動産」,「建設」,「輸送・倉庫」,「電力,ガス等の供給」,「農林漁業」,「宿泊,飲食業」という分類項目もある。いずれにも該当しない業種が「その他」に含まれる。
11 この数字はタイ中央銀行の統計に基づく。
12 2016年7月14日付の週刊タイ経済,2016年5月発表のSET広報資料などに基づく。

第3章 タイ，対 CLM 経済関係の拡大進む

図表 3-11　タイの対 ASEAN 直接投資残高（国別）

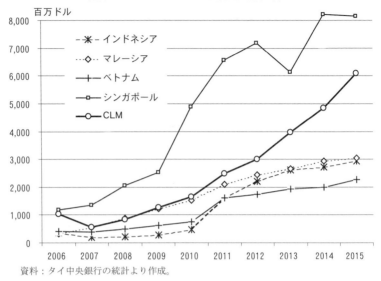

資料：タイ中央銀行の統計より作成。

図表 3-12　タイの対 CLM 直接投資残高（国別）

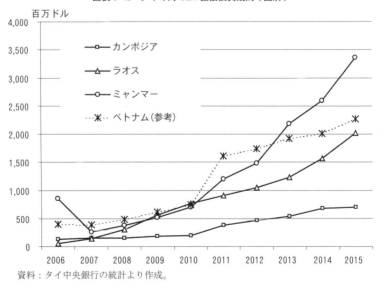

資料：タイ中央銀行の統計より作成。

10-15年の5年間でタイの対外直接投資残高は全体で約541億ドル増えているが，対ASEANの増加額がその約4分の1を占めており，国・地域別では最大の寄与率となる。つまり，タイの対外直接投資が近年膨らんでいるのは，対ASEAN投資の急増が主因である。

次にタイの対ASEAN直接投資残高を国別に見てみよう（図表3-11）。

最大の投資先はシンガポールで，2015年末でASEAN全体の35％を占める。カンボジア，ラオス，ミャンマー3カ国をCLMとして1つにまとめると，シェアは26％でASEAN域内では2位の投資先となる。対CLM直接投資残高は，10年頃まで対マレーシアと拮抗していたが，11年以降は差を広げており，15年末は2位のCLMが3位のマレーシアのほぼ2倍の規模に達している。

2010-15年の5年間で対CLM直接投資残高は約44億ドル拡大した。これは対シンガポールの約33億ドル増，対インドネシアの約25億ドル増などを上回り，ASEAN域内では最大の増加額で，タイの対ASEAN投資が対CLM投資に牽引されていることが分かる。

対CLMを国別にみると，投資残高が多いのはミャンマー，ラオス，カンボジアの順（図表3-12）。07-08年頃はほぼ横一線だったが，石油ガス，電力など資源エネルギー関係の投資が行われたことなどからミャンマー，ラオス向けが拡大したと思われる。

対ミャンマー投資残高は13年に対ベトナム，15年には対マレーシア，対インドネシアを追い抜き，シンガポールに次ぐASEAN域内2番目の投資先に浮上した。対ラオスも14-15年と2年連続で大きく伸びており，対ベトナムに金額が近づいている。一方，対カンボジアは着実に増えているものの伸び率は低い。ただ，後述するようにタイ企業の間ではこのところカンボジア事業拡張の動きが相次いでおり，今後増加ペースが速まる可能性がある。

3.3 タイ政府が支援を強化——カンボジアなどを最重要国に指定

タイの対外直接投資が増えているのはもちろん，より多くのタイ企業が海外で収益機会を追求するようになったためである。経済発展に伴い，国内で賃金水準が上昇し，エネルギー需要も増す中，CLMなどに存在する低廉な労働

力,豊富な資源,さらには成長力に富む現地市場などをターゲットにタイ企業が対外直接投資を積極化している[13]。

少子高齢化が進むタイでは中長期の成長力低下への懸念から,「(国内経済の伸び悩みに対応した)対外直接投資が重要な戦略になっている」[14]と指摘される。対ASEAN投資が著しく増えている背景には,15年末の経済共同体創設により市場の自由化,規制緩和等が進み,ASEAN域内の事業環境が一段と改善されていくとの期待もある。

タイ政府はもちろん,対外直接投資の重要性を認識している。外資誘致を主要任務としてきた同国投資庁(Office of the Board of Investment: BOI)の重要業務として,13年から「地元企業の対外投資促進」が新たに加えられた[15]。

これを受けBOI内には「タイ海外投資促進局(Thai Overseas Investment Promotion Division: TOIPD)」という新しい部署が開設された。海外進出を検討している中小企業を主な対象に,各種研修や視察団派遣など支援業務を手掛ける組織であり,現在約10人のスタッフで運営されている[16]。

TOIPDが2014-15年に行った研修コースには延べ300人の企業関係者が参加した。繊維,自動車部品,食品加工,情報技術(IT)など幅広い業種から集まり,諸外国の税制や雇用制度,商習慣,物流制度,現地産業界の動向などを学んだ。一方,投資視察団は,ASEAN諸国やインドなど南アジア諸国を中心に年間20回程度の頻度で派遣されている。TOIPDはまた,BOIのホームページ上で海外の投資関連情報も提供している。

BOIによれば,タイ企業の投資先は,重要度に応じ3つのグループに分類される。最も優度の高い第1グループは,ミャンマー,ベトナム,カンボジア,ラオス,インドネシアの5カ国で構成される。インドネシアを除く4カ国が「陸のASEAN」に位置する国々である[17]。南部経済回廊など国際幹線道路の整備によって連結性(connectivity)の改善が進むこの地域で,地元企業の

---

13 Chirathivat and Cheewatrakoolpong (2015)
14 Suthiwart-Narueput and Tansakun (2015)
15 Chirathivat and Cheewatrakoolpong (2015)
16 TOIPDに関する情報は,筆者が2016年1月にBOI本部で行ったヒアリング調査に基づく。
17 第2グループは中国,インド,他のASEAN諸国,第3グループは中東,南アジア,アフリカで構成される。

経営拡大を後押ししたいという政府の思惑がうかがえる。

　BOI は現在，2015-21 年の 7 年間を対象とする新投資奨励戦略に取り組んでいる。同戦略はタイの競争力強化，「中所得国の罠」からの脱却などを目標に掲げ，6 つの重要政策を明示，この中にはタイからの対外投資促進も盛り込まれている[18]。こうした政策努力もあり，CLM 等を主要ターゲットとしたタイ企業の対外直接投資は一段と増える見通しだ。

　地元企業の海外事業の支援を強化しているのは BOI だけではない。例えば，タイ商業省は地元の大企業が中小企業と連携し，CLMV を中心とする海外市場に進出することを後押しする「タイランド・チーム」と呼ばれるプロジェクトを始める計画を表明した。

　同プロジェクトには大企業側からサイアム・セメント・グループ（SCG）やバンコク銀行，飲料品や不動産を手掛ける大手財閥 TCC グループなどが参加しており，商業省は現地市場の情報提供などで側面支援する意向だ。

　同省はさらに CLMV 各国に事務所を新設し，タイ企業に貿易・投資関連情報を提供する体制を拡充する予定のほか，2016 年 6 月中旬には観光・スポーツ省との共催で「CLMVT フォーラム」と呼ばれる大規模イベントをバンコクで初めて開催した。同フォーラムは CLMV とタイの 5 カ国から政策当局者や企業関係者，学識者を集め，相互理解の増進，人的ネットワークの拡充により，タイの対 CLMV 関係をさらに緊密化させる狙いであった。

4. タイ企業のカンボジア事業動向

4.1 タイ企業，多彩な業種で攻勢強める

　前節ではタイ企業の対 CLM 直接投資が拡大している状況を統計で確認した。本節ではさらにタイ企業の個別の動きを見ていこう。本書の主要テーマは南部経済回廊であり，同回廊はタイとカンボジアをつなぐ主要な輸送インフラとなっている。両国の経済関係を捉えるための材料として，本節ではタイ企業

18　他の 5 つは，研究開発の促進，環境保全・省エネ，産業クラスターの促進，南部国境エリアでの投資促進，国境 SEZ（経済特区）での投資促進である。

のカンボジアでの事業動向に注目する。

　主要な動きは図表3-13にまとめた。タイ企業がカンボジアで新規事業の開始，既存事業の拡張等に相次いで動いている状況が分かる。業種は，金融，化学，電子部品，消費財，物流，医療，飲食業など多方面に及び，大企業だけでなく中小企業にも広がっている。

　タイに接するカンボジアは距離的に近いうえ，最近5年間の実質経済成長率も平均7％強の高水準を記録した。前節で見たようにタイ政府がカンボジアを対外投資の重点国に指定していることもあり，タイ企業の動きが活発になっている。

　例えば，タイ物流大手JWDインフォロジスティクスによるカンボジア事業強化の動きがある。同社は2016年，同国のプノンペン特別経済区（PPSEZ）を運営する会社に約5％出資した。PPSEZがカンボジア証券取引所の4番目の上場企業となるため新規株式公開（IPO）を実施した際に株式を取得したものだ。

　PPSEZはミネベアやデンソー，住友電装など日本企業も多数入居しているカンボジアを代表する特別経済区（SEZ）で，外国企業の主要な受け皿となっている。JWDインフォロジスティクスはPPSEZ入居企業の貨物需要が拡大していることに着目，PPSEZ内に物流センターを開設する計画だ。「PPSEZが（南部の港湾都市）シハヌークビルへ向かう鉄道路線と近い距離にあることから，物流センターへの投資は採算が見込める」[19]と判断している。

　さらに視野に入れているのが，タイ国境に近いカンボジア西部ポイペトにおける新SEZの開発である。ポイペトは南部経済回廊が通過するルートに位置する町で，在タイ日系メーカーなどがカンボジアの低廉な労働者を活用するため分工場を開く「タイプラスワン」の展開先として注目され始めており，現地では既にSEZも運営されている。PPSEZではこのポイペトで新SEZを開発する計画を進めているが，JWDインフォロジスティクスでは「共同で投資をすることに関心を抱いている」としている。

　同社はASEAN経済共同体（AEC）創設などによって域内の物流需要が今

19　2016年7月7日付の同社報道用資料。

後も拡大するとみている。とりわけ「陸のASEAN」を構成する自国タイのほか，カンボジア，ラオス，ミャンマー，ベトナムで事業を拡張し，売上高に占める海外部門の比率を現在の8%から2020年には20%へ引き上げる考えだ。この目標に向け，積極的に買収も手掛ける方針である。

一方，タイの複合映画館（シネマコンプレックス）チェーン最大手のメジャー・シネプレックス・グループは2014年，カンボジアの首都プノンペンに日本のイオングループが開業した大型ショッピングモールに映画館（7スクリーン）を開設した[20]。さらにイオンが18年中にオープン予定のカンボジア2号店にも映画館（10スクリーン）を開く予定としている。同社は現在，タイ国外ではカンボジアとラオスで各1カ所ずつ映画館（合計12スクリーン）を運営しているが，今後は両国で営業網を拡大するほか，新たにベトナムやミャンマーにも進出し，海外でのスクリーン数を100以上にするのが目標という。

JWDインフォロジスティクスやメジャー・シネプレックス・グループの動きが示すように，タイ企業はカンボジアだけに着目しているわけではない。カンボジアは今後の高成長が期待される後発ASEAN諸国の一角と位置づけられており，タイ企業はミャンマーやラオス，ベトナムなどでも経営基盤の強化を同様に進めている。この点は，第3節においてタイ企業の対外直接投資金額を見た際に確認した通りである。

例えば，タイの大手財閥，TCCグループが14年，独流通大手メトロからベトナム国内のディスカウントストア19店舗を6億5500万ユーロ[21]で買収した。大手流通セントラル・グループはベトナムの家電量販店グエンキム・トレーディングの発行済み株式49%を取得したほか，系列のロビンソン百貨店もハノイ，ホーチミンに新規出店した。さらに「シンハービール」で有名な酒類大手ブンロート・ブルワリーは16年1月，ベトナムの食品大手マサン・グループの食品，酒類の子会社2社に計11億ドル出資すると発表している[22]。

また，大手銀行のバンコク銀行は14年にカンボジア・プノンペン支店をオープンし，サイアム商業銀行，クルンタイ銀行に次いでタイの銀行として3

20　2016年3月24日付の時事通信。
21　2016年11月中旬時点の為替レートは，1ユーロ＝約116円。
22　出資比率は食品子会社へは25%，酒類子会社へは33.3%である。

図表3-13 カンボジア事業を拡大するタイ企業の事例

企業名	業種	カンボジアにおける事業内容
バンコク銀行	金融	15年ぶりにプノンペン支店を再開。
カシコン銀行	金融	プノンペン支店の開設を計画。
ティティコン	割賦販売	自動二輪車の割賦販売事業を始める。
ムアンタイ・ライフ・インシュアランス	生命保険	カンボジア大手銀行と合弁会社を設立。
タイ石油公社（PTT）	石油	2018年までに給油所を2倍超の50に増やす。
サイアム・セメント・グループ	セメント	今後5年間に現地で2億-3億ドルを投資する方針。
サイアム・シティ・セメント	セメント	合弁会社を設立し、セメント工場を稼働へ。
サハウィリヤ・グループ	鉄鋼など	カンボジア国境近くのタイ側に巨大商業施設を建設。
ロジャナ・インダストリアルパーク	工業団地	タイ国境に近いカンボジア北西部バンテイメンチャイ州に工業団地の開発を計画。
SVI	電子部品	100％子会社を設立。首都近郊の工業団地に進出。
サハパタナピブン・グループ（サハグループ）	消費財	販売会社をプノンペン設立。現地商業施設に日用品を供給。
同上	同上	プノンペンに発電所を建設することを検討中。2017年半ばにも投資計画を最終決定する。
シャーウッド・ケミカルズ	殺虫剤	カンボジアへの輸出を開始。
タイ・プレジデント・フーズ	即席めん	現地に新工場を建設し、2016年に稼働へ。
ベタグロ・グループ	畜産	プノンペンに飼料工業を建設。年産60万トン。
タイワー	食料品	カンボジアに食品工場を建設する計画。
チャロン・ポカパン・フーズ（CPフーズ）	食料品	カンボジア法人を完全子会社化、経営展開を強化。
SPSグループ	家具	家具の現地販売を始める予定。
JWDインフォロジスティクス	物流	プノンペン特別経済区（PPSEZ）を運営する会社に約5％を出資。同経済区内に物流センターを開設する計画。
ソムチャイ・スチール・インダストリーズ	建材	現地子会社を設立。
TOAペイント	塗料	現地に新工場を建設、2017年中に生産を始める予定。
メジャー・シネプレックス・グループ	映画館	プノンペンに映画館を開設。2018年までに2号店もオープンする計画。
バンコク・ドゥシット・メディカル・サービス（BDMS）	病院	カンボジア最大、最新の病院をオープン。
インデックス・クリエイティブ・ビレッジ	イベント企画	2016年に現地子会社を設立。貿易展覧会などイベントが増えると判断、営業に力を入れる。
タワンディーン・ジャーマン・ブルワリー	ビアホール	ビアホール（計900座席）をオープン。

資料：日本経済新聞、日経産業新聞、時事通信、NNA、週間タイ経済、バンコク・ポストなどの報道を基に作成。主に2015年以降に報じられたものを選んだ。

番目のカンボジア進出を果たし[23]，翌15年にミャンマー・ヤンゴン支店も新設した。大手4行の中で唯一カンボジアに拠点を持たないカシコン銀行はプノンペン支店の開設を予定中であるが，一足早く14年にラオスのビエンチャンに現地法人を設立した。

4.2 タイ企業の国際化とカンボジア事業（個別の事例）

以下では，海外展開に意欲的なタイの大手企業3社について，経営の概要や国際化の現況を少し詳しく見ていく。各社ともカンボジアでも積極的な動きを見せている。

サイアム・セメント・グループ（SCG）：カンボジア工場を増強

SCGは，タイ王室財産管理局が3割を出資する筆頭株主であり，1913年に設立された。同国の製造業では最も歴史の古い名門企業とされる[24]。主要部門は，石油化学，セメント・建材・物流，紙・パルプの3つだ。

SCGは現在，2015－19年を対象とする5カ年計画の一環として，タイ以外のASEAN域内を中心に最大2500億バーツを投じる計画を進めている[25]。「経済共同体」が15年末に創設され，経済の一体化が進むASEANを重要な展開先と位置づけている。

SCG関連ニュースで最近話題を集めたものに18年までに同社の社内公用語を英語にするというものがあった[26]。タイ企業では異例の試みと言える。ASEAN域内では共通言語として英語が使われるケースが多い。SCGは近年，ASEAN域内で急速に事業を拡張している。このため英語重視の姿勢を強め，「ASEAN企業」へ脱皮しようとしている。

ASEAN域内の資産総額（15年6月末）は全体の約2割に当たる約960億バーツと前年同期に比べ約25％増えている[27]。SCGは既にインドネシアやベトナム，フィリピンなどに工場を展開し，域内従業員（タイを除く）は合計1

23　正確には15年ぶりにカンボジア拠点を再開した。
24　恒川（1994）。
25　2015年1月6日付の日本経済新聞。
26　2015年8月17日付のNation。
27　同上。

万5000人と全体の3割強を占める[28]。

15年の総売上高（約4950億バーツ）のうち，タイからの輸出額と現地販売額を合計したASEAN域内（タイを除く）での売上高は全体の約23%[29]を占めており，この比率は過去5年で6ポイント上昇した（図表3-14）。売上高はベトナム（ASEAN売上高に占める比率は30%），インドネシア（同28%），カンボジア（同13%）の順に多く，SCGにとってカンボジアは大事な市場になっている。

カンボジアでは07年，同社初の現地セメント工場を南部カンポット州に開設した。10年には同工場の設備を増強し，生産規模を年110万トンとした。さらに1億2000万ドルを投じて第2工場（年産90万トン規模）を完成させ，15年から稼働した。両工場を合わせた生産規模は年間200万トンとなった。

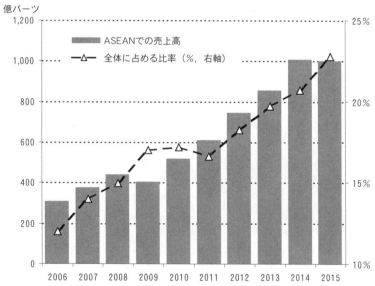

図表3-14　SCGのASEANでの売上高と比率

注：ASEANでの売上高は，現地での販売額にタイからの輸出額を加えたもの。
資料：SCGのIR資料より作成。

28　2014年12月22日付の週刊タイ経済。
29　内訳は，輸出額11%，現地販売額12%である。

同国のセメント需要の半分を賄うことができるという。

カンボジアでは 2016-20 年の 5 年間にさらに 2 億-3 億ドルを投資する方針である[30]。カンポット州に第 3 セメント工場を新設するほか、同国内におけるコンクリートの供給力も強化する。同国では大型の商業施設・住宅の開発案件が相次いでおり、セメント需要が急増している。SCG ではタイからの輸出と現地での生産・販売を合わせてカンボジアで 100 数十億バーツの売り上げを得ているが、さらなる増収を目指している。

カンボジアでも中国産の安価なセメントが市場に流入するなど価格競争は激しくなっている。SCG は第 3 工場の建設により、タイからの輸出分を現地生産へ徐々に切り替え、製品競争力の強化に結び付けようとしている。

チャロン・ポカパン（CP）グループ：カンボジアで飼料、豚肉などの生産拡大

タイ最大の財閥である CP グループは、飼料、養鶏、養豚、エビ養殖、食品加工など食料・食品ビジネスで圧倒的な存在感を持つ。小売りや通信、自動車への多角化も進んでおり、海外も含め傘下に 200 社超、30 万人超の従業員を抱える。

グループ中核企業は、飼料、水産、畜産、加工食品、小売りなどを幅広く手掛ける CP フーズ、タイ最大のコンビニエンスストア「セブンイレブン」を展開する CP オール、タイで携帯電話サービス 3 位のトゥルー・コーポレーションの 3 社で、いずれもタイ証券取引所に株式を上場している。グループ年間売上高（2013 年度）は約 400 億ドル（約 4 兆 2300 億円）に及ぶ[31]。

国際化を牽引するのはグループ売上高の約 3 割を稼ぐ CP フーズである。同社はここ数年間の積極的な海外投資により、飼料の生産・販売で世界最大、豚肉加工品の販売で世界 2 位、鶏肉調整品の生産・販売で世界 3 位へそれぞれ躍進した[32]。2015 年に現地販売とタイからの輸出の合計で 66％だった海外売上高比率を 4 年後に 75％に引き上げるとの目標を掲げており[33]、国際化をさら

---

[30] 2015 年 12 月 22 日付の Bangkok Post。
[31] 伊藤忠商事（2014）。円換算額は、2016 年 7 月 19 日時点の為替レートに基づく。
[32] 2014 年 10 月 20 日付の週刊タイ経済。
[33] 2015 年 11 月 14 日付の日本経済新聞。

に進める意向を示している（図表3-15）。

　ASEAN域内では70年代にインドネシア，90年代にミャンマーに進出するなど早い時期から事業を展開しており，既にブルネイを除くASEAN加盟9カ国に進出済み。CPフーズは15年末にAECが発足したASEANを有望視している。なかでもタイと国境を接するCLMを重要な市場とみている。今後はタイからの輸出ではなく，域内各国への投資拡大を軸に据えて経営の現地化を進め，市場開拓を強化していく方針という[34]。

　カンボジアでは飼料の生産，養豚，養鶏など畜産関連事業を手掛けており，同国の飼料市場で約4割のシェアを握っている。首都プノンペンに飼料工場（年産36万トン）を有すほか，15年には西部パイリンに新工場（同15万トン）を建設しており，同国での飼料売上高を19年までに現在の2倍の年200億バーツに増やす計画を立てている。

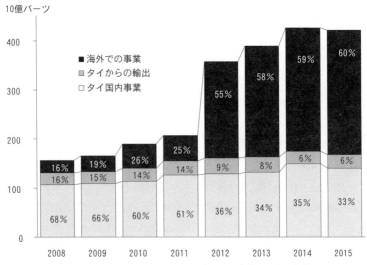

図表3-15　CPフーズの売上高内訳（国内外別）

注：%表示の数字は全体に占める比率。2012年から海外での事業の比率が急増したのは，中国事業会社のCPポカパンを子会社化したため。
資料：CPフーズの年次報告書より作成。

34　2014年10月20日付の週刊タイ経済。

CPフーズは15年，28億5000万バーツを投じて現地法人のCPカンボジアへの出資比率を25％から100％へ引き上げ，完全子会社化した。成長が見込める現地市場での経営体制の強化が狙いである。CPカンボジアは19年までに豚肉の生産規模を2倍以上にするため，約800万ドルを投じ豚の飼育量を約2倍の200万程度へ拡大するとしている。

　CPフーズ以外のグループ企業では，ディスカウントストア「マクロ」を運営するサイアム・マクロが，ベトナムやミャンマーなどとともにカンボジアへの進出を検討している[35]。食品輸出商社，CPインタートレードはカンボジアに精米所を建設し，欧州連合（EU）向けの生産・輸出拠点として育てる考えだ[36]。グループの不動産会社，CPランドはミャンマーでのオフィスビル建設計画に続き，カンボジアでの不動産開発も検討している[37]。

バンコク・ドゥシット・メディカル・サービス（BDMS）：カンボジアに近代的病院

　BDMSは1972年に設立されたタイ最大の病院経営会社で，傘下に6ブランド，合計42の病院（ベッド数は7519）を抱えている[38]。

　ASEANには国際競争力のある病院経営会社が少なくない。BDMSは，シンガポールのラッフルズ・メディカル・グループ，マレーシアのIHHヘルスケアなどとともにASEANを代表する病院経営会社に数えられる。BDMSの時価総額は同業界では世界5位で，売上高に占める純利益の割合は同1位という高収益企業である[39]。

　BDMSの規模が急拡大したのは2000年代であった。系列の病院数は05年に12だったが，その後の10年間で約30も増えた（図表3-16）。その拡大戦略は積極的なM&Aに特徴づけられる。傘下の43病院の大半はM&Aで獲得したものである。経営網の拡張に伴い，BDMSの売上高は05年の107億2400万バーツから14年の636億5500万バーツへ約6倍に膨らんだ。

---

[35] 2015年11月2日付のNNA。
[36] 2015年2月25日付の時事通信。
[37] 2015年6月28日付の時事通信。
[38] 2016年1月の同社のIR用資料に基づく。
[39] 同上。時価総額は86億9900万ドル（2015年11月下旬），売上高純利益率は12.6％（14年12月期）としている。

図表 3-16 BDMS の売上高と病院数の推移

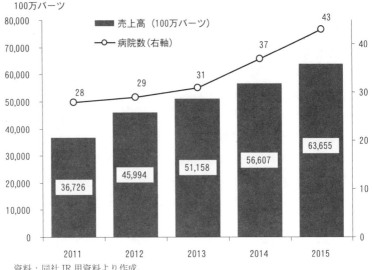

資料:同社 IR 用資料より作成。

　BDMS の旗艦病院は首都にあるバンコク病院である。同病院は外国人の受診が多く，外国人患者からの収入が全体の約半分を占める。BDMS 傘下の全病院ベースでは，同比率は約 3 割といい，患者が多い上位 5 カ国は，日本（全収入に占める割合は 2.5％），アラブ首長国連邦（UAE，2.2％），ミャンマー（1.9％），英国（1.6％），米国（1.4％）という [40]。

　BDMS はカンボジアに進出している。07 年に 2 つの病院を開いた後，14 年 11 月に大型病院「ロイヤル・プノンペン・ホスピタル（RPH）」も開業した。RPH は，BDMS の既存 2 病院のうち 1 つ（「ロイヤル・ラタナック・ホスピタル」）が場所を移転し，新築された建物の中に名前を変えて開業したもので，8 階建てでベッド数 100 床。投資額は約 4500 万ドルである [41]。開業時はカンボジアのフン・セン首相も式典に出席するなど話題を呼んだ。

　最新鋭のコンピューター断層撮影装置（CT）などを揃え，屋上は緊急患者用のヘリコプターの発着が可能である。タイ人など外国人医師も常勤するな

40　これらの数字は 2015 年実績。
41　2014 年 11 月 12 日付の Phnom Penh Post。

ど，RPH はカンボジアで最も近代的な病院と言われる。心臓外科，神経外科などに力を入れ，がんの治療・研究も行う。経済発展に伴い拡大している地元富裕層をターゲットにしている。患者は地元プノンペンに加え，北部シエムレアップにあるグループ病院からも受け入れ，高度な治療が必要と判断した場合はバンコクの病院に送り込む[42]。

BDMS はタイ国内でも隣国のカンボジアやラオスを意識した動きを見せる。例えば，14年11月に東北部コンケン県に17億バーツを投じ，新病院を開設した。10階建て，計140床のベッドを持つこの病院は，地元の人々だけでなくカンボジアやラオスから訪れる患者も想定している。BDMS は今後，ミャンマーやラオスにも進出する方針だ。

5. タイの対 CLM 援助と南部経済回廊関連の動き

5.1 タイの対外援助額――対 CLM が8割超を占める

本節はタイの対外援助について述べる。タイの政府開発援助（ODA）は 2014年に総額28億2400万バーツに達した（図表3-17）。12年に前年比15％減の約11億5000万バーツに縮小した後，2年連続で増え，規模は2.5倍に膨らんだ。14年は ODA 総額のうち83％が CLM 向けである。この比率は12年の48％から急上昇している。援助対象として CLM を重視する姿勢が見て取れる。

CLM の中でも増加が目立つのはラオス向けである。この2年間で4倍超に拡大しており，14年は ODA 総額の6割超を占めた。2番目に多い供与先はミャンマーだ。13年から急増し，シェアは10－12年の4％程度に比べると13年：20％，14年：14％と高くなっている。カンボジア向けは，規模は小さいものの金額自体は着実に増えている。

タイの ODA は，タイ国際協力開発機構（Thailand International Cooperation Agency：TICA）と周辺諸国経済開発協力機構（Neighboring

---

[42] 2015年3月3日付の日本経済新聞。

図表 3-17　タイの ODA 供与先（国別）

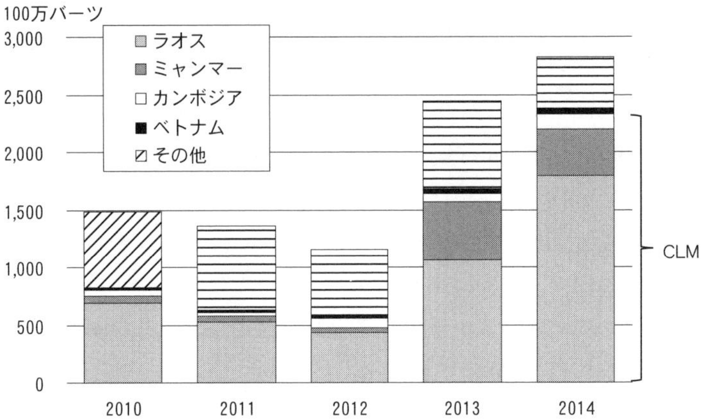

（100万バーツ）

凡例：ラオス／ミャンマー／カンボジア／ベトナム／その他

資料：Thailand Inernational Cooperation Agency の資料より作成。

Countries Economic Development Cooperation Agency：NEDA）の双方によって主に行われている[43]。

　TICA は技術協力を担当する機関として 04 年に設立された。様々な開発プロジェクトに加え，専門家育成プログラム，奨学金，ボランティアなどを提供している。NEDA は 05 年に発足し，有償資金援助，技術協力を担当している[44]。NEDA はタイと周辺国のコネクティビティ強化に資するインフラ整備を重視し，国境近辺での道路や鉄道等のプロジェクトを積極的に支援している。その中にはもちろん南部経済回廊に関連する案件も含まれる。

　タイでは 1988 年にチャチャイ首相（当時）が，戦乱が続いたインドシナ地域を「戦場から市場へ」というスローガンを唱えて以降，地域の経済開発で主導的な役割を担おうとしてきた[45]。その後，96 年に借款による経済協力に乗り出し，カンボジアやラオスなど周辺国に対し直接的な影響力を拡大しようとの姿勢を強めていった（青木 2015）。

---

[43]　タイの ODA の概要等については助川（2014）を参考にした。
[44]　NEDA の前身は，1996 年にタイ財務省に設立された「近隣諸国経済開発協力基金（NECF）」（青木 2015）。
[45]　タイの周辺国に対する経済外交の経緯等については第 2 章も参照。

こうした動きは97年のアジア通貨危機の発生により一時衰えたものの，01年のタクシン首相登場後，広域経済圏構築への意欲は再び強まった。その代表的な事例がACMECS（エーヤーワディ・チャオプラヤー・メコン経済協力戦略）構想であろう。

ACMECSは，不法入国労働者問題を協議するため，タクシン首相が03年にタイとカンボジア，ラオス，ミャンマーの計4カ国による「経済協力戦略」（Economic Cooperation Strategy: ECS）を提唱したことが始まりであった。ECSは翌04年，ベトナムが新たに加わるとともにACMECSに改称された（青木2015）。ACMECSは，域内を平和，安定，繁栄の地域に変えるとの目標に向う，貿易・投資，農業，工業，輸送インフラなどを協力分野のターゲットとした（恒石2007）。タイはこのACMECS構想，さらにアジア開発銀行（ADB）が進める大メコン圏協力（GMS）に基づき，東西，南部，南北の各経済回廊の整備を進めてきた。

5.2 「南部経済回廊」関連のインフラ整備

南部経済回廊は，タイの首都バンコク，カンボジアの首都プノンペン，ベトナム最大の経済都市ホーチミンを結び[46]，日本，タイ，ミャンマー3カ国が経済特区（SEZ）を共同開発する予定のミャンマー・ダウェイにも通じる。タイは，同回廊の整備・発展が自国経済に恩恵をもたらすとみて関係国と連携しながら関連インフラの整備を進めている。

カンボジアとの間では，同国のフン・セン首相が15年12月，カンボジアの首相として12年ぶりにタイを公式訪問した際，年間約50億ドルの2国間貿易額を20年までに3倍に拡大するとともに，南部経済回廊が通るルートであるバンコク・プノンペン間に16年末までに鉄道を運航させる方針で合意した[47]。また南部経済回廊の利用促進・円滑化に結びつく措置として，国境エリアに新たな検問所を設けることや，相手国への乗り入れが可能な自動車台数を

---

[46] 南部経済回廊の概要は第1章を参照。
[47] 2015年8月17日付の週刊タイ経済によると，タイ国鉄は既にタイ・カンボジア国境にあるクロンルック鉄橋に至るタイ国内の170キロメートル強の距離で鉄道線路の補修工事を進めているという。カンボジア国内の鉄道整備状況については第6章を参照。

現在の各 40 台から同 200 台へ増やすことなども確認している[48]。

国境検問所に関しては，タイ側アランヤプラテートとカンボジア側ポイペト間では現在，人と貨物が同じ場所で検査されており，国境通過時の渋滞が問題視されている。新検問所は現検問所から離れた場所に設けられる予定で，既に事業化調査（FS）は終わっていると伝えられている[49]。周辺エリアに倉庫や商業施設，オフィスビル，住宅などを整備する計画も浮上している模様である。タイ側の担当組織は NEDA であり，新検問所へのアクセス道路建設などカンボジア国内の関連インフラの整備も支援する計画である。

一方，ミャンマー側で南部経済回廊が絡む話としては，SEZ が整備される予定の同国ダウェイとタイ国境エリア（カンチャナブリ県プナムロン）の間の道路整備計画が挙げられる。輸送インフラが未整備であるこのルートに全長 138km の片側 1 車線道路を建設するもので，タイ政府が NEDA を通じ総額約 45 億バーツを融資すると伝えられている[50]。

タイ政府は日本との協力も推進している。15 年 11 月，日本政府との間で南部経済回廊に関連する自国内での鉄道協力覚書に調印した。同覚書は，「カンチャナブリ―バンコク―アランヤプラテート／レムチャバンに係る在来線の鉄道施設の整備・改良，貨物鉄道輸送事業，鉄道分野の人材育成等，鉄道協力の具体化，加速化を確認する」[51] ものである。これに関連して，国際協力機構（JICA）とタイ国鉄は 16 年 6 月，バンコク市内に「タイ貨物鉄道準備調査推進室」を開設した[52]。同組織は，日本の鉄道運送技術を活用したコンテナ輸送事業をタイで展開するための準備を進めるといい，実際の事業を手掛ける事業体が 2017 年春にも設立される見通しという。

48　2015 年 12 月 20 日付の Nation。
49　2015 年 4 月 22 日付の通商弘報。
50　2015 年 9 月 9 日付の Bangkok Post。このルートの整備状況については第 5 章も参照。
51　日本の外務省報道資料（2015 年 11 月 27 日付）。
52　2016 年 6 月 2 日付の時事通信。

6. おわりに

　本章はタイの対CLM経済関係を分析した。貿易額は拡大しており、CLMは特にタイの輸出先として存在感を増している。「タイプラスワン」の進展に伴い、タイ・カンボジア間などで貿易構造が変化してきたことも見た。対CLM投資も増えており、タイ企業はカンボジアで相次いで経営拡張に動いている。タイはCLMへの援助も重視し、南部経済回廊絡みのインフラ案件を推進している。一連の状況からはタイとCLMの経済関係が一段と緊密化していることが分かった。本章では詳細に論じなかったが、タイはベトナムとの経済関係も拡大しており、「陸のASEAN」経済の中核としての役割を強めている。

　国内での賃金上昇、CLMの高成長等を背景に、タイ企業は生産拠点・市場としてASEANの中でもCLM、そしてベトナムを重視する姿勢を示す。タイ政府も周辺国との関係強化を重要政策と位置づけており、南部経済回廊をはじめ国際輸送インフラのさらなる整備を進め、地元企業の域内展開を後押しする考えである。「陸のASEAN」を舞台にタイ企業の広域展開が進むにつれ、この地域におけるタイの存在感は益々高まることになるだろう。

　ただし、タイが地域経済の牽引役として輝きを放ち続けるには、自らの構造改革に取り組む必要もある。タイでは近年、中所得国の成長が伸び悩むという「中所得国の罠」への懸念が強まっている。「罠」を打破するためには、技術革新や人材教育を通じた生産性の向上、産業の高付加価値化が不可欠である。タイが改革に手間取り、持続的な成長に向けた環境整備にもたつくようだと、日系企業も含む在タイ企業の経営に悪影響が及び、周辺諸国へ積極的に打って出ようとの意欲が削がれる可能性もある。「陸のASEAN」の先頭ランナー、タイが自らの問題を克服し、経済基盤を強化できるか否かは、タイのみならず、「陸のASEAN」経済の先行きを考えるうえでも大事な問題と言えるだろう。

　一方、日本企業はタイ企業と同様、「陸のASEAN」を有望視しているが、今後、この地域で経営を強化するにあたり、タイ企業の動向にも一段と目配りする必要がある。ASEAN域内の地場企業は昨今、経済共同体が創設された

ASEANを事業展開先として重視しているが，タイ企業はその中でも「陸のASEAN」に熱い視線を投げ掛け，攻勢を強めている[53]。タイ企業はCLMでは日本企業以上に人脈を持ち，商習慣に通じているケースもある。日本企業は経営のリージョナル化に拍車を掛けるタイ企業との連携も積極的に検討すべきだろう。

参考文献

青木まき（2015）「メコン広域開発協力をめぐる国際関係の重層的展開」『アジア経済』（2015年6月第56巻第2号）アジア経済研究所
伊藤忠商事（2014）「Charoen Pokphand（チャロン・ポカパン）グループとの提携について」
牛山隆一・可部繁三郎編（2014）『図解でわかる　ざっくりASEAN』秀和システム
牛山隆一（2015a）「ASEAN企業，域内事業展開を強化──域内統合の担い手として高まる存在感」浦田秀次郎・牛山隆一・可部繁三郎編『ASEAN経済統合の実態』文眞堂
牛山隆一（2015b）「ASEAN進出日系企業とASEAN企業」石川幸一・朽木昭文・清水一史編『現代ASEAN経済論』文眞堂
助川成也（2014）「メコン圏経済の中核を目指すタイ─『連結性』強化を重点戦略に」『メコン圏経済の新展開』日本経済研究センター
恒石隆雄（2007）「タイの近隣諸国への経済協力と国内地域開発の新展開」石田正美・工藤年博編『大メコン圏経済協力』アジア経済研究所
恒川潤（1994）「サイアム・セメント」井上隆一郎編『アジアの財閥と企業』日本経済新聞社
Sethaput Suthiwart-Narueput and Sirikanya Tansakun (2015) "Thailand's New Normal", Thailand Future Foundation
Suthiphand Chirathivat and Kornkarun Cheewatrakoolpong (2015) "Thailand's Economic Integration with Neighboring Countries and Possible Connectivity with South Asia", ADBI Working Paper Series No.520, Asian Development Bank Institute

（牛山隆一）

53　日本企業のASEAN域内における経営動向については，牛山（2015b）を参照されたい。

第4章

ベトナムの視点から考える南部経済回廊
―― ベトナム企業の対カンボジア投資を促進

1. はじめに

　本章ではベトナムからみた南部経済回廊の意義について考察する。2000年から2014年の期間，ベトナムと隣接する中国，ラオス，カンボジアとの間の貿易額の拡大幅は，中国との間で19.9倍，ラオスとは7.4倍，カンボジアとは18.5倍となった。同期間のベトナムの全世界貿易額の期間差は9.9倍だったことから，中国とカンボジアとの貿易額の拡大が顕著であり，その背景には両国の好調な経済成長に加え，南北経済回廊や南部経済回廊等，輸送インフラの改善も寄与したと考えられる。

　南北に細長い国土を擁するベトナムにとって，隣接国との間を結ぶ経済回廊は北部，中部，南部の3ルートある。ベトナムの北部と中国の広西チワン族自治区および雲南省とをそれぞれ結ぶ南北経済回廊があり，ベトナムの中部とラオスとの間には東西経済回廊があり，ベトナム南部とカンボジアを結ぶ南部経済回廊がある（地図4-1参照）。それぞれの経済回廊を通じた周辺国との経済関係の緊密化は重要なテーマとなるが，本章では南部経済回廊のホーチミン市とプノンペンを結ぶ区間に注目して議論を進める。ホーチミン市は外資系企業の生産立地を受け，産業集積地として有数の大都市へと成長した。カンボジアのプノンペンも近年労働集約型産業を中心とした外資系企業の工場進出により小規模な産業集積を形成し始めた。

　プノンペンからベトナムのホーチミン港（カットライ・ターミナル）までの道程は259kmであり，プノンペンからみれば同国最大の海港であるシハヌークビル港までの226kmと比べ距離の差は大きくない[1]。また，カンボジア東

部のベトナム国境の町バベットに立地する企業であれば，最寄りの国際港湾がホーチミン港となる。道路インフラ，国際航路の便数など時間とコストを加味すればプノンペン以東のカンボジア企業にとって，陸路あるいはメコン川水運を使ってアクセスし易い国際港湾が隣国ベトナムのホーチミン港（あるいはカイメップ・ティーバイ港）となる。

カンボジアにとってベトナム南部へのアクセス改善は，国際貿易との連結性を向上させ，経済効率を高める効果をもつ。一方，ベトナムにとっての南部経済回廊の意味については，どのようなものが指摘できるだろうか。カンボジアとベトナムの今後の経済発展にとって，南部経済回廊に代表される2国間の連結性の強化がどのような効果をもたらすかを検証することが本章の主題となる。

第2節では，ベトナムの経済発展の経緯をレビューし，同国最大の経済都市であるホーチミン市の位置づけがどのように変化してきたのかを確認する。その上で，主題である南部経済回廊とメコン川水運について概観する。また，南北，東西，南部それぞれの経済回廊がベトナムにとってどのような意味をもつのかを検証し，なかでも南部経済回廊が物資と人の輸送路として利用増が見込める点を確認する。

第3節では，ベトナムの貿易構造とカンボジアとの間の貿易構造の変化を確認する。また，ベトナムの対カンボジア直接投資の事例を通じ，カンボジアとベトナムの経済関係の深化について検討する。

第4節では，南部経済回廊を使った国境貿易をベトナムのモクバイ税関の資料をもとに検証する。そして，南部経済回廊の利用は，現在のところカンボジア側からの輸出幹線として発展している状況を確認する。

第5節では，カンボジアとベトナムの両国にとって，南部経済回廊がもつ意味について展望し結びとしたい。

---

1 本章で記載する地点間の距離は Google マップによる。

地図 4-1　ベトナムと主要経済回廊および南部経済回廊のベトナム・カンボジア区間

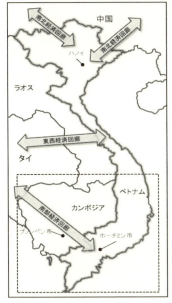

出所：Google マップ，ADB のウェブサイト等から筆者描画。

2. ベトナムの経済発展と南部ベトナムの位置づけ

2.1　ベトナムの経済発展と対外開放政策

　1986 年に開催されたベトナム共産党第 6 回党大会において，改革開放政策を意味する「ドイモイ（刷新）政策」の導入が決定された。その後，1989 年にはカンボジアに駐留するベトナム軍が撤退を完了し，国際関係の改善に欠かせないカンボジア問題の解決に向け大きく前進した。1991 年末の旧ソ連崩壊が象徴するように，旧社会主義諸国の相次ぐ崩壊を目の当たりにしたベトナムは，旧共産諸国との政治経済関係から西側諸国との新たな関係構築が急務となった（石田　1996，p.119-124）。その後，ベトナムは全方位外交を唱え世界各国との関係改善を次々と実現していくことになる。中国との関係正常化（1991 年），米国との国交樹立（1995 年），東南アジア諸国連合（ASEAN）へ

の加盟（1995年），アジア太平洋経済協力（APEC）加盟（1998年）など，1990年代に政治経済両面における世界とのつながりを着実に改善，確立していった。その後も米越通商協定発効（2001年）により米国の最恵国待遇を得ることで主に繊維製品や履物，水産物の大幅な輸出拡大を果たした。2007年には悲願の世界貿易機関（WTO）加盟を果たし，2010年には環太平洋経済連携（TPP）協定への交渉参加を表明した。このように，ベトナムはドイモイ政策導入後，果敢ともいえる姿勢で国際通商舞台への参加を進めてきたのである。

　ドイモイ導入以後一貫して対外開放政策を進めてきたベトナムは，多くの経済的な果実を獲得してきた。1995年から2014年までのGDP成長率は平均で6.8％に達し，1人当たり国内総生産（GDP）も289ドルから2073ドルにまで拡大した[2]。また，同期間の輸出額は54億4890万ドルから1502億1710万ドルへと約27.6倍に拡大した。同期間の中国の輸出拡大幅は15.7倍であり，ベトナムはこれを上回る急激な輸出増を達成した[3]。対内直接投資（実行ベース）は88年から2014年末までの累計で1241億9290万ドルに達し，外国投資企業は同国輸出の62.5％，輸入の57.0％を占めるまでになった。このように，ベトナムはドイモイ政策を提唱してから約30年間，著しいほどの経済成長の実りを享受しながら経済発展を遂げてきたのである。

2.2　ホーチミン市の経済

　1976年に南北ベトナム統一を果たして以来，ホーチミン市はベトナム最大の経済都市として同国の経済発展の中心地域であった。図表4-1は2000年と2014年時点のホーチミン市とベトナム全国の経済規模の比較を示す。2014年の同市の人口は808万7700人と全国の9.0％を占め，ベトナムの中央直轄市[4]のなかで最大の人口規模となっている。2000年の人口構成比は6.7％であったことから，ホーチミン市への人口集中が続いてきたことが推測できよう。

2　国際通貨基金（IMF）"World Economic Outlook, Oct. 2015" による。
3　ベトナムの輸出額は "General Statistic Office of Vietnam" のウェブサイトによる（2015年11月21日参照）。中国の輸出額は "Global Trade Atlas" による。
4　中央直轄市はハノイ，ホーチミン市，ダナン，ハイフォン，カントーの5市。

次に GDP をみると，2000年の全国の名目 GDP のうちホーチミン市は17.2％を占め，2014年には24.1％にまでシェアを拡大した。産業別にみると，鉱工業とサービス業のシェアが伸び，農林水産業が低下した。また，同市の外国投資企業による国内総生産も25.1％から28.7％へと拡大しており，ホーチミン市の経済成長にとって外国投資企業が重要なけん引役であったことがわかる。また，ホーチミン市の GDP に占める産業別構成比を算出すると，2000年にはサービス業（52.6％），鉱工業（45.4％），農林水産業（2.0％）であったが，2014年にはそれぞれ59.6％，39.4％，1.0％となった。ホーチミン市の経済構造に占めるサービス業のシェアが拡大し，鉱工業と農林水産業の割合が相対的に低下した。また，同様にベトナム全国の構造をみると，2000年はサービス業（38.7％），鉱工業（36.7％），農林水産業（24.5％）であったものが，2014年にはそれぞれ，43.4％，36.9％，19.7％へと変化した。

貿易についてみてみよう。ホーチミン市の全国シェアは輸出入双方で低下した。2000年には同市がベトナムの33.4％の貿易を担ったが，2014年にはそのシェアは18.4％に低下した。同期間に全国の貿易額は9.9倍に拡大したが，ホーチミン市は5.5倍に留まった。これは2000年頃まではベトナム北部や中部では外国投資企業の輸出産業がほとんど進出していなかったことが背景であろう。実際，ホーチミン市の貿易に占める外国投資企業の割合をみると，2000年は輸出の82.5％，輸入の34.5％を占め，特に輸出で外資系企業の存在感が高かった。また，2000年の全国の同比率はそれぞれ47.0％，27.8％であった。これが2014年にはホーチミン市の輸出の38.5％，輸入の36.3％が外国投資企業によるものとなり，2000年比で輸出に占める外資系企業の割合が半分以下に低下した。一方，全国の貿易に占める外資の割合は輸出の62.5％，輸入の57.0％へと大幅に上昇した。ベトナムは輸出志向型の外国投資企業の生産拡大によって貿易額を拡大させてきたが，2000年まではホーチミン市を中心とした南部にその輸出生産拠点が集中していたことを示している。

次に対内直接投資をみると，2000年までのストックベースでは，ホーチミン市は全国の28.1％を占め，2014年には15.1％へと低下した。既述のとおり，ベトナム北部や中部など他地域への投資が増加したこと，ホーチミン市近郊のドンナイ省，ビンズオン省，ロンアン省などに工業団地が次々と造成され，外

国投資企業の進出先がホーチミン市周辺部へと外延化したことが背景となろう。また，ホーチミン市の外国投資は金額ベースでシェアが半減したものの，件数ベースでは微減に留まっており，ホーチミン市への投資案件が小規模化していることもわかる。2000年には1件当たり910万ドルだったが，2014年には730万ドルへと規模が縮小した。同期間の全国平均では1070万ドルから1420万ドルへと規模が拡大していることから，ホーチミン市への外国投資の業種が製造業から小売や飲食といったサービス業に移り変わってきたこと，製造業では大企業から中小企業への投資へと転換してきたことなどが考えられよう。

　企業数は全国37万3213社のうち，ホーチミン市が32.4%を占め，ベトナムの企業活動の3分の1が同市に集中している。内訳をみると国有企業では全国の14.3%，非国有企業では32.7%，外国投資企業は30.9%が同市に所在している。ホーチミン市は1975年のサイゴン解放の前まで資本主義経済を経験しており，中小零細企業を含め民間セクターによる商業が活発に行われてきた。南北統一後の急速な社会主義化による停滞期間を経たものの，ドイモイ政策によって民間セクターによる商業基盤が再び活性化したのである。

　小売額はホーチミン市が全国の23.5%を占め，同国最大の消費市場となっている。なお，図表には示さないが，首都ハノイが11.6%であり，北部の紅河デルタ地域を合わせても22.1%とホーチミン市に及ばない。また，ホーチミン市近接省を含めると34.2%となり，近年経済成長に伴い拡大する消費市場についてもホーチミン市を中心とした南部の比重が大きい。

　本項では，ベトナム経済にとってのホーチミン市を概観した。貿易や外国投資における同市のシェアは2000年と比べると減少していた。かつて，ホーチミン市はベトナム最大にして唯一といっていいほどの圧倒的な生産，輸出，企業活動地域であった。それが，均衡の取れた経済発展を目指すベトナム政府の政策努力や外国投資企業の広範な地域での受け入れを可能にしたインフラ整備などによって，相対的なホーチミン市のシェアが低下してきた。それでも，ホーチミン市は全国人口の9%を占める地域でありながら，全国GDPの4分の1，貿易の2割，企業活動の3割を担う経済都市として現在も大きな存在感を示している。

図表 4-1　ベトナム主要経済指標とホーチミン市経済

		2000			2014		
		ホーチミン市	全国	シェア	ホーチミン市	全国	シェア
人口	千人	5,226.1	77,635.4	6.7	8,087.7	89,760.0	9.0
GDP	10億ドン	75,862	441,646	17.2	852,523	3,542,101	24.1
農林水産業	〃	1,487	108,356	1.4	8,778	696,969	1.3
鉱工業	〃	34,446	162,220	21.2	335,571	1,307,935	25.7
サービス業	〃	39,929	171,070	23.3	508,174	1,537,197	33.1
外国投資企業	〃	14,717	58,626	25.1	202,049	704,341	28.7
貿易額	100万ドル	10,047.4	30,119.2	33.4	54,782.8	298,066.2	18.4
輸出	〃	6,401.9	14,482.7	44.2	29,162.0	150,217.1	19.4
(うち外資系企業)	〃	5,282.3	6,811.0	77.6	11,214.0	93,955.5	11.9
輸入	〃	3,645.4	15,636.5	23.3	25,620.8	147,849.1	17.3
(うち外資系企業)	〃	1,255.9	4,352.0	28.9	9,306.9	84,210.9	11.1
対内直接投資	100万ドル	10,185.7	36,210.0	28.1	38,275.8	252,716.0	15.1
件数	件	1,005	3,128	32.1	5,271	17,768	29.7
企業数	社	11,446	51,680	22.1	121,107	373,213	32.4
国有企業	〃	727	5,355	13.6	458	3,199	14.3
非国有企業	〃	10,055	44,314	22.7	117,487	359,794	32.7
外国投資企業	〃	664	2,011	33.0	3,162	10,220	30.9
小売額	10億ドン	57,988.0	220,410.6	26.3	692,624.6	2,951,498.3	23.5

注：統計原典には 2014 年全国 GDP で 3 産業以外に税の項目があるため，税を除いた数値を合計値として使用した。
注：対内直接投資は 1988 年以降の認可ベースによる残高。
注：2000 年の企業数は 2001 年末の数値。2014 年は 2013 年末の数値。
資料：General Statistic Office, "Statistical Yearbook", "Statistical Yearbook Hochiminh" の各年版より筆者作成。

2.3　ベトナム南部とカンボジア間の輸送インフラ

ベトナム南部の港湾

　では，隣国カンボジアとの経済連結性をみるうえで重要となる輸送インフラについて概観しよう。まずは国際航路をもつ港湾として，ベトナム南部の主要港をみていく。

　ベトナム南部の最大の港湾はホーチミン港であり，2014 年の年間貨物取扱量は 537 万 TEU[5] とベトナム全国のコンテナ取扱量の 53.6％が集中する[6]。

---

[5]　国土交通省ウェブサイトによる (2015 年 11 月 30 日参照)。TEU は 20 フィートコンテナ換算での貨物量を示す。

ホーチミン港は河口から約85kmの上流に位置する河川港で，10km程度の川岸に複数のコンテナターミナルが密集する同国最大の港湾地区となる。ホーチミン港群の中でも最大のコンテナターミナルはカットライ・ターミナルで，コンテナ取扱量は383万TEUとホーチミン港群のうち71.3％を占める。同ターミナルの岸壁水深は11.5mとされるが，河口から80kmの上流域にあり，河川部分の水深は8.5mとなる[7]。また，ホーチミン港は市街地と隣接した地域にあるため，拡張なども限界に近づきつつあり，かつ水深も浅いため大型コンテナ船の入航も難しい。このためカイメップ川とティーバイ川の下流部に位置するブンタウ港区に大水深国際港湾としてカイメップ・ティーバイ港が新設され2009年から供用開始された。カイメップ港は日本のODAで建設されたターミナルを含む7つのターミナルを備え，貨物を満載したパナマックス船の接岸が可能な水深と設備を擁する。しかしながら，ホーチミン港の利用が未だ多く，カイメップ港では設備能力の15％程度しか利用されていない状況と報じられる[8]。

南部経済回廊

　ベトナム最大の経済都市ホーチミン市と，隣国のカンボジアの首都プノンペンとの間を結ぶ道路インフラの整備が進められてきた。ホーチミン市からプノンペンまでを結ぶ南部経済回廊の中央幹線を主要区間毎にみていこう。先ずホーチミン市から国道22号線で約60km北西方向に進むとモクバイ国境ゲートに至る。ゲートを越えたカンボジア側がバベットとなり，ここからはカンボジアの国道1号線を西進しプノンペンまで約170kmの道程だ。合計すると約230kmの道程となり，出入国のための国境手続きで1時間を費やしたとしても，乗用車で約6時間で両都市間を移動できる[9]。

　南部経済回廊の同区間の象徴的なプロジェクトがつばさ橋の開通であろう。カンボジア領内のメコン川に121億円におよぶ日本のODA（無償資金協力）

6　Vietnam Seaport Association（VSA）ウェブサイトによる（2015年11月30日参照）。
7　VSAウェブサイトによる（2015年12月2日参照）。
8　「ニュース・ネット・アジア（NNA）」2015年10月22日による。
9　2015年10月21日に実施した筆者の実走調査による。

が投じられ架橋されたつばさ橋が 2015 年 4 月 6 日に開通し,フェリーによる渡河が不要となった[10]。これにより南部経済回廊は全区間において車両による陸上移動が可能となった。また,つばさ橋の完成以前は,フェリーの待ち時間が十数分から数時間となることもあり,貨物輸送の定時性確保が課題であった。これが解消されたことで物資輸送路としての可能性が開けた。このほか,プノンペンからホーチミン市へ向かう国道 1 号線の補修と拡幅でも日本のODA による整備が進められている。

カンボジアも 2000 年代後半より外国投資の受け入れが増加し,プノンペンやベトナムとの国境地域のバベットを中心に外資系企業の生産拠点の集積が進んできた。南部経済回廊の整備と後述するメコン川水運による輸送手段も加わり,両都市間を結ぶ輸送インフラの利便性が大幅に増した。産業集積をもつ両国大都市圏を結ぶ幹線道路として南部経済回廊の利用は今後も増加することになろう。

メコン川水運の現状

また,カンボジアのプノンペン新港からメコン川水運を使ってカイメップ・ティーバイ港経由で日本や北米に輸送するルートがあり,近年その利用が増加傾向にある。プノンペンからベトナム南部の港湾までの河川輸送は 2010 年には週 8 便であったものが,2014 年には週 16 便に倍増された。地図 4-2 はプノンペン新港からカイメップ・ティーバイ港,ホーチミン港を経由して再びプノンペン新港に戻ってくる内航船のルートを示す。また,図表 4-2 が示すとおり,プノンペン新港を出航した内航船はメコン川を下り,約 6 時間でベトナムとの国境に達し,越境手続きの後,カイメップ港まで約 22 時間の行程となる。内航船はその後,ホーチミン港群を経てプノンペン新港まで戻ってくる周回運行をしている(久米 2014,p.36-37)。

---

10 在カンボジア日本大使館プレスリリースによる(2015 年 11 月 29 日参照)。

地図 4-2　カンボジアとベトナム南部の主要港

プノンペン
プノンペン新港
ツバサ橋
シハヌークビル港
メコン川
カンボジア
ホーチミン市
ティーバイ港
カットライ港
カイメップ港
ベトナム
日本，北米などへ
内航船ルート
(プノンペン新港－ホーチミン港－プノンペン新港)

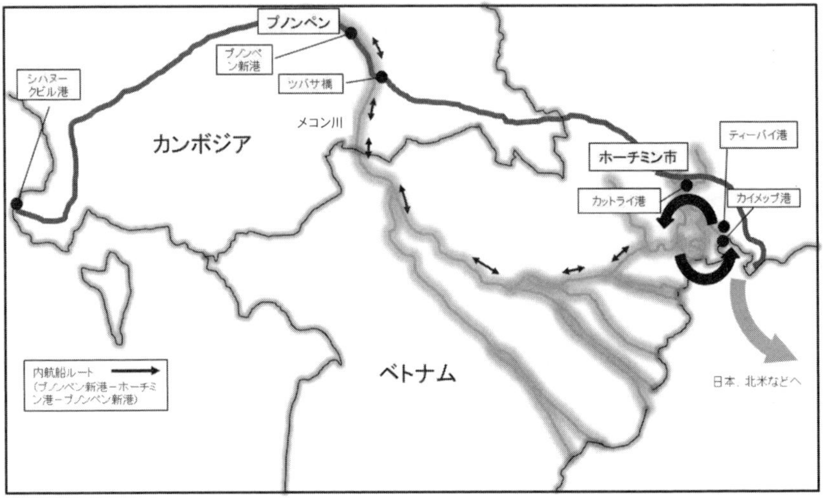

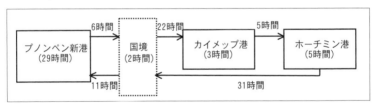

資料：久米（2014）より筆者作成。

図表 4-2　プノンペンを起点としたメコン水運による内航船所要時間

プノンペン新港
(29時間)
6時間
国境
(2時間)
22時間
カイメップ港
(3時間)
5時間
ホーチミン港
(5時間)
11時間
31時間

資料：久米（2014）および Kume（2014）“Logostics in Cambodia”, pp.14

2.4　ベトナムにとっての経済回廊

ベトナムは世界のグローバル・バリュー・チェーンの中で大規模な輸出生産拠点として発展を遂げつつある。同時に，ベトナムは隣接国との間でも物理的な距離の近さと経済回廊整備によって，地域的な経済交流を緊密化させている。本章で考察する南部経済回廊も含め，次のとおりそれぞれの経済回廊の現状を概観する。

南北経済回廊

　北部ベトナムは印刷機械と携帯電話（スマートフォン）の輸出生産基地として急速な産業集積を果たした。ベトナムには素材加工やモジュール生産などの基幹部品産業が未だ揃っていないことから、こうした大規模な最終製品の生産拠点は中国からの部品供給によって支えられている。貿易データベースのGlobal Trade Atlas (GTA) によると、ベトナムの2014年の輸入総額は1478億3905万ドルで、うち29.5％が中国からの輸入となる。中国はベトナムにとって最大の輸入相手国であり、主な輸入品は電気機械や一般機械、鉄鋼などである。北部ベトナムで生産と輸出を拡大するスマートフォン向け部品が、ベトナムの対中輸入額の13.1％を占める。そして、中国の華南地域で生産された中間財が陸路輸送によってベトナム北部に輸送されている（池部 2013, p.212）。このように、ベトナム北部の外国投資企業の生産が中国との国際分業を拡大させ、南北経済回廊を利用した物流が海運や空運と並び中越間の国際分業を支えている。

東西経済回廊

　中部ベトナムは隣国ラオスとの間を結ぶ東西経済回廊によって連結性が強化された。しかしながら、ラオスは人口規模が小さく、産業も育っていないためベトナムとの間の貿易規模はその他周辺国と比べ小さい。ベトナムにとってラオスは輸入先の25位、輸出先の34位であり、ベトナムの貿易額が2000年以降2014年までの間に9.9倍に拡大するなか、ラオスとの間の貿易額は7.4倍の増加に留まる。主な貿易品目をみると、ラオスからは木材、銅、ゴムなどを輸入し、ベトナムからは鉱物性燃料、鉄鋼、オートバイを輸出する構造である。ラオス側に各種製造業の産業集積が起こっておらず、かつベトナム側も中部地域は工業発展が遅れた地域であり、両地域で工業製品の工程間分業などの生産ネットワークが形成されていない。このため、貿易インフラとしての同経済回廊は、現在のところ主に1次産品の輸送路として機能している。また、産業集積地であるハノイとバンコクを結ぶ陸路ルートとしても東西経済回廊の利用が期待されたが、ベトナム北部に立地するオートバイメーカーによると、「完成車をタイやラオスに輸出し、タイからエンジン部品などを輸入するルートとし

て活用を試みたが，海運によるコストメリットが大きく，陸路輸送は休止した」という[11]。このように，現状では東西経済回廊は外資系企業が主導する国際分業の貿易路としての活用は限定的である。今後，ラオスに外国投資企業による集積地が生まれ，ベトナムとの間で生産ネットワークが本格的に動き出せば，2国間貿易の構造も変化することが予想される。しかし，現時点では1次産品の輸送路としての役割に加え，人の輸送において利用が増えていると考えられる。

　ベトナム中部には世界文化遺産に認定された古都フエや南海貿易時代の中継地として栄えたホイアンのほか，ビーチリゾートのダナンやチャンパの遺跡群といった観光地がある。ベトナム統計総局によると2014年にラオスからベトナムへの訪問者は13万6600人と2010年比で3.7倍に増加した。同期間，ベトナム全土への訪問外国人数は1.6倍であったことを勘案すれば，ラオスからの訪問者の増加が顕著だ。渡航目的別の統計がないため，ラオス人のベトナム訪問目的は不明である。航空機による渡航に加え，ラオスとベトナム中部や北部を結ぶ陸路インフラが整備されたことによる往来の活発化があると考えられよう。また，同時期のタイからの訪問者は1.1倍と目立った増加はみられなかった。

　このほか，ラオスのビエンチャンやタイのムクダハン，ナコンパノムといったメコン川沿いの都市でアイスクリームや雑貨の行商をするベトナム人をみかける。こうしたベトナム商人も故郷の北部，中部ベトナムから国際バスで往来している[12]。東西経済回廊は，現状では行商や観光など人の交通路としての活用が先行している。

南部経済回廊

　先にみたように，ホーチミン市を中心とした南部ベトナムの経済規模はベトナム国内でも有数の存在感を示す。ホーチミン市は2014年にはベトナムGDP

11　2015年9月22日に実施した筆者によるベトナム北部オートバイメーカーへのヒアリング調査による。
12　2012年10月3日から5日に実施した筆者によるサワンナケート＝ムクダハン，タケーク＝ナコンパノムのタイとラオスの国境経済圏実地調査による。

の24.1％，貿易の18.4％，対内直接投資（残高ベース）の15.1％，企業数の32.4％が集中し，小売総額では23.5％を占める同国最大の経済都市である。

　また，南部経済回廊は他の経済回廊と同様に産業集積地となる大都市を結ぶ機能をもつが，隣国都市との空間的距離の近さが最大の特徴となる。ベトナム側起点をホーチミン市とすれば，カンボジアの首都プノンペンまでは道程で233kmである。そのほかの回廊をみると，南北経済回廊はハノイから広西チワン族自治区の南寧市まで390km，ハノイから広州市までは950kmとなる。また，もう1つの南北経済回廊では，ハノイから雲南省の昆明市までの区間は700kmであり，いずれも隣国の産業集積地や大都市までの距離は長大となる。次に東西経済回廊をみると，区間に大きな産業集積地はなく，ベトナムのダナンとラオスのサワンナケートまでの距離を示せば540kmとなる。また，ダナンからバンコクまでとなれば1190kmにもなる。

　このように，近接する大都市間を結ぶ南部経済回廊は，他の経済回廊にない大規模消費地，産業集積地を結ぶ幹線として活用が期待できる。例えば，日系小売大手のイオンは2014年にプノンペンに同国1号店を開店したが，タイやベトナムからの商材調達の際，南部経済回廊を利用している[13]。このほか，カンボジアに輸出志向型の外資系製造企業の進出が近年増加したことで，部品や材料などをベトナムから供給し，輸出製品をベトナム経由で世界に輸出する際の輸送ルートとしても活用が進んできた。また，人の移動では国際旅客バスの相互乗入が進んでおり，旅行者のほかビジネス利用者の往来も盛んだ。

　このように，南部経済回廊（もしくはメコン川水運）は，ベトナムが擁する経済回廊のなかでも物資および旅客の輸送路として今後の発展余地が大きいといえよう。

13　ジェトロ海外調査部蒲田氏による在プノンペン，在タイの日系物流企業ヒアリング調査による（2014年10月2日および同年11月11日）。

3. ベトナムとカンボジアの経済関係

3.1 貿易構造

　図表 4-3 は国・地域別のベトナムの貿易構造の推移を示す。ベトナムの輸出額は 2000 年から 2014 年の期間，10.4 倍に拡大し，対米輸出が 39.1 倍となり，韓国やアラブ首長国連邦向け輸出も大幅に増加した。カンボジア向け輸出は 19.0 倍と 16 位の輸出先であり，2000 年以降増勢が続いている。また，ベトナムの対世界輸入は同期間に 9.5 倍に拡大するなか，中国が 31.2 倍と上位国では最大の伸びを示す。輸入先上位国の中国，韓国，日本で輸入総額の半分以上を占める。カンボジアからの輸入額は 2000 年比で 16.7 倍と大幅な拡大をみせたものの，ベトナム輸入の 0.4％を占めるに過ぎず，絶対額では 24 位となる。

　このようにベトナムからみたカンボジアは貿易面では大きな存在になっていないが，同じ隣国のラオスに比べ貿易額は 2.6 倍の規模であり，伸び率も高い。また，カンボジアの貿易相手国としてのベトナムは，2014 年の輸入先としては中国（39.3％），タイ（10.7％）に次ぐ 3 位で，シェアは 8.9％である。一方，輸出先としてのベトナムは小さく，全体の 0.9％を占め，17 位となっている。

　次に図表 4-4 でベトナムの品目別貿易構造をみていこう。輸出品としての電気機械が 2000 年の 3.9％から 2014 年には 24.3％と激増しており，これは前節でもみたように外国投資企業の生産と輸出の拡大が背景にある。この電気機械の大幅な上昇により，伝統的な輸出品である農水産物など 1 次産品はゴムを除きシェアを低下させた。そのほかの工業製品は一般機械や衣類の一部，家具などが伸長し，電気機械が底上げする同国の輸出増の中でも相対的なシェアを上昇させている。次に，輸入をみると，電気機械製品の生産に必要な部品類の輸入が増加したため，電気機械の輸入シェアが輸出シェア同様，大幅に増加した。電気機械のシェアが急増するなか，その他の主要品目も国内の工業化に必要なプラスチック，鉄鋼などを中心に旺盛な輸入が続いている。

図表4-3 ベトナムの国・地域別貿易構造

(1) 輸出 (単位：100万ドル，%)

14年順位		2000	2005	2010	2014	シェア(%)	増幅倍率 00-14
	世界計	14,482.7	32,447.1	72,236.7	150,217.1	100.0	10.4
1	米国	733.0	5,927.4	14,250.9	28,649.8	19.1	39.1
2	中国	1,536.4	3,246.4	7,742.9	14,928.3	9.9	9.7
3	日本	2,575.2	4,340.3	7,727.7	14,674.9	9.8	5.7
4	韓国	352.6	663.6	3,092.2	7,167.5	4.8	20.3
5	香港	315.9	353.1	1,464.2	5,264.7	3.5	16.7
6	ドイツ	730.3	1,085.5	2,372.7	5,174.9	3.4	7.1
7	アラブ首長国連邦	23.8	121.5	508.3	4,627.0	3.1	194.1
8	オーストラリア	1,272.5	2,722.6	2,704.0	3,988.2	2.7	3.1
9	マレーシア	413.9	1,028.3	2,093.1	3,926.4	2.6	9.5
10	オランダ	391.0	659.2	1,688.3	3,762.2	2.5	9.6
16	カンボジア	141.6	555.6	1,563.8	2,685.4	1.8	19.0
37	ラオス	69.0	69.2	200.0	484.0	0.3	7.0

(2) 輸入 (単位：100万ドル，%)

14年順位		2000	2005	2010	2014	シェア(%)	増幅倍率 00-14
	世界計	15,636.5	36,761.1	84,838.6	147,839.0	100.0	9.5
1	中国	1,401.1	5,899.7	20,203.6	43,647.6	29.5	31.2
2	韓国	1,753.6	3,594.1	9,757.6	21,728.5	14.7	12.4
3	日本	2,300.9	4,074.1	9,016.1	12,857.0	8.7	5.6
4	台湾	1,879.7	4,304.2	6,976.9	11,063.6	7.5	5.9
5	タイ	810.9	2,374.1	5,602.3	7,053.3	4.8	8.7
6	シンガポール	2,694.3	4,482.3	4,101.1	6,834.7	4.6	2.5
7	米国	363.9	865.3	3,779.8	6,286.3	4.3	17.3
8	マレーシア	388.9	1,256.5	3,413.4	4,203.6	2.8	10.8
9	インド	178.4	596.0	1,762.0	3,111.0	2.1	17.4
10	ドイツ	295.1	661.9	1,742.4	2,606.6	1.8	8.8
21	ラオス	105.7	97.5	291.7	802.1	0.5	7.6
24	カンボジア	37.3	160.2	276.6	623.4	0.4	16.7

出所：Global Trade Atlas より筆者作成。

図表 4-4　ベトナムの品目別貿易構造

(1) 輸出　　　　　　　　　　　　　　　　　　（単位：100万ドル，％）

	2000	2005	2010	2014
合計	14,483	32,447	72,237	150,217
電気機械	3.9	4.8	9.8	24.3
履物	10.2	9.5	7.2	7.1
衣類（非ニット）	10.6	8.7	7.2	7.0
鉱物性燃料	26.4	25.8	11.0	6.2
衣類（ニット）	1.7	5.3	6.8	6.1
一般機械	4.0	3.7	4.3	5.9
水産物	10.1	7.5	5.7	3.8
家具	1.6	4.4	4.2	3.3
コーヒー，茶，香辛料	5.0	3.1	3.5	3.2
光学機器	0.2	0.3	1.1	2.0

(2) 輸入　　　　　　　　　　　　　　　　　　（単位：100万ドル，％）

	2000	2005	2010	2014
合計	15,637	36,761	84,839	147,839
電気機械	9.7	8.1	11.8	23.1
一般機械	11.9	12.3	13.6	11.6
鉱物性燃料	13.7	14.7	9.7	7.1
プラスチック	4.4	5.8	6.4	6.6
鉄鋼	5.3	8.4	8.4	6.3
飼料	1.0	1.6	2.6	2.2
綿	1.5	1.7	2.4	2.2
鉄鋼製品	1.6	1.7	2.3	2.2
織物	0.3	0.9	1.7	2.2
輸送機械	7.3	4.0	2.7	2.2

出所：Global Trade Atlas より筆者作成。

3.2　ベトナムとカンボジアの貿易

　図表 4-5 はベトナムとカンボジアの貿易構造の品目別推移を示す。2014 年のベトナムからの輸出上位品目は液化石油ガス（LPG）や電力を含む鉱物性燃料が 23.6％，棒鋼などの鉄鋼が 17.7％を占めた。このほか，肥料（6.5％），梱包資材や容器のフタなどのプラスチック製品（4.6％），ワイヤーハーネス部品のコンダクターやスマートフォンなどの電気機械（3.3％）が占めた。これら上位品目のうち，鉱物性燃料，鉄鋼，肥料はカンボジアにとってベトナムが最大の輸入先となる。また，電気機械も中国に次いでベトナムが 2 位の輸入先，プラスチックも台湾に次いでベトナムが 2 位の輸入先となった。

一方，ベトナムの輸入をみると，木材（40.5%），キャッサバ（24.6%），ゴム（11.4%），カシューナッツ（8.6%）のほか，大豆，タバコ，メイズ，コショウなど上位品目は農産品などの1次産品が占めた。カンボジアの輸出先としてのベトナムは，キャッサバが中国とタイに次ぐ3位，ゴムは中国に次ぐ2位，木材は中国と米国に次ぐ3位となっている。

ただし，前項でもみたように，ベトナムの貿易相手国としてのカンボジアは，輸出先の16位，輸入先の24位であり，貿易額も29億8056万ドルとベトナムの貿易総額の1.1%を占めるに過ぎない。一方，カンボジアからみたベトナムも，輸出先の17位，輸入先の3位であり，貿易額に占める比率は6.0%と小規模だ。

ベトナムのカンボジアとの間の貿易構造は，ベトナムから工業原料など生産財や資本財を輸出し，カンボジアからは1次産品を輸入する構造だ。既述のとおり，ベトナムにとってカンボジアとの貿易関係は2000年以降に急激に拡大した。両国の貿易額は「2国間の距離に反比例し，2国の経済規模に正比例する」という重力モデル（グラビティ・モデル）と符合する。2国の2000年から2014年までの期間平均のGDP成長率は年率でベトナムが6.5%，カンボジアは7.9%と高い成長を記録した[14]。2国間の距離については，カンボジアの首都であり最大都市であるプノンペンから最も近い隣国の経済都市がホーチミン市であり，両都市間の距離は233kmと近接している。このように，カンボジアとベトナムは，特にプノンペンとホーチミン市において，距離の近さに加え，それぞれの国が高い経済成長を達成していることが2地点間の貿易拡大の大きな要因となっている。

では，この2国間の外国投資企業による国際分業体制はどのようなものかを貿易構造から検証してみよう。近年，プノンペンやベトナムとの国境の町バベットの経済特区（SEZ）への外国投資企業の生産立地が進み，主に衣類，履物，自転車，イヤホン，ワイヤーハーネスなどが輸出されるようになった。これらの原材料はカンボジア国内で調達できず，中国などからの輸入に依存していると考えられる。ベトナムは図表4-5でみたようにカンボジアへ電気機械

---

14 国際通貨基金（IMF）"World Economic Outlook," Apr. 2016 による。カンボジアの2014年の数値はIMF推計値。

図表 4-5　ベトナムの対カンボジア貿易構造

(1) 輸出　　　　　　　　　　　　　　　　　　　　(単位：100万ドル，％)

	2000	2005	2010	2014
合計	141.6	555.6	1,563.8	2,685.4
鉱物性燃料	53.1	39.6	40.8	23.6
鉄鋼	11.4	19.4	12.3	17.7
肥料	0.9	3.9	4.7	6.5
プラスチック	2.5	5.0	4.3	4.6
航空機	0.0	0.0	0.0	4.3
織物	0.0	0.7	2.6	4.1
飼料	0.0	0.0	1.7	4.1
電気機械	0.0	1.5	3.1	3.3
輸送機械	0.4	1.0	1.2	2.5
鉄鋼製品	3.8	3.9	3.9	2.4

(2) 輸入　　　　　　　　　　　　　　　　　　　　(単位：100万ドル，％)

	2000	2005	2010	2014
合計	37.3	160.2	276.6	623.4
木材	31.9	36.1	15.9	40.5
キャッサバ	0.0	0.4	12.7	24.6
ゴム	45.3	39.6	45.9	11.4
カシューナッツ	4.7	13.2	13.4	8.6
大豆等	3.7	0.1	0.2	2.8
タバコ	0.0	1.6	2.1	2.6
メイズ	0.0	0.0	2.9	1.3
コショウ	0.0	0.0	0.0	1.2
電気機械	1.5	0.0	0.2	0.9
人造繊維	0.6	0.5	0.0	0.9

注：HSコード2桁分類による。品目が9割以上のシェアで特定される場合HS4桁の品目を表示。
注：鉄鋼は一次材料や合金にしていない純粋な鉄，ステンレス鋼，合金鋼など。鉄鋼製品は鉄製の何らかの機能をもつもの。
出所：Global Trade Atlas より筆者作成。

（部品が主）や縫製原料となる織物などを輸出している。生産企業や縫製産業などの原料調達先としてのベトナムの役割が高まりつつある。

3.3　ベトナムの対外直接投資

ベトナム企業の海外展開

　図表4-6はベトナムの対外直接投資の推移を示す。1989年から2014年まで

の累計で199億9990万ドル，931件の投資が認可された。ベトナムがWTO加盟を果たした2007年から対外投資が増加し，毎年80件を超える投資が認可を受け，10億ドルから35億ドルの投資額が登録されている。ベトナム外国投資庁（FIA）の発表によれば，2015年は10月末までで102件（4億4190万ドル）の新規投資と53件（1億9280万ドル）の追加投資が認可された。2015年の主要投資先国はカンボジアで，新規11件，追加12件を合わせ1億9400万ドル，次いでラオスが新規9件と追加投資9件で合計1億2600万ドルの投資となった。このほか，主要投資先は米国，ロシア，シンガポール，ドイツなどであった。1989年から2014年までの累計では，ベトナムの対外直接投資先として最大の国はラオスであり，登録資本金額の26％，件数の27％を占める。2位はカンボジアで，登録資本金額の22％，件数の18％を占めた[15]。

　2014年の対外直接投資案件は109件で，28カ国向けに総額17億8680万ドル（増資案件含む）となった。新規案件のうち，5000万ドルを超える大型投資案件は全部で6件あり，上位2件はベトナム通信大手のViettelによるアフリカのタンザニアとブルンジ共和国での通信網整備事業で，それぞれ3億5520万ドル，1億7000万ドルであった。その他4件はすべてカンボジア向けのゴム植林事業で，それぞれ6198万ドルから8040万ドルの規模であった。2014年のベトナムの対外投資は23件がカンボジア，16件がミャンマー，13件がラオスと，これらメコン諸国が金額の約半分を占めた。なかでもカンボジアは金額ベースで31.1％を占め，同年はタンザニアに次ぐ2位の投資先国となった。FIAによると，2014年までの累計投資額のうち約3割の60億ドルが実行されたとしており，業種別では石油ガス開発（48.3％），農林業（11.0％），水力発電（8.3％），通信網整備（7.5％），金融保険業（3.8％）などとなっている。

　図表4-7は1989年から2013年までの主要な国・地域別および業種別の累計を示す。いずれも登録資本金額の多い順に10位までを列記した。国・地域別にみると上位10カ国はアジア，南米，ロシア，アフリカ諸国と広範で，後発発展途上国や新興国が多い。なかでも，投資先の1位がラオス，2位がカンボ

15　ベトナム計画投資省（MPI）外国投資庁（FIA）のウェブサイトによる（2015年11月24日参照）。

ジアであり、件数、金額共にこの2国向けが突出して大きい。しかしながら、1件当たりの資本金額は両国とも2000万ドル程度であり、資源開発が中心の南米やアフリカ諸国と比べ1件当たりの投資規模は小さい。

図表4-7で業種別にみると、鉱業が73億4190万ドル（63件）と金額構成比で44.2％を占め最大で、次いで農林水産業が27億3970万ドル（107件）、電力・ガス等が21億2440万ドル（9件）となり、上位3分野で全体の73.5％を占めた。業種別の1件当たりの登録資本金額をみると、文化・娯楽が2億8130万ドルと最大で、次いで電力・ガス等が2億3600万ドル、鉱業が1億1650万ドルであった。

このようにベトナムの対外直接投資は、アフリカの通信網整備事業や石油ガス開発などの大型案件が目を引く一方、コーヒー、ゴム、キャッサバなどの商品作物を中心にカンボジアやラオスへの農業分野の投資が大きかった。これら商品作物はベトナムにとっても主要輸出品であり、輸出先の市場情報や栽培技術などのノウハウ蓄積をもつ業種だ。また、ラオス、カンボジアとは陸続きであり、気候風土も相似性があること、コンセッション方式による開発農地の取得が比較的簡単なことなどが背景にありそうだ。

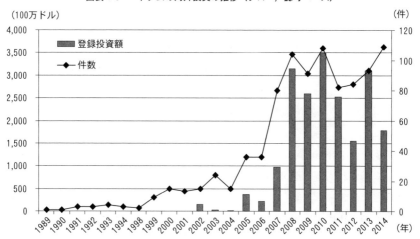

図表4-6　ベトナムの対外投資の推移（フロー、認可ベース）

注：100％ベトナム企業による海外直接投資。
資料：General Statistic Office of Vietnam ウェブサイトより筆者作成。

図表 4-7　ベトナムの対外直接投資累計（1989 年－ 2013 年）（国・地域，業種別）

(1) 国・地域別　　　　　　　　　　　　　　　　（単位：100 万ドル，％，件）

	件数	登録資本金	構成比	金額／件数
合計	713	16,624.0	100.0	23.3
ラオス	230	4,601.8	27.7	20.0
カンボジア	150	3,046.3	18.3	20.3
ベネズエラ	2	1,825.4	11.0	912.7
ロシア	10	1,590.1	9.6	159.0
ペルー	6	1,336.9	8.0	222.8
アルジェリア	2	1,261.5	7.6	630.8
マレーシア	11	747.9	4.5	68.0
ミャンマー	12	442.9	2.7	36.9
モザンビーク	1	345.7	2.1	345.7
カメルーン	1	230.2	1.4	230.2
その他	288	1,195.3	7.2	4.2

(2) 業種別　　　　　　　　　　　　　　　　　　（単位：100 万ドル，％，件）

	件数	投資金額	構成比	金額／件数
合計	713	16,624.0	100.0	23.3
鉱業	63	7,341.9	44.2	116.5
農林水産業	107	2,739.7	16.5	25.6
電力，ガス等	9	2,124.4	12.8	236.0
情報・通信	38	1,296.1	7.8	34.1
文化・娯楽	4	1,125.1	6.8	281.3
不動産	29	509.7	3.1	17.6
金融	26	503.3	3.0	19.4
製造業	113	424.3	2.6	3.8
ホテル・飲食	24	113.9	0.7	4.7
小売・卸売	148	113.1	0.7	0.8
その他	152	332.5	2.0	2.2

資料：ベトナム統計出版『ベトナム統計年鑑　2013 年版』より筆者作成。

ベトナム企業の対カンボジア投資の事例

　ベトナム企業のカンボジアへの主要な進出事例をみるとベトナム国有企業が主体となった案件が多い。現地報道や各社ウェブサイトなどから集めた情報によって概観していく。

　石炭・鉱物生産および販売大手の Vinacomin は 2011 年，ベトナム南部と国境を接するモンドルキリ州でボーキサイトの探査を実施したとされる。また，

同社は 2010 年にプレアシハヌーク州でカンボジアの投資会社 Mong Reththy 社と合弁でレンガ等の建材工場の合弁会社を設立した。当初の投資額は 500 万ドルで，200 人以上を雇用するというものだ[16]。

また，ベトナム国有ゴム大手の Vietnam Rubber Group は 2007 年からカンボジアでのゴムのプランテーションに着手しており，13 万 2000ha の用地を確保したとされる。このほか，2014 年にはベトナム中部高原と国境を接するラタナキリ州にゴムの加工工場を開設した。2 種類の生産ラインの合計で年間 5000 トンの生産能力を有し，総投資額は 520 万ドルとされる。同州にある約 4 万 5000 ヘクタールの農園で収穫した原料を加工した後，ベトナム経由で輸出されている。なお，同社はラオスとカンボジアの両国に関連会社が 19 社あるとされる[17]。

このほか，ベトナムの携帯電話キャリア大手の国有企業，ベトナム軍隊通信グループ（Viettel）も 2006 年にカンボジアに進出し，2009 年から Metfone のブランド名で携帯電話キャリアとインターネット・プロバイダー事業を展開している。カンボジアの携帯電話キャリア市場の 50％のシェアを占め，2000 人以上のスタッフを抱える規模とされる[18]。

金融サービスでは，ベトナム投資開発銀行（BIDV）が 2009 年に 100％出資のカンボジア投資開発銀行（BIDC）を開業した。その後，2015 年 5 月時点で同国に 8 支店を開設し，総資産は 6 億 2000 万ドルとなった。サイゴン・ハノイ銀行（SHB）もプノンペン支店を開設し，民間商業銀行のサイゴン商信銀行（Sacombank）も 2009 年にプノンペン支店を開設し 2011 年に 100％出資の現地法人へと格上げした。また，ベトナム農業地方開発銀行（Agribank）は 2005 年にプノンペンに駐在員事務所を設立し，2010 年にプノンペン支店を開設した。さらに軍隊商業銀行（MB）も同行の海外支店としてはビエンチャン支店に続く 2 番目の支店としてプノンペン支店を 2011 年に開設した[19]。

---

16 "Online newspaper of the government", 2010 年 6 月 19 日，"The Saigon Times", 2011 年 4 月 20 日および Mong Reththy 社ウェブサイトによる（2015 年 12 月 24 日参照）。
17 "Vietnam Investment Review", 2012 年 5 月 21 日，"The Saigon Times", 2014 年 12 月 24 日および Vietnam Rubber Group 社ウェブサイトによる（2015 年 12 月 22 日参照）。
18 Viettel Global 社ウェブサイトによる（2015 年 12 月 22 日参照）。
19 "The Phnon Penh Post", 2009 年 6 月 8 日，"Vietnam Investment Review", 2011 年 12 月 21 日，

航空分野では2009年にカンボジア政府が51％，ベトナム航空が49％を出資しカンボジア・アンコール航空が設立された。現在，プノンペン，シエムレアップ，ホーチミン，シハヌークビル，上海，広州といった都市間を運航している[20]。

　また，2014年にはベトナムの乳製品最大手のビナミルク社（Vinamilk）が，プノンペン経済特区（SEZ）に進出した。総投資額は2300万ドルで，ビナミルクが51％，現地企業49％の合弁会社となる。年間で1900万リットルの超高温殺菌（UHT）牛乳のほか，ヨーグルトやコンデンスミルク等を生産する予定だ。カンボジア市場で販売し，2017年には5400万ドルの売り上げを見込むとされる[21]。

　以上のように，ベトナムの対カンボジア投資は，ベトナムの大手国有企業を中心とした農業開発，航空，金融，通信事業，乳製品分野への進出が目立ち，主に隣国の市場獲得と商品作物の農業開発案件に集中していた。

ベトナムの対ラオス投資の概観

　1988年から2013年末までの累計でベトナムの対外直接投資の27.8％を占め，最大の投資先国となったラオスへの進出事例もみてみよう。

　先ず，鉱物分野の投資では，Vinacominがカンボジア進出よりも早い2007年にラオス・シエンクワーン県で鉄鉱石の採掘事業を開始した。また，2009年にはタイ国境に近いサワンナケートで化学塩事業，同年にラオス北部ルアンナムタ県で石炭採掘事業と同石炭を利用した火力発電事業に参画している[22]。このほか，肥料，農薬，ゴムの製造販売大手の国有企業，ベトナム化学グループ（Vinachem）が2012年にラオス中部のベトナム国境に位置するカムアン県での岩塩採掘事業と採掘したカリウムを利用した肥料工場を建設した[23]。生産した肥料はベトナム向けに輸出されている模様で，GTAで確認すると，2011

　"The Voice of Vietnam", 2014年6月25日，"Nhan Dan", 2015年5月26日およびBIDC, SHB, Agribank各行のウェブサイトによる（2015年12月24日参照）。

20　Vietnam Airline社，Cambodia Angkor Air社ウェブサイトによる（2015年12月24日参照）。
21　"Tuoi Tre", 2014年1月17日およびVinamilkウェブサイトによる（2015年12月24日参照）。
22　"Vietnam News", 2012年6月26日。
23　"Vietnam News", 2012年2月10日。

年にラオスの対ベトナム輸出品目で初めて肥料が計上され，金額は140万ドルと小規模であったが，2014年には2728万ドルへと順調に拡大している。

また，農林水産分野では，ベトナム国有ゴム大手のVietnam Rubber Groupが2007年からラオスでのゴムのプランテーション事業を展開している[24]。このほか，コンセッション方式によるキャッサバやコーヒーなどの輸出商品作物の分野でも多くの投資がみられる。GTAで2009年から2014年のベトナムの対ラオス輸入額の推移をみると，コーヒーは550万ドルから3531万ドル，ゴムは18万ドルから3141万ドル，キャッサバは8.7万ドルから670万ドルへとそれぞれ大幅に拡大しており，農業分野へのベトナム企業の旺盛な進出が背景と考えられる。

情報・通信分野では，Viettelが2008年にラオスでStar Telecom社（ブランド名：Unitel）を設立し通信事業に参入し，ラオスの携帯電話キャリア市場で50％近いシェアを持つとされる[25]。

上記はベトナム国有企業による投資だったが，民間企業の進出事例もある。ベトナムの不動産大手Hoang Anh Gia Lai（HAGL）は2007年からラオスでゴム，サトウキビ等の農業開発事業を展開，2011年には製糖プラントと残渣を利用した30MWのバイオマス発電施設を建設した。また，同社は大型発電事業にも参入し，2011年にアタプー県で2つの水力発電所の投資認可も取得している。また，2012年にはアタプー空港の滑走路，ターミナルビルの建設事業の着工，2013年にはフアパン県ノンハン空港建設事業の契約を締結し，同年にラオスの首都ビエンチャンで4つ星ホテルの建設も開始するなど，農林業，電力，建設，不動産と様々な分野でラオスへの投資を進めている[26]。

銀行業ではベトナム投資開発銀行（BIDV）が1999年にラオス外国貿易銀行（BCEL）との合弁でLao Viet Bankを設立し，ラオスの4大銀行の1つに数えられるまでに成長した。このほか，サイゴン商信銀行（Sacombank），サ

---

[24] "Vietnam News", 2013年10月17日，Vietnam Rubber Group社ウェブサイトによる（2015年12月22日参照）。

[25] ベトナム情報通信省およびViettel Global社ウェブサイトによる（2015年12月22日参照）。

[26] "The Saigon Times", 2011年11月23日，"Vietnamnet", 2012年2月2日，"The Voice of Vietnam", 2013年4月20日および6月16日，"Thanh Nien News", 2015年3月30日およびHAGL Hydro Power社ウェブサイトによる（2015年12月24日参照）。

イゴン・ハノイ銀行（SHB），ベトイン銀行（Vietinbank）などが進出している[27]。

小売・卸売業ではベトナム最大の石油公社，ペトロ・ベトナム（Petrovietnam）が2009年に現地企業を買収し，2010年からラオスでガソリンスタンド事業を展開している。当初70カ所だったガソリンスタンドは2015年2月時点でラオス国内15県に104カ所にまで拡大した。また，石油製品小売大手のペトロリメックス（Petrolimex）も2011年にラオスでの投資許可を取得し2012年にはガソリンスタンドをビエンチャンで開業した[28]。

このように，ベトナムの対ラオス投資はカンボジア向け投資の傾向と同様に，農業および鉱物資源，金融，通信，小売・卸売の分野への進出が多くみられ，市場獲得および資源開発や農業開発案件が中心となっていた。

ベトナムプラスワンの動き

ベトナムは改革開放以来多くの外国投資企業の生産拠点を誘致してきた。ベトナムに生産立地する上での比較優位は，人口9000万人弱の豊富な労働力と安価な人件費である。このため，主として縫製や履物，電気機械の組立，集積回路の検査工程といった労働集約型の産業を大規模に誘致してきた。

しかしながら，ベトナムとカンボジアとの間の賃金格差は大きくない。ジェトロ『2015年度アジア・オセアニア日系企業実態調査』（以下『ジェトロ調査』）によると，ベトナムの製造業の一般作業者の月額賃金は185ドル，カンボジアは162ドルであり，両国間の賃金差はほとんどない。労働集約型の組立産業や縫製産業にとって，加工賃の上昇はベトナムでも経営上の課題としてあげられるが，賃金格差を背景とした一部工程のカンボジアへの移管の動きは一部の事例を除けばほとんどみられない。

カンボジアの主要輸出品は組み立てや縫製など労働集約的工程を多く含む衣類，履物，自転車であり，これらの輸出シェアは61.9%にも達する。こうした企業がカンボジアに生産立地する背景としては，安価な人件費によるところが

---

27 Lao Viet Bankほか各行のウェブサイトによる（2015年12月22日参照）。
28 "The Saigon Times", 2011年9月12日，"Vietnam News" 2015年12月2日およびPetrolimex (Lao) 社ウェブサイトによる（2015年12月24日参照）。

大きいだろう。しかし，カンボジアへの生産立地の背景には安価な賃金のほかに輸出先国の関税恩典による決定要因があると考えられる。

例えば，GTAによると，カンボジアの2013年の主要輸出品のEU向け輸出シェアは，衣類で35.9％，自転車で81.8％，履物では51.6％であった。カンボジアにとってEUは工業製品の輸出先として最大の地域である。また，EUにとっても2014年のカンボジアからのこれら品目の輸入シェアは，衣類が6.7％で，中国，バングラデシュ，トルコ，インドに次ぐ5位の輸入先であり，自転車は22.8％で台湾に次ぐ2位，履物では2.0％を占め中国，ベトナム，インドなどに次いで7位の輸入先国となっている。

こうしたEUのカンボジアからの輸入は，特恵関税制度（GSP）によるメリットを享受できることが，生産国としてカンボジアが選好される最大の理由となろう。特にカンボジアの場合，GSP（EBA）の適用国であり，武器弾薬以外の関税がゼロとなる最優遇の制度を享受できる。2014年1月時点でEUが適用するGSP（EBA）はASEAN加盟国では，カンボジア，ラオス，ミャンマーの3カ国だけであり，世界の後発発展途上国49カ国が適用国となる[29]。このほか米国や日本もカンボジアに対しては最貧国特恵関税を適用しており，ベトナムよりもカンボジアが現時点では輸入関税が有利となるケースが散見される。

このように，ベトナムとカンボジアの生産配置を比較した場合，その特徴は賃金差による産業立地の選択というよりも，輸出先市場の特恵関税制度によって生産立地の優位性が決定されると考えられる。

EUのGSPは，2015年から中国，タイも非適用国となっており，カンボジアの周辺国からの生産移転の追い風となる。例えば，EU向け自転車のOEM生産は台湾企業が担うケースが多く，その生産拠点は長年タイやインドネシアに置かれてきた[30]。カンボジアはGSP（EBA）の適用を受け，インドネシアに適用されるGSPよりも関税恩典が手厚い。このため，カンボジアのSEZ入居企業リストをみるとBest Way Industry（マンハッタンSEZ），Atlantic Cycle（タイセンSEZ），Worldtec Cycles（シハヌークビルSEZ）といった台

29　The European Commission ウェブサイトによる（2016年7月6日参照）。
30　『日本経済新聞』2015年9月26日

湾系の欧米向け OEM メーカーが自転車の組立生産を行っている[31]。

小活

　カンボジアで主に衣類，履物，自転車，イヤホン，ワイヤーハーネスなどの外資主導の工業化が進展してきた。これらの原材料はカンボジア国内で調達できず，中国や隣国のタイおよびベトナムからの輸入に依存していると考えられる。このため，ベトナムのタイカンボジア貿易をみると電気機械（部品が主）や縫製原料となる織物などの輸出が増加していた。

　また，ベトナムの対外直接投資は 2007 年から本格化しており，ラオスに次いで 2 番目の投資先となるカンボジアへの投資の内容を事例研究で確認した。資源開発や農業開発，通信事業，金融業が主要業種で，ベトナムの国有企業が中心だった。

　2007 年以降，ベトナムの対外投資が急速に拡大した背景にどのようなことがあったのだろうか。2007 年はベトナムが WTO 加盟を果たした年である。WTO 加盟はベトナムの対外市場アクセスを拡大させた一方，ベトナムの国内市場の開放を迫るものでもあった。国有企業に対し「国の優遇的扱いを廃止して，外国企業，ベトナム民間企業と同じ条件で競争的市場で活動することを要求するもの」（石田 2008，p.20）であった。ベトナム国有企業は事業再編と新規市場開拓が急務となり対外進出を加速させる必要があった。

　カンボジア向けの事例研究を通じて，主要業種は航空，通信，金融，商品作物といった，いずれも国有企業がベトナム国内では独占的に権益を握る分野であった。WTO 加盟によって，国内市場を開放することとなり，権益の独占構造が解消され，豊富な資金と市場情報をもつ国有企業が，後発発展途上国のラオスとカンボジアに向かったのである。

　ベトナムはドイモイ政策の本格始動から順調な成長を続けてきた。この間，国有企業は資金，技術，海外市場情報などの経営資源の内部化を達成した。そして 2007 年の WTO 加盟を契機に，販売市場獲得と生産量拡大を視野に隣国に向け動き出したといえよう。

31　カンボジア開発評議会（CDC）のウェブサイトによる（2015 年 11 月 23 日参照）。

4. ベトナムとカンボジア間の越境物流の現状と課題

4.1　国境の様子

　ベトナムとカンボジアを結ぶ南部経済回廊の主要部分は，地図4-1で示したとおりホーチミン市とプノンペン市を結ぶルートとなろう。2つの大都市間を結ぶルートであり旅客と貨物輸送の経済幹線道路として発展が見込める。ホーチミン市から北西にカンボジア国境の町モクバイまでは乗用車で約2時間の距離である。カンボジア側はバベットとなり，国境地域にはカジノホテルが立ち並び，国境ゲートから約7kmのところにタイセンSEZとマンハッタンSEZが向かい合うようにして開業している。タイセンSEZには履物，縫製品，手袋などの生産工場が11社入居し，マンハッタンSEZにも同じく縫製品や履物など18社が入居する[32]。バベット国境ゲートから国道1号線で約3時間西進するとプノンペンに到着する。プノンペン手前の約65kmのところにメコン川に架橋されたつばさ橋があり，2015年4月に開通したことでフェリーを利用しない完全陸路の輸送路が完成した。

　バベット＝モクバイ国境ゲートでは，両国に入境するためにコンテナトラックが列をつくって手続きを待つ光景がみられる。これら貨物の多くが，バベット側のSEZへの原料供給と輸出品の出荷を行うトラックだ。カンボジア＝ベトナム国境線から20km以内のバベットのSEZであればベトナムのトラックが積み替え無しで乗り入れ可能となっている[33]。このため，カンボジアのバベットに立地する企業はベトナム側の輸送手段を利用し，原料の輸入と製品の出荷が行える。また，バベットのSEZの入居企業の多くが輸出入港としてホーチミン港を利用しており，電力供給もカンボジアの電気料金よりも安価なベトナム側電力を利用可能だ。こうした「カンボジアでありながらベトナムの事業インフラを利用できる」点と既述の輸出市場の特恵関税制度がインセンティブ

32　カンボジア開発評議会（CDC）のウェブサイトによる（2015年12月25日参照）。
33　カンボジア経済財務省省令No.734（2008年9月11日発布）による。カンボジア投資ガイドブック第6章 pp.3（カンボジア開発評議会（CDC）のウェブサイトによる）（2015年12月25日参照）。

となり、国境 SEZ への工場立地が進んだ。

4.2 越境交通の現状

ベトナムは 1999 年にタイ、ラオスと共にアジア開発銀行（ADB）が提唱する大メコン圏越境交通促進協定（Cross-Border Transport Facilitation Agreement; CBTA）を締結した。その後、中国、ミャンマーに続き 2001 年にはカンボジアも CBTA を締結したことで、メコン地域の経済回廊を巡る各国の相互越境交通の制度的基盤が完成した。CBTA は協定書本体のほか 17 の付属書、3 つの議定書から構成されており、各国が国会などでこれら付属書と議定書を批准し発効する。カンボジアは 2008 年に、ベトナムは 2009 年に批准しており、両国間で CBTA が運用されるようになった[34]。ただし、ベトナムとカンボジアとの間には 1998 年 6 月に道路輸送に関する協定が締結されている。その後 2005 年 10 月には同協定付属文書の締結も完了しており（Nguyen 2012, p.3）、ADB による CBTA に先だって 2 国間での越境輸送は始まっていた。

越境交通では、特に、旅客や貨物の移動について、同一車両が両国の主要都市部まで積み替え無しで走行できることが物流時間とコスト低減、物流品質向上に寄与する。車両の相互交通のためのライセンス数は両国それぞれに対し 500 台となっており（Nguyen 2012, p.8）、これが旅客バスと貨物トラックに分配される。プノンペンとホーチミン市の間の国際バス運行事業には 19 社の両国企業が参入し、1 日当たり 39 便が運行されているとされる[35]。価格は片道 10 ドルから 13 ドル程度で、両国のビジネス関係者や観光客などの利用が盛んだ。2 国間の越境交通協定では、バベット＝モクバイの主要ルートを含め 7 カ所の国境ゲートを通るバスが運行可能とされる（Nguyen 2012, p.5）。また、ベトナム統計総局によると、カンボジア人のベトナム訪問者数は 2010 年の 25 万 4600 人から 2014 年には 40 万 4200 人へと約 1.6 倍となった。両国間経済関係の進展により、往来者が増加している。また、つばさ橋の架橋によって陸上一貫輸送が可能となり、貨物輸送の安全性と定時性が向上したことでメ

34　アジア開発銀行ウェブサイトによる（2015 年 11 月 26 日参照）。
35　"Nhan Dan", 2012 年 5 月 21 日による。

コン川水運を使ったホーチミン市までの輸送モードから陸路輸送へ切り替える動きも増えている（鈴木 2015, p.9）。

4.3 国境貿易データ

図表4-8はベトナムとカンボジアを結ぶ南部経済回廊の主要ルートとなるバベット＝モクバイの貿易統計である。これによると、ベトナムからカンボジアへの輸出額は2006年に2980万ドル、輸入は4888万ドルであったが、2014年には輸出が13.0倍の3億8717万ドル、輸入は3.4倍の1億6467万ドルへと拡大した。モクバイ税関の資料は当該年の主要5品目程度しか記載がなく、品目の増減推移をみるには限界があるが、ベトナムからの輸出では、液化石油ガス、プラスチック製品、輸入では液化二酸化炭素、牛皮、ゴムなどの1次産品が主要品目となる。ただし、液化二酸化炭素はタイからの輸入で、南部経済回廊を使ってカンボジアを経由する輸送ルートとなっている。

このほか、トランジット貨物はカンボジアから陸路でベトナム領内に入り、ベトナムから海運か空運を使って第3国に輸出される貨物である。2006年には4567万ドルだったものが、2014年には5億6752万ドルへと12.4倍に増加した。主要製品も自転車、衣類、ダイビング用品などで、これらの多くはバベットの各SEZに入居する外資系企業によって生産された輸出製品と考えられる。バベットのマンハッタンSEZとタイセンSEZには、衣類関係企業が9社、自転車製造業が3社、ウェットスーツ生産企業が1社操業している[36]。

2014年にバベット＝モクバイを陸路で通過してベトナムへ輸出された額は、トランジット貨物もあわせると7億3219万ドルとなり、カンボジアの輸出総額の14.0%を占める。トランジット貨物はメコン川水運の利用も多いことを考えると、カンボジアの輸出の多くが隣国のベトナムの輸送インフラを活用して輸出されていると考えられる。実際、プノンペンからシハヌークビル港を使ってシンガポール経由で北米に輸出するルートと比べ、プノンペンからメコン川水運を使ってカイメップ港から北米に直接輸出するルートの方が、コストで最低でも100ドル、期間は最低でも3日間節約できるとされる（Sisovanna

---

36　カンボジア開発評議会（CDC）のウェブサイトによる（2016年1月3日参照）。

4. ベトナムとカンボジア間の越境物流の現状と課題　155

図表 4-8　モクバイ＝バベットの貿易推移（陸路輸送貨物）

(1) ベトナム→カンボジア　　　　　　　　　　　　　　　　　　　　　　　（単位：千ドル）

	2006	2007	2008	2009	2010	2011	2012	2013	2014	2015 (1-6月)
合計	29,799	53,590	84,723	104,628	100,389	163,056	205,415	283,959	387,165	165,355
プラスチック製品	6,764	9,108	4,157	2,823	849				19,279	15,229
クレーン	720									
アルミ製枠			4,037							
変速機		733	1,910							
液化石油ガス			12,224	28,120	6,666	9,362	6,239	15,242	16,983	22,644
通信設備			5,947	1,733						
はんだ				438						
電線					1,544			5,229		5,024
電話					1,537					
除草剤					1,338	2,650	3,074	4,624	42,905	3,392
各種糸						3,465	3,632	4,108		
鉄鋼製品	623	2,894				3,137	4,877		16,534	
精米機							2,684	6,547		
飼料									4,058	3,958

(2) カンボジア→ベトナム　　　　　　　　　　　　　　　　　　　　　　　（単位：千ドル）

	2006	2007	2008	2009	2010	2011	2012	2013	2014	2015 (1-6月)
合計	48,884	67,000	108,717	86,718	119,255	146,418	162,258	153,802	164,668	56,100
天然ゴム	5,378	5,146	7,781							
タバコの葉			1,854	1,956						
牛皮	504				324	504	451	405	129	193
綿					127	109				
有機肥料								20		
コンクリート粉砕機	350									
クレーン		720								
日用品			1,205	469		56				27
通信設備				1,168						
自動車用タイヤ							91			
空のコンテナ				504						
液化二酸化炭素（※）					1,248	5,702	1,925	1,703	585	1,830
古紙					109		3,773	86		
自動車スクラップ					96					
自転車									80	85

注：液化二酸化炭素はタイからの輸入品。

(3) カンボジア→ベトナム（トランジット貨物） （単位：千ドル）

	2006	2007	2008	2009	2010	2011	2012	2013	2014	2015 (1-6月)
合計	45,665	68,451	100,824	129,256	166,606	230,170	490,840	565,764	567,520	287,770
自転車	33,410	34,812	42,046	57,131	66,873	109,528	129,824	319,404	140,164	61,994
鉄製ネジ	1,191	11,038	10,022	5,124	7,890					
ダイビング用品						13,120	23,858	27,029	37,208	19,109	7,047
革靴							12,291	19,535	27,148	11,254	4,435
衣類	8,718	10,661	34,872	39,975	22,599	52,263	115,076	39,841	12,491	23,533

資料：モクバイ税関『2006年から2015年上半期の商品別金額資料』より作成。

2011, p.139）。実際，2010年から2013年の貨物取扱量の推移では，シハヌークビル港が22.3万TEUから28.6万TEUへと28.5％増となったのに対し，ベトナムを経由するプノンペン新港からの輸出は，6.2万TEUから11.1万TEUへと77.5％増となった（Kume 2014, p.12-15）

5. 結びにかえて

　南部経済回廊の利用促進によるベトナムとカンボジアの連結性の強化が，どのようなメリットを両国に提供しているのかについて考えたい。先ず，アジア開発銀行が提唱するメコン地域の経済回廊構想の目的について確認する。それは，複数の経済回廊を設定して越境交通インフラ（主として陸上交通）を整備し，人，モノ，情報の流れを活性化することにある。ここで言う情報とは企業経営ノウハウや販売市場情報など投資を通じた情報交流を指している。その上でさらに，沿線一帯を多面的，重層的に開発することを通じ，地域全体の連結性，競争力，仲間意識を培うことを目指すとされる（白石 2008, p.216）。この点，カンボジアとベトナムを結ぶ南部経済回廊が整備されたことで，人，モノ，情報の流れが活性化したことについて本章を通じて確認した。また，カンボジアにとっては国内のインフラ整備の進展を待つ一方，隣国ベトナムの比較的進んだ電力や物流サービスなどの産業インフラを利用できる点がメリットとなっていた。将来，カンボジアは自国の発展に必要な港湾や道路，送電網，輸送品質といった事業インフラ整備が重要となるが，今足りないものを隣国のベ

5. 結びにかえて

トナムに一部依存できる点は，南部経済回廊の進展で得たカンボジアの恩典といえよう。カンボジアのバベット地区などに立地する企業であれば，ベトナムから電力供給を受け，輸出入貨物もベトナムの輸送サービスを利用し，ベトナム南部の海港を利用して国際航路へアクセスが可能となる。沿線の一部地域であったバベットが新たな開発地域となり得たことも経済回廊の効果といえよう。

また，陸上国境を通過する貨物のうち，トランジット貨物が多かったことも確認した。これも2国の2地点間を結ぶ南部経済回廊が，さらにその枠を超え，国際市場へのアクセスを促進する効果をもたらした点で注目できる事象である。

では，ベトナムにとって経済回廊の意味はどのような点にあるだろうか。これは，本章でみたとおりベトナム企業の隣国への旺盛な投資を可能にした点にあるだろう。2国間貿易額は2000年から2014年の期間に18.5倍に拡大したことからもわかるとおり，ベトナムの貿易拡大ペースの2倍超のペースで急増した。隣国とはいえ歴史的に戦乱が続いた同地域では，企業による大規模な貿易や経済交流が始まった時期は比較的新しい。カンボジアからの輸入品目の多くはゴム，キャッサバ，カシューナッツなどの1次産品で，その背景にはベトナム企業の農業開発分野への投資があったことを確認した。また，国内市場開放を進めるベトナムでは国有企業による隣国市場への参入が活発化していた。経済回廊の整備と経済諸制度の調和によって，ベトナムの農地や市場が隣国にまで外延化する道を経済回廊が切り開き促進したのである。ベトナム企業の活発なカンボジア投資にみられるとおり，経済回廊が掲げる集積と分散の効果が沿線の開発をもたらしたといえる。

ホーチミン市とプノンペンを結ぶ南部経済回廊のルートは，陸路のほかにも水路，空路の選択肢ももつ。物流コストの面では，空輸が最も高額で，水運が最も安価で，陸送がその中間を補うことになる。また，輸送時間では速い順に空路，陸路，水路となろう。実のところ他の経済回廊のルート上の都市間で，この3つの輸送モードをもつルートは少ない。南部経済回廊のプノンペンとホーチミン市の区間は各モード間の競合による利便性の向上が見込める。利用者に対し多くの選択肢を提供できる点も南部経済回廊に潜在する発展の可能性

といえよう。

参考文献

池部亮（2013）『東アジアの国際分業と「華越経済圏」』新評論
石田暁恵（2008）「WTO加盟後の国有企業」坂田正三編『変容するベトナム経済と経済主体』日本貿易振興機構アジア経済研究所．
石田雅之（1996）「アジア工程間分業におけるベトナムの位置づけ」竹内郁雄・村野勉編『ベトナムの市場経済化と経済開発』アジア経済研究所．
久米秀俊（2014）「プノンペン港を利用した内陸水運の現状と課題」『港湾 2014年10月号』公益社団法人日本港湾協会．
白石昌也（2008）「GMS南部経済回廊とカンボジア・ベトナム」石田正美編『メコン地域開発研究－動き出す国境経済圏』日本貿易振興機構アジア経済研究所．
鈴木博（2015）「第31回：南部経済回廊 〜カンボジアを支える大動脈」（『Cambodia Krorma Magazine Vol.41』APEX Cambodia／クロマーマガジン編集部．
アジア開発銀行（2011）"Greater Mekong Subregion Cross-Border Transport Facilitation Agreement –Instruments and Drafting History-"（http://adb.org/sites/ default/files/gms-cbta-instruments-history.pdf）
General Statistic Office, "Statistical Yearbook"（各年版）
――― "Statistical Yearbook Hochiminh"（各年版）
Kume, Hidetoshi（2014）"Logistics in Cambodia, 3 Oct. 2014"（非公開資料）
Nguyen Van Thach（2012）"Cross Border Transport Facilitation between Vietnam and Neighbouring Countries and ASEAN Countries"（PPTによるプレゼン資料，UNESCAPウェブサイトより）。2016年1月3日参照．
Sisovanna, Sau（2011）"Econoic Corridors and Industrial Estates, Ports, and Metropolitan and Alternative Roads in Cambodia.", Masami Ishida eds., Intra-and Inter-City Connectivity in the Mekong Region, BRC Research Report No.6, pp.97-175, IDE-JETRO

（ウェブサイト）
アジア開発銀行　http://www.adb.org/
カンボジア開発評議会　http://www.cambodiainvestment.gov.kh/ja/list-of-sez.html
国土交通省　http://www.mlit.go.jp/statistics/details/port_list.html
在カンボジア日本大使館　http://www.kh.emb-japan.go.jp/pressrelease/2015/4/20150401-j.pdf
ベトナム計画投資省（MPI）外国投資庁（FIA）　http://fia.mpi.gov.vn/tinbai/4073/Tinh-hinh-dau-tu-ra-nuoc-ngoai-cua-doanh-nghiep-Viet-Nam-10-thang-nam-2015
カンボジア経済　http://blog.goo.ne.jp/economistphnompenh
ベトナム情報通信省　http://mic.gov.vn/
Agribank　http://www.agribank.com.vn/
BIDC　http://www.bidc.com.kh/
Cambodia Angkor Air　http://www.cambodiaangkorair.com/
HAGL Hydro Power　http://hagl.com.vn/HydroPower
Lao Viet Bank　http://laovietbank.com.la/
Mong Reththy　http://www.mongreththy.com/
Petrolimex（Lao）　http://laos.petrolimex.com.vn/

Petrovietnam　http://english.pvn.vn/
Sacombank　http://www.sacombank.com.vn/
Seaport Association　http://www.vpa.org.vn/english/information/info_capa.htm
SHB　http://www.shb.com.vn/
The European Commission　http://trade.ec.europa.eu/doclib/docs/2014/october/tradoc_152839.pdf
UNESCAP　http://www.unescap.org/sites/default/files/2.12.Vietnam.pdf
Vietinbank　http://www.vietinbank.vn/
Vietnam Airlines　http://www.vietnamairlines.com/
Vietnam Rubber Group　http://vnrubbergroup.com/
Viettel Global　http://viettelglobal.vn/
Vinamilk　https://www.vinamilk.com.vn/

（池部　亮）

第 5 章

ミャンマーのダウェイ SEZ と南部経済回廊
―― 経済効果への期待大，新政権は開発に慎重

1. はじめに

　半世紀に及ぶ軍事政権の下で経済を疲弊させたミャンマーでは，2011 年以降にテイン・セイン政権が経済改革に取り組んだ。同政権の最大の成果としては，商都ヤンゴン郊外でのティラワ経済特区 (SEZ) の立ち上げを挙げることができる。そして，ティラワ SEZ に比べて目立たなかったダウェイ SEZ の開発についても，一体的に整備される南部経済回廊 (SEC) と共に，テイン・セイン政権の終盤に新たな局面を迎えた。2015 年 12 月，ミャンマー政府とタイ政府が共同で出資していたダウェイ SEZ の開発主体である特別目的事業体に対し，日本政府も出資することが正式に決まったのである。アジア最大級の SEZ としてダウェイ SEZ を開発し，これを起点としてタイ，カンボジア，ベトナムに至る SEC も整備する計画である。これが実現すれば，ミャンマーだけでなく，タイをはじめとする地域経済への効果は大きいと期待される。
　一方，2015 年 11 月に実施された総選挙では与野党が逆転し，2016 年 4 月からはアウン・サン・スー・チー党首の国民民主連盟 (NLD) 政権が正式にスタートした。NLD 政権の下で，テイン・セイン政権の取り組んできた経済改革の行方が，ダウェイ SEZ と SEC の開発も含めてどうなるのか注目される。
　以下，本章では，ミャンマーにおけるダウェイ SEZ と SEC を取り上げる。本節に続く第 2 節では，テイン・セイン政権がダウェイ SEZ と SEC 開発に取り組むまでの歴史的経緯を整理する。第 3 節では，ダウェイ SEZ と SEC の概要と意義を検討する。そして第 4 節では，新政権の下でのダウェイ SEZ と SEC の行方を展望する。

2. ミャンマー経済の動向とダウェイ SEZ および南部経済回廊の開発に至る経緯

2.1 ミャンマー経済の長期停滞

　ミャンマー経済は，東南アジア諸国の中で低い発展段階にとどまっている。1人当たり国民総所得（GNI）に基づく世界銀行の分類でみれば，ミャンマーは2014年の調査でインドネシア，フィリピン，ベトナム等と同じ「下位中所得国」に位置づけられていた[1]。しかし，ミャンマーのGNIは資源を産出することで押し上げられており，これを除けば産業構造は農業中心にとどまっているとみられる。したがって，実際の発展段階は，労働集約型製造業が既に発展しているインドネシア，フィリピン，ベトナム等の「下位中所得国」よりも，農業が中心の「低所得国」に近いといえよう（図表5-1）。

　ミャンマー経済が停滞する発端となったのは，1962年の軍事クーデターだっ

図表5-1　ASEAN各国の1人当たり国民総所得（GNI，2014年）

注：ブルネイは除く。
資料：世界銀行

---

[1] その後，2015年の調査結果についても，世界銀行は2016年7月に公表している。ミャンマーについては，1人当たりGNIのデータは未確定とされたものの，発展段階の分類については引き続き「下位中所得国」に位置づけられている。

た（図表5-2）。それまでのミャンマーは、東南アジアの経済優等国で、タイやシンガポールよりも豊かだったといわれる。しかし、民主政権を倒したネ・ウィン将軍の軍事政権がビルマ式社会主義を掲げて、外国資本の排除と産業の国有化、統制的な農業政策等を行った。その結果、外国の技術は導入されず、産業の効率は低下し、農民は生産意欲を喪失して、経済発展の歩みが止まった。

図表5-2 ミャンマー政治の展開

1948—1962年	民主政権	・英国から独立 ・経済発展
1962—1988年	軍事政権（第1次）	・軍事クーデター ・閉鎖的なビルマ式社会主義 ・経済停滞
1988—2011年	軍事政権（第2次）	・民主化運動弾圧 ・当初の経済開放は閉鎖体制に後退 ・経済不振
2011—2016年	テイン・セイン政権	・総選挙（NLD不参加）に勝利 ・国軍が支持基盤 ・経済改革、SEZ政策進展
2016年—	アウン・サン・スー・チー/NLD政権	・総選挙に勝利

資料：みずほ総合研究所（2013）などより、筆者作成。

軍事政権の下で困窮した国民の不満が爆発し、1988年には民主化運動が盛り上がった。軍事政権は追い込まれて、ネ・ウィン将軍はトップの座を退いたが、選挙に基づく民主政権を求める大規模デモは止まなかった。この民主化運動の中でリーダーとなったのが、アウン・サン・スー・チー氏である。

しかし、同年に国軍は民主化運動を武力弾圧し、新たな枠組みの軍事政権を樹立した。この第2次軍事政権は、ビルマ式社会主義を放棄して、いったんは外資の受け入れや貿易の規制緩和等の開放的な経済政策を試みた。その結果、外国からの直接投資は1990年代半ばにかけて拡大した。ただし開放路線は長続きせず、1997年のアジア通貨危機でミャンマー経済が混乱すると、経済政策は再び閉鎖的な方向に変更された。

政治面では、第2次軍事政権は1989年にアウン・サン・スー・チー氏を最初の自宅軟禁にするなど強硬策を採る一方、1990年には総選挙を実施して民

政移管を志向する動きも示した。ところが、軟禁下にあったアウン・サン・スー・チー氏の率いる国民民主連盟（NLD）が大勝すると、第2次軍事政権は選挙結果を無視して政権の座に居座り続けた。その後、アウン・サン・スー・チー氏の自宅軟禁が断続的に繰り返されると、1990年代半ば頃から欧米はミャンマーに対する投資停止や禁輸措置などの経済制裁を強めた。日本も、禁輸措置こそ取らなかったものの、円借款を停止した。

結局、第2次軍事政権も閉鎖的な経済政策を行い、先進国からは経済制裁や援助停止を受けることで、ミャンマー経済は窮乏した。直接投資をみると、2000年代以降は中国とタイが資源・エネルギー分野で散発的に大型投資を行ったほかは、目立った動きは見られなかった（図表5-3）。

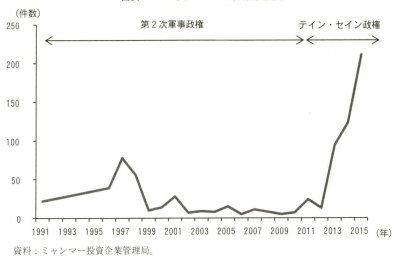

図表5-3　ミャンマーへの対内直接投資

資料：ミャンマー投資企業管理局。

他の多くのアジア諸国では外資を導入して工業中心の経済発展がみられたのとは対照的に、ミャンマーは孤立して発展から取り残された。たとえば、かつてはミャンマーと同様に農業国だったベトナムは、1986年に社会主義政策を見直し、ドイモイと呼ばれる改革開放政策を開始した。そして、1989年にはカンボジア内戦への軍事介入から撤退したことで、米国など先進国との関係も改善した。その結果、低賃金の労働力が豊富なベトナムは、労働集約型製造業

の直接投資を引き付けるようになり、ミャンマーより一足先に「下位中所得国」に昇格したのである。

2.2 テイン・セイン政権の経済改革

　第2次軍事政権は、2003年に民主化ロードマップを公表し、1990年の総選挙後には否定していた民政移管に改めて舵をきった。この背景には、閉鎖的な体制にピリオドを打ち、経済の行き詰まりを打開する狙いがあったと思われる。ロードマップに基づいて2010年に実施された総選挙では、NLDは公正な選挙を望めないとしてボイコットし、国軍を支持基盤とする連邦団結発展党（USDP）が勝利した。

　選挙結果に基づいて2011年に就任したUSDPのテイン・セイン大統領は改革を実行し、経済の再建に一定の成果を収めた。具体的には、外国投資法を改正して税制優遇期間を延長するなど、直接投資の誘致を図った。また、政治犯を釈放するなど民主化を進めて先進国との関係改善に努めた。その結果、EU（欧州連合）は原則として経済制裁を解除し、米国もヒスイやルビーなどの一部品目の禁輸を除き経済制裁を解除した[2]。日本もミャンマーに対する円借款を再開している。

　テイン・セイン政権の最大の成果は、外国からの直接投資の受け皿として、ティラワ経済特区（SEZ）の開発を実現したことである。以下、ダウェイSEZの先行事例として、ティラワSEZについて詳しくみる。

　2012年に、ミャンマー政府と日本政府は、商都ヤンゴンの南東23kmに位置するティラワにSEZを共同開発することで覚書に署名した。総開発面積は2400haで、東京の山手線内側の4割に相当する。このうち先行開発区域は396haであり、日本とミャンマーの官民が出資するMJTD（Myanmar Japan Thilawa Development）が開発を受け持つ。先行開発区域はさらに細分され、246ha（うち35haは住宅と商業施設用）の第Ⅰ期と、150haの第Ⅱ期からなる。第Ⅰ期だけでも約50社を誘致し、5万人程度の雇用を創出することが期

---

[2] その後、米国によるミャンマーへの経済制裁は、ミャンマーにおける民主化の進展とともに徐々に見直され続け、2016年10月には全面的に解除された。

待されている。周辺インフラは，日本の円借款によってファイナンスされ，発電所と送水管等が計画されており，ミャンマー初の現代的な産業団地を支える。

ソフト面の投資環境としても，旧SEZ法が2014年に改正された。改正SEZ法の特長は，SEZ以外の地域に適用される外国投資法と比較すると，①法人税免除期間が長い，②土地リース期間が長い，③進出を禁じる業種が少ない，④外資は原則として100％まで出資可能，⑤通関やビザなどの各種手続きを行うワンストップサービス・センターが設置されることなどである。

ティラワSEZの開発状況については，先行開発区域のうち第Ⅰ期は2015年6月に造成工事が完了し，第Ⅱ期も2016年半ばに造成が完了した。企業の進出動向については，2014年5月の受付開始以来，2年で73社が決定し，累計投資額は約800億円にのぼった。この成約スピードはアジアの産業団地開発の先例に比べて速いといわれ，ティラワSEZに対する期待の高さがうかがわれる。ティラワSEZに進出を決定した73社の内，日系企業は半分を占める。業種別では，自動車関連，電子部品，化学，建材，梱包資材など，多様な企業が名乗りを上げている。2015年9月には先行開発区域の開業式典が実施され，2016年5月時点で既に9社が操業を開始している。報道によれば，先行開発区域の販売が好調だったことから，第2次開発区域についても約260haの規模で開発が計画されている。

このように，テイン・セイン政権の改革は成果を挙げ，従来は少なかった直接投資が増え始めるなど（前掲図表5-3），ミャンマーはベトナムなど他のアジア諸国がたどった経済発展の道に第一歩を踏み出している。特に，日本からミャンマーへの製造業の直接投資は，同じASEAN後発国のカンボジアに対してさえ出遅れていたが，2015年には逆転しており，ティラワSEZの開業効果があったと考えられる（図表5-4）。

図表 5-4　日本による製造業分野への直接投資

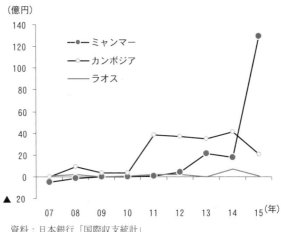

資料：日本銀行「国際収支統計」

2.3　テイン・セイン政権によるダウェイ SEZ および南部経済回廊開発への取り組み

　テイン・セイン政権はティラワ SEZ の開発を実現しただけでなく，ミャンマー南部でのダウェイ SEZ および南部経済回廊（SEC）のプロジェクトも前進させた。ダウェイ SEZ および SEC の開発は，そもそも軍事政権の頃に計画がスタートしたものの，いったんは頓挫した経緯があった（図表 5-5）。

　2000 年代初め，当時のミャンマーの軍事政権は，ダウェイ SEZ を開発することでタイ政府と合意した[3]。タイが共同プロジェクトとして関与した背景には，ダウェイ SEZ を道路や港湾といった連結インフラと一体的に整備することで，ミャンマーだけでなくタイにもメリットがあるとの期待があった。

　2008 年には，ミャンマーとタイの両国政府が，ダウェイ地区開発と，SEC に該当するタイとの連結道路建設に協力することで覚書に署名した。ミャンマーが日本とティラワ SEZ 開発に関する覚書を交わす 4 年前のことである。この時点で，総開発額は 580 億ドル[4]（当時の為替レート換算で約 6 兆円）とも見込まれる巨大プロジェクトだった。

3　Kruewan（2014）
4　杉田（2013）

図表 5-5　ダウェイ SEZ および SEC 開発の経緯

	ダウェイ SEZ, SEC	（参考）ティラワ SEZ
2000 年代初	・ミャンマー軍事政権とタイ政府が，ダウェイ開発に合意	
2008 年	・ミャンマー，タイ両政府がダウェイ地区開発，SEC 建設の覚書に署名	
2010 年	・タイ建設大手イタルタイが開発事業権を獲得 ・しかし，イタルタイは企業誘致，資金調達に難航	
2012 年	・ミャンマー，タイ両政府がダウェイ地区および SEC を国家プロジェクトとして開発することで仕切り直し	・日本，ミャンマー両政府がティラワ SEZ 共同開発の覚書署名
2013 年	・ミャンマー，タイ両政府が SPV 設立，開発事業権をイタルタイから引き継ぐ	
2014 年	・初期開発事業権（産業団地，SEC を含む）の入札実施，イタルタイ連合が権利獲得	・日本とミャンマーの官民が出資する開発主体 MJTD 設立 ・産業団地への企業進出の受付開始
2015 年	・7 月，日本政府による SPV への出資について，日本，ミャンマー，タイの 3 カ国が意図表明覚書署名 ・12 月，日本の出資が正式決定	・6 月，先行開発区域の第 I 期の造成完了 ・9 月，開業式典実施 ・12 月時点で 52 社の進出決定，うち 2 社が部分操業済み，17 社が工場建設中
2016 年		・5 月時点で 73 社の進出決定，うち 9 社が操業中，27 社が操業準備中，33 社が工場着工段階 ・先行開発区域の第 II 期の造成完了

資料：Kruewan（2014），パシフィックコンサルタンツ株式会社（2015）。

　2010 年には，タイの建設大手イタリアン・タイ・ディベロップメント（以下，イタルタイ）が，ミャンマー政府から SEC を含むダウェイ開発権を取得した。その当時のタイ政府は，自らは積極的に関与することはなく，イタルタイにプロジェクトを委ねた。

　しかし，一民間企業の手に余る巨大な規模だったため，イタルタイはプロジェクトの具体化に行き詰まり，特に資金調達が難航した。その結果，ティラワに先行してスタートしたダウェイ開発は，いったん頓挫することとなった。

　こうした状況を受けて，テイン・セイン政権に移行していたミャンマーは，2012 年にタイ政府とダウェイ開発を仕切り直し，両国の国家プロジェクトと

して再スタートを図った。そして 2013 年に，両国政府が共同出資して開発主体となる特定目的事業体（SPV）のダウェイ SEZ ディベロップメントを設立した。この時に，ダウェイ SEZ および SEC の開発権は当初のイタルタイから SPV に移った。

　2014 年には，総計画の一部が初期開発事業（産業団地と SEC を含む）として切り出され，その開発権に関する入札が行われた。結果として，イタルタイが工業団地開発のロジャナ・インダストリアル・パークなどと共同で再び権利を取得した。

　総計画の残りの本格開発事業については，2015 年 7 月，日本政府がダウェイ SEZ 開発主体の SPV にミャンマーおよびタイと同等の持分比率で出資することについて，3 カ国が意図表明覚書に署名した。覚書の中では，「プロジェクトの初期開発事業と本格開発事業との明確かつ厳格な区別を確保する」とあり，イタルタイの行う初期開発事業と，それ以外の日本が関与する本格開発事業は仕分けされていることが明記されている。同 12 月，この覚書に基づき，日本が SPV に出資することが正式に決定した。

3. ダウェイ SEZ および南部経済回廊の概要と意義

3.1　プロジェクトの概要
(1)　総計画

　ダウェイ SEZ の特徴は，規模が巨大なことである（図表 5-6）。総計画面積は 1 万 9650ha で，ティラワ SEZ の 8 倍に相当するアジア最大級の SEZ 計画である。また，地理的にも重要なロケーションにある（図表 5-7）。ダウェイはミャンマー南部に位置し，東に向かうとタイのバンコクまで約 300km である。また，西方はインド洋に面しており，その先にはインド，中東，アフリカ，欧州が広がる。

　イタルタイが 2010 年に当初の開発権を得た際，同社主導で総計画の開発マスタープラン（以下，旧マスタープラン）が作成された。その当時から，ダウェイ SEZ と共に，タイ国境までの区間に 4 車線（上下 2 車線）の連結道路

と，大規模船舶が接岸できる深水港の一体開発が検討されていた。SEZ 内には産業団地が開発され，重工業（製鉄所，石炭火力発電所，石油ガス精製所，石油化学工場）や，軽工業（縫製，ゴム製品，木材加工品，水産物加工食品等）の立地が予定されていた。

産業団地の開発スケジュールは，2014年に一部開業，2020年に全面開業というものだった。しかし，イタルタイの旧マスタープランの実行は，その巨大な規模ゆえに資金調達等に難航し，2012年に仕切り直しされたことは前節でみたとおりである。

図表 5-6　ダウェイ SEZ とティラワ SEZ の比較

	ダウェイ SEZ	ティラワ SEZ
規模	・総計画　　　　19,650ha ・初期開発事業　2,700ha	・総計画　　　　2,400ha ・先行開発区域　396ha
位置	・タイ国境から約130km ・バンコクから約300km	・タイ国境から約400km ・バンコクから約900km
水運	・インド洋に面する ・深水港（水深16m）の建設計画があり，大型船の接岸可能	・ヤンゴン川に面する ・地形的に深水港の建設は困難で，ティラワ港の水深は10mしかなく，大型船の接岸は不可能
経済回廊	・南部経済回廊と接続する計画	・経済回廊との接続計画なし
開発費用	・初期開発事業　1,800億円以上	・先行開発区域　170億円
スケジュール	・初期開発事業は，完成まで8年の計画 ・初期開発事業に含まれる SEC は，部分舗装の工事用道路が既に全通	・2015年6月，先行開発区域の第Ⅰ期の造成完了 ・同9月，開業式典実施 ・2016年5月時点で73社の進出決定 ・初期開発区域の残りの第Ⅱ期は，2016年半ばに造成完了

資料：Arkhom（2015），パシフィックコンサルタンツ株式会社（2015）等により，筆者作成。

図表 5-7　ミャンマーおよび周辺国地図

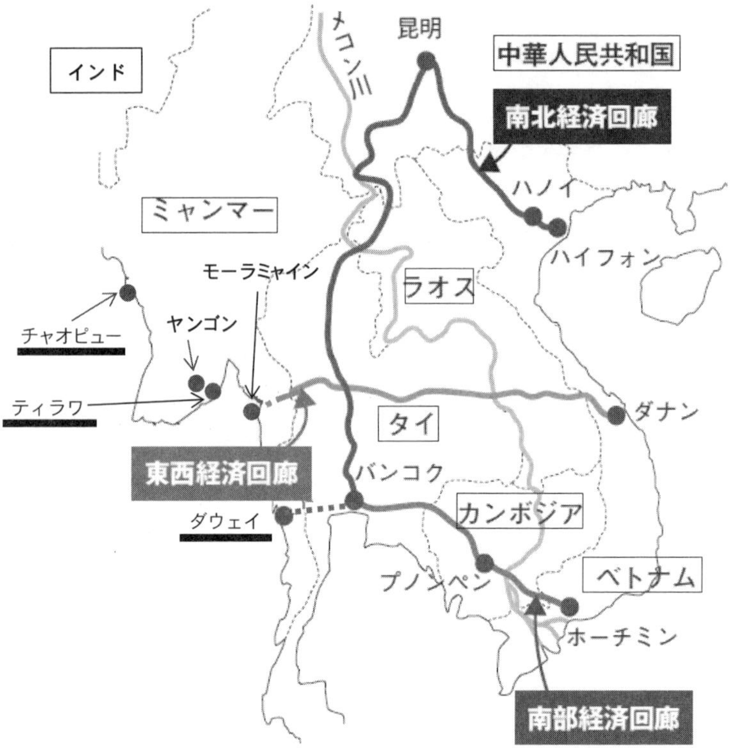

資料：小林（2014）より，筆者作成。

(2)　初期開発事業

　2014年に総計画から切り出されて入札の行われた初期開発事業は，2700ha（産業団地面積のみ）の規模であり，それだけでもティラワ SEZ の総計画を上回る巨大プロジェクトだ。開発主体は，当初の総計画開発権を保有していたイタルタイを中核とするタイ企業連合に決まった。

　初期開発事業の内容については，タイ政府の資料[5]によると，8つの事業が計画されている。すなわち，①2車線（上下1車線）のダウェイ―タイ連結道路，②小規模港，③小規模発電所，④産業団地の初期フェーズ，⑤用水池，

5　Arkhom（2015）

⑥液化天然ガス貯蔵基地，⑦通信設備，⑧居住区である。以下，①～④の各事業に焦点をあてて検討する。

①の2車線の連結道路は，SECの一部となるものである。ダウェイからタイ国境のプーナムロンまで約130kmの区間であり，そこから先はバンコク郊外バンヤイまで計画されているタイの高速道路と接続する。旧マスタープランでは4車線で計画されたものが，現行案では2車線に縮小されている点が注目される。また，その他の規格上の注目点としては，タイ国境近くの山岳地帯の一部で，トンネルなしの山越えルートが予定されている。このため，全区間は8割の平地と，残りの2割は山岳と丘陵の3タイプで設計され，それぞれに速度設定にばらつきがあるなど，安全性，高速性，快適性に劣るとの指摘がある[6]。現状では，舗装は部分的ながら工事用道路が既に全通しており（図表5-8），SECプロジェクトは一定程度が進捗している。筆者が関係者にヒアリングしたところ，現行案の低規格道路であれば，技術的には2年程度の工期で完成できるとのことだった。ただし，完成しても山越えルートの勾配は急であるため，大型トラック等の走行に関しては困難であるとみられている。

②～④の小規模港，小規模発電所，産業団地の初期開発事業は，本格開発事業での大規模施設に向けた段階的な開発という位置づけである。旧マスタープランではイタルタイが巨大プロジェクトの運営に行き詰まったことを踏まえ，リスクを軽減するために段階的アプローチがとられている。

産業団地の初期開発事業では，港湾と電力供給のキャパシティが小規模なことから，縫製業，ゴム製品，木材加工品，水産物加工食品といった軽工業が主体になると思われる。旧マスタープランで想定されていた重工業の立地は，本格開発事業を待つ必要があろう。イタルタイによると，現状では産業団地の初期開発事業に78社の企業が進出の関心を示している[7]。今後のスケジュールについては，筆者が面談した関係者によると，4つのステージに分けて8年で完成する予定という[8]。2016年早々に着工し，同年末に産業団地の一部で入居

---

[6] パシフィックコンサルタンツ株式会社（2015）
[7] タイNation紙，2015年12月15日付，"Japan now full partner in Dawei"
[8] 初期開発事業のうち65％は今後3年以内に完成させる計画との情報もある（ミャンマーMizzima紙，2016年1月25日付，"Dawei SEZ project sparks hopes and worries"）

可能とイタルタイは計画している[9]。これに対し，第三者の間では，2016年末の入居は野心的計画との見方がなされている。

図表5-8　ミャンマーにおけるSECの現状（未舗装の工事用道路）

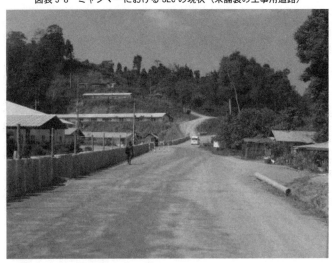

資料：アジア経済研究所　石田正美氏提供。

　以上のような初期開発事業の資金面について，イタルタイ連合は，既に17億ドル（約1800億円）を国際金融公社と世界銀行から借り入れるなど，当初の総計画開発で難航した資金繰りに奔走している。もっとも，関係者へのヒアリングによると，依然としてイタルタイ連合の資金は不足している模様である。このため，2016年4月，工費が4億ドル（約420億円）とされるダウェイータイ連結道路に関して，中国鉄路工程集団などの中国資本とコンソーシアムを組むことが明らかにされた。中国は，ミャンマー西部のチャオピューでのSEZ開発に関心があるといわれていたが[10]，タイ主導で日本も支援するダウェ

9　日本経済新聞，2015年8月15日付，「ダウェイ特区の工業団地，来年末に入居可能，ミャンマーにタイ建設が開発」

10　ミャンマー西部に位置してベンガル湾に面するチャオピューの沖合には，天然ガス油田がある。中国は，そこで天然ガスを採掘し，中東から運ばれてくる原油の貯蔵設備も建設し，それぞれを中国内陸部の雲南省まで輸送するパイプラインも完成させた。そして2015年12月，国営企業の中国中信集団（CITIC）を中核とする企業連合が，チャオピューSEZに関する産業団地と深水港の工

3. ダウェイ SEZ および南部経済回廊の概要と意義　173

イ開発にも影響力を行使することになりそうである。

(3) 本格開発事業

　本格開発事業とは，初期開発事業以外の部分である（図表5-9）。ミャンマー，タイおよび日本が同等の3分の1ずつの持分比率で出資するSPVが開発主体である。

　事業内容については，イタルタイによる旧マスタープランが踏襲されている。再びタイ政府の資料[11]によると，深水港，大規模発電所，産業団地の拡張などが計画されている。初期フェーズから拡張される産業団地には，製油所，化学工場，製鉄所の立地が見込まれている。

　これに対し，日本政府は旧マスタープランを修正する方針とみられる。日本がSPVへの出資を表明した2015年7月の覚書[12]の中で，「本格開発事業の効果的な実施を確保するために，3年以内に（中略）既存のマスタープランを精緻化する」「プロジェクトへの提案を行うためにJICAの専門家を派遣する」との記述がある。

　加えて，上述のタイ政府資料では本格開発事業として言及のないSECについても，日本政府は本格開発事業の中で規格向上を検討している模様であり，そのためのプレFS（事前事業化調査）の意図が同覚書の中で表明されている。イタルタイ連合が初期開発事業として取り組んでいる2車線の低規格道路について，大量輸送と高速走行を可能とする高規格化のため，車線の拡張や山越えルートのトンネル化などが検討されているようである。仮にルート変更を行う場合には，イタルタイの道路建設は既に一定程度進捗していることから，一部区間については工事をやり直す必要が生じると思われる。

　プロジェクトの期間については，旧マスタープランでは，総計画の工期は15年程度が想定されていた。そして，その旧マスタープランの見直しに関し

　事入札を落札した。産業団地の計画面積は1700haで，ダウェイSEZの産業団地の6割の規模であり，資源や化学関連の産業誘致が見込まれている。また，深水港の水深は30mの計画であり，ダウェイ港の16mよりも深い。

11　Arkhom (2015)。
12　「ダウェー経済特別区プロジェクトの開発のための協力に関する日本国政府，ミャンマー連邦共和国政府及びタイ王国政府の間の意図表明覚書」

図表 5-9　ダウェイ SEZ の初期開発事業と本格開発事業

事業内容		初期開発事業	本格開発事業
事業内容	SEC	・2車線，山越えのルート	・4車線化，トンネル化など規格向上を検討
	産業団地	・産業団地の初期フェーズ（軽工業向き）	・産業団地を拡張（製油所，化学工場，製鉄所など重工業を想定）
	港湾	・小規模港	・深水港
	発電所	・小規模発電所	・大規模発電所
	居住区	・初期段階の居住区	・居住区を拡張
	その他	・用水池 ・液化天然ガス貯蔵基地 ・通信設備	・リゾート開発 ・娯楽施設 ・商業施設 ・サービス業 ・観光業
開発主体		・イタルタイ連合（タイ企業） ・SEC に関しては中国企業も参加	・日本，ミャンマー，タイが同等の持分比率で出資する SPV

資料：Arkhom (2015)，などにより，筆者作成。

て，前述のとおり 2015 年 7 月の覚書では「3 年以内に精緻化」とされている。

したがって，旧マスタープランをどこまで見直すかによって，本格開発事業完了までのスケジュールは変化しうる。また，開発費用についても，初期と本格開発事業とを合わせた総計画のコストは，8000 億円という見方や，1 兆 3000 億円という見方などがある[13]。

3.2　プロジェクトの意義

(1)　ミャンマーにとっての意義

ダウェイ SEZ が開業すると，ティラワ SEZ のように直接投資の受け皿となり，ミャンマーの経済発展に貢献すると期待される。ダウェイ SEZ の規模は大きいことから，受け入れる直接投資額も膨らむだろう。

SEZ の経済効果については，東アジア・アセアン経済研究センター（ERIA）が，経済地理シミュレーションモデルを使って分析した先行研究がある（図表

---

[13] 日本経済新聞，2015 年 6 月 21 日付「日本，ミャンマー特区参加，東南ア最大級の産業拠点開発，タイ含め首脳合意へ」によると，日本の経済産業省の調査結果として 8000 億円超が必要とされる。また，タイ Nation 紙，2015 年 12 月 15 日付，"Japan now full partner in Dawei" では，建設費用が最大 1 兆 3000 億円に上るというタイのアーコム運輸大臣のコメントが紹介されている。

3. ダウェイ SEZ および南部経済回廊の概要と意義　175

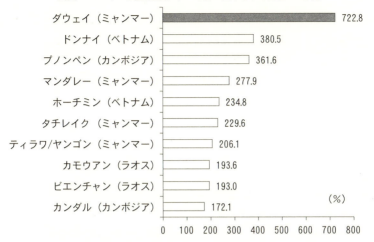

図表 5-10　SEZ の経済効果（GDP が押し上げられる上位 10 地域）

地域	値
ダウェイ（ミャンマー）	722.8
ドンナイ（ベトナム）	380.5
プノンペン（カンボジア）	361.6
マンダレー（ミャンマー）	277.9
ホーチミン（ベトナム）	234.8
タチレイク（ミャンマー）	229.6
ティラワ/ヤンゴン（ミャンマー）	206.1
カモウアン（ラオス）	193.6
ビエンチャン（ラオス）	193.0
カンダル（カンボジア）	172.1

注：SEZ なしの場合に比べた 2021―2030 年までの累積の GDP 押し上げ効果（2010 年価格）。
資料：ERIA CADP Research Team（2015）

5-10）[14]。ミャンマー，カンボジア，ラオス，ベトナムの CLMV 諸国に既に立地ないし今後に計画されている SEZ において，産業誘致等に伴う生産性の向上があると前提して，2021―2030 年までの累積の経済効果を試算したものである。これによると，経済効果が最大なのはダウェイであり，当該地域の GDP は SEZ が建設されない場合に比べて 700％以上と飛躍的に増大する。第 2 位のベトナムのドンナイ（ホーチミン郊外）に比べると伸び率は 2 倍である。

(2)　ミャンマー以外の国にとっての意義

　ダウェイ SEZ を SEC と一体的に開発することで，タイもメリットを享受すると考えられる。第 2 節でみたとおり，タイはダウェイ SEZ と SEC による利益に早くから関心を示してきた。
　現状では，タイとの経済回廊による連結はカンボジアとラオスがミャンマーに先行している。そして，カンボジアとラオス領内で経済回廊沿いに開発された SEZ において，タイの生産拠点を移管または補完するタイプラスワン型の

14　ERIA CADP Research Team（2015）

投資が拡大しつつある。人件費の上昇したタイは高付加価値の工程に特化し，労働集約型の工程は賃金の低いカンボジアやラオスで行う垂直型の工程分業である。カンボジアとラオスで雇用創出などの効果があるだけでなく，タイの側でも生産性向上の効果が見込まれる。

ミャンマーでは，ようやく2015年に，東西経済回廊（EWC）がタイ国境から60kmほどのコーカレーまで整備されたところである。同区間では，1日おきに上下を入れ替えて一方通行に規制されていた単車線の山岳道路しか通じていなかったが，双方通行可能な2車線のバイパスが開通した。しかし，EWCは，コーカレーから350km西方のティラワSEZまでは整備できておらず，計画上でも途中のモーラミャインが西の終点とされている（前掲図表5-7参照）。ティラワSEZへの投資は開業効果で盛り上がっているものの，タイとのアクセスが悪いことから，タイプラスワン型の投資はあまり行われていない（関係者ヒアリング）。むしろ，ASEANで相対的に大きい人口5千万人のミャンマー国内市場をターゲットとする企業進出が目立っている。

ダウェイSEZではSECによってタイとつながることで，カンボジアやラオスのようにタイプラスワン型の投資が伸びると見込まれる。ダウェイSEZにメコン圏の経済回廊を組み合わせた経済効果については，kimura（2015）の試算がある。試算にはSEC以外の経済回廊も含まれることには留意が必要だが，ミャンマーでの経済効果が最大で，タイでの効果もほぼ同等である（図表5-11）。なお，タイと並んでカンボジアでの経済効果も大きい背景としては，タイとダウェイSEZの分業体制にカンボジアもSECによって包摂されうることが一因として考えられる。

ダウェイSEZには深水港も併設されることで，タイとミャンマーだけでなく，インド方面にも生産ネットワークが広がる可能性がある。現状では，インド東岸の工業地帯と，バンコクの間はシンガポール経由の航路で結ばれている。バンコク―ダウェイ間にSECを建設し，ダウェイの深水港経由で部品や完成品のやりとりを行えるようになれば，輸送時間がシンガポール経由よりも3日短縮すると想定されている。将来的には，日本企業がタイやインドに展開している生産拠点をダウェイSEZの深水港とSECで結びつけ，東南・南アジアにまたがる生産ネットワークを構築することが考えられる。

図表 5-11 ダウェイ SEZ とメコン圏経済回廊の経済効果

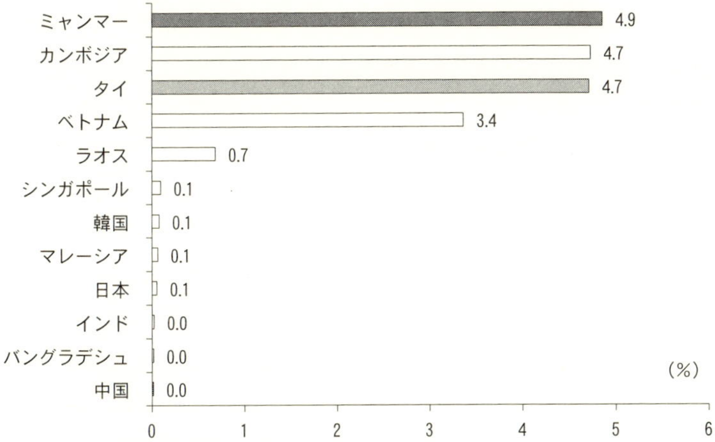

- ミャンマー 4.9
- カンボジア 4.7
- タイ 4.7
- ベトナム 3.4
- ラオス 0.7
- シンガポール 0.1
- 韓国 0.1
- マレーシア 0.1
- 日本 0.1
- インド 0.0
- バングラデシュ 0.0
- 中国 0.0

(%)

注:ダウェイ SEZ が大規模開発されるケース。
資料:Kimura (2015)。

4. 新政権下でのダウェイ SEZ および南部経済回廊開発の行方

4.1 テイン・セイン政権が既決した事項の継承方針

　2015 年 11 月 8 日に行われたミャンマーの総選挙で,ティラワ SEZ および SEC の開発を前進させたテイン・セイン政権の連邦団結発展党(USDP)は敗れ,アウン・サン・スー・チー党首の国民民主連盟(NLD)が圧勝した。ミャンマー国会は上下両院の 664 議席で構成され,このうち 4 分の 1 の 166 議席は無投票で軍人議員に割り当てられる。今回の総選挙では,残りの 498 議席のうち,少数民族との紛争で投票が中止された 7 議席を除く 491 議席を巡る争いが展開された。その結果,NLD は 390 議席を獲得し,両院において軍人議員を含めた過半数を上回った。

　選挙結果への反応をみると,NLD が大勝したことはサプライズだったと地元メディアは報じていた。事前の予想では NLD が優勢とみられていた一方で,USDP についても経済運営の実績などを世論調査では評価されていたた

め，健闘が期待されていた。しかし，実際の投票に際しては，有権者はUSDPが経済立て直しに成果を挙げたことを評価しつつも，USDPの支持基盤である軍部を敬遠してNLDを支持した模様だ。

　NLD政権に交代しても，ミャンマーの直面する課題は経済発展であることに変わりはない。本章第2節で確認したとおり，ミャンマーの経済発展は周辺国に比べて立ち遅れている。現地の世論調査でも，新政権への期待として経済発展と答えた人が50％と最多だった。

　したがって，NLD政権は，テイン・セイン政権の経済改革を継承することが期待される。継承が期待される具体的な取り組みの中には，ダウェイSEZとSECの開発が含まれよう。

　しかし，総選挙の前から直後にかけては，NLDによる政策の継承は不安視されており，テイン・セイン政権による外国との取り決めやプロジェクトへの許認可は覆されるとの見方があった。実際に，総選挙翌日の11月9日には，NLD政権に対する不安を反映して，隣国タイの株式市場ではミャンマー関連ビジネスを行うタイ企業の株価が軒並み下落した。その中には，ダウェイSEZの初期開発事業を行うイタルタイとロジャナがあった。投資家の間では，ダウェイSEZの開発がNLD政権によって見直されるとの懸念が広がったと思われる[15]。

　こうした不安に対して，NLD政権はテイン・セイン政権による取り決めや許認可を継承する方針を表明し，火消しに努めた。

4.2　留意すべき新政権独自の経済政策方針

　NLD政権は総選挙前にマニフェスト「変化の時が来た」を発表し，独自の政策方針を明らかにしている。特に経済政策に関する部分をみると，NLD政権は12の分野における発展に取り組むと公約している。すなわち，「経済・金融」「農業」「エネルギー」「自然環境保全」のほか，「畜水産業」「労働」「教

---

[15] タイの株式市場では，イタルタイとロジャナの他には，ミャンマーでガス田を経営するPTTEPなどのミャンマー関連株が下落した。なお，当時のミャンマーでは株式の取引は行われていなかった。ヤンゴン証券取引所は総選挙から1カ月後の2015年12月に開所し，2016年3月からは上場第1号の不動産会社ミャンマー・ファースト・インベストメントの株式が取引開始された。

図表 5-12　NLD マニフェストの留意すべき分野と内容

分野	内容
経済・金融	・経済発展に取り組む方針 ・ただし，インフラ整備等の具体策は示されず
農業	・不当な農地の収用を防ぐ ・時代に合致しない農地法を改正
エネルギー	・小規模発電を支援
自然環境	・投資が環境破壊につながるか検討できる法律を定める

資料：NLD 総選挙マニフェストより，筆者作成。。

育」「保健」「女性」「若者」「通信」「都市開発」である。以下，これらの中でもダウェイ SEZ および SEC の開発に影響しうる分野（図表 5-12）の公約を検討する。

　第 1 は「経済・金融」である。インフラ整備や外資誘致に取り組むとの記述があり，テイン・セイン政権と同様の方針が示されている。ただし，いずれも項目の羅列にとどまり，具体策は示されていない。ダウェイ SEZ や SEC といった個別プロジェクトへの言及は皆無である。

　第 2 は「農業」で，記述の分量は 12 分野の中で最も多い。人口の 7 割が居住する農村での生活向上と貧困削減が必要であるとして，農業主導の経済発展が主張されている。これに対し，農業主導の発展につながる形で製造業とサービス業の発展に取り組むとされており，ダウェイ SEZ に誘致すべき製造業の優先順位は農業より低い印象を受ける。

　また，「農業」に関する具体的な記述としては，不当な農地の収用を防ぎ，時代に合致しない農地法を改正するとの文言が目を引く。農民の農地に対する権利が確保されておらず，不当な農地収用で農民の利益は侵害されているとの認識が NLD 政権にはあるようだ。テイン・セイン政権も農業を重視し，2012 年に農地法を改正して，国家による収用に際しては相応の補償が行われることなどを規定した。しかし，その改正農地法を NLD 政権は再改正するとしており，広大なダウェイ SEZ に必要な土地の確保に影響する可能性がある。関係者へのヒアリングによると，ダウェイ SEZ 開発用地の土地収用は依然として完了していない状況である。

　第 3 は「エネルギー」である。ミャンマーでは発電容量の 7 割を水力発電が

占めているが，ダムは自然環境を最も破壊するものと指摘し，今後は既存ダムの改修と太陽光などの再生可能資源による小規模発電を支援するとしている。ダウェイ SEZ の本格開発事業では大規模発電所の建設が計画されており，NLD 政権下の公約との整合性が懸念される。

第4は「自然環境保全」であり，国内外からの投資が環境破壊につながるか検討できるよう法律を定めると記述されている。テイン・セイン政権も同様の法律を 2012 年に環境保護法として制定し，同法に基づく環境アセスメントの手続き規定もドラフト版を公表しており [16]，実際にドラフト版をベースとした環境アセスメントが行われていた。ミャンマー政府関係者によると，テイン・セイン政権の定めた手続きに従うと，環境アセスメントにはパブリック・コメント等を含めて最低でも 1 年はかかるという。さらに NLD 政権がどのような法律を検討しているのか不明であるが，環境規制が今まで以上に強化され，環境アセスメントに要する時間は長期化するかもしれない。ダウェイ SEZ および SEC の環境アセスメントについては，イタルタイが部分的に行ったものがあるが，関係者へのヒアリングによると，その内容はテイン・セイン政権の定めた基準と比べても不十分であり，やり直しの必要があるとみられている。

4.3　新政権の発足と最初の 100 日間の政策動向

NLD 政権は，2016 年 4 月 1 日に正式に発足した。発足に先立ち，アウン・サン・スー・チー党首の大統領就任問題が取沙汰された。ミャンマーの大統領は上下両院議員による投票で選出され，前回の総選挙の場合は第 1 党となった USDP のテイン・セイン党首が大統領に選出された。しかし，憲法には外国籍の親族を持つ者は大統領に就任できないという規定があり，アウン・サン・スー・チー NLD 党首の場合は英国籍の子供の存在が大統領就任の障害となった。

当初，同党首は大統領には就任せず，その代わりに「大統領を超える立場」になる意向であると報じられたが，政権交代直前の 3 月にかけて，憲法の改正や停止による大統領への就任が試みられた。これに対し，憲法改正には国会議

---

[16] 環境アセスメントの手続き規定の最終版は，テイン・セイン政権の任期切れ直前の 2015 年 12 月に発表された。

員の4分の3以上の賛成が必要であり，4分の1を占める軍人議員が反対した。

結局，同党首の側近であるティン・チョー氏が大統領に就任した。同党首が大統領就任に最後まで固執して軍部と対立するよりも，円滑な政権委譲のために軍部との融和を重視して譲歩した形となった。一方で，自らは大統領府相と外相を兼任して内閣の枢要ポストを占めるだけでなく，新設の国家顧問にも就任して政府と国会に助言する役割も得て，実質的には「大統領を超える立場」に就任した。

2016年7月7日にはNLD政権発足から最初の100日目を迎え，この間を振り返ると経済政策には停滞や若干の混乱がみられた。

第1に，NLD政権は100日プランと称して目に見える成果を上げるとしていたが，実際には明確な実績はなかったと現地メディアは報じている。政権の経済政策も6月末に発表する予定から遅延し，ようやく7月末に発表されたものの，内容はマニフェスト以上の具体的なものにはならず肩すかしだった。

第2に，外国からの投資を承認する経済委員会に関して，前政権と共に3月末で退任していた委員の後任人事に手間取った。6月に入ってようやく委員が任命されたものの，同月末までに承認された外国投資は4件にとどまった。

第3に，マレーシア企業で三井物産も資本参加するIHHヘルスケア社の病院建設プロジェクトに関して，前政権が投資認可を与えていたにも関わらず国会が中止を決定した。建設予定地は元々は地場の公共病院の拡張用に確保されていた国有地で，そこに外資系の民間病院が進出しても一部の富裕層の利用が見込まれるだけであり，前政権の認可は公益性を考慮していないというのが中止の理由である。NLD政権は前政権の行った許認可を継承する方針を表明していたが，この方針に反する事例が生じたこととなり，その他の許認可済み投資プロジェクトへの影響を懸念する見方が生じている。

4.4 今後の展望

NLD政権は，ダウェイSEZおよびSECの開発を，日本政府やタイ政府と共同で取り組む国家プロジェクトとして，基本的には継承するとみられる。ただし，経済政策全般に関する具体的な準備は遅れており，前政権による投資許認可を反故にする事例が出るなど，今後の停滞や曲折を懸念させる兆候がみら

れる。2016年6月，アウン・サン・スー・チー党首がタイを訪問してプラユット暫定首相と会談を行った際には，同暫定首相が「ダウェイ SEZ が雇用を創出し，国境地帯の両国民の生活を向上させることを両国政府が確認した」と記者会見で明らかにしたのに対し，同党首はダウェイ SEZ に言及しなかったことは，両者の温度差を感じさせた。

　実際のところ，ダウェイ SEZ に立地が見込まれる製造業の振興に関しては，農業振興よりも政策上の優先順位は低い可能性がある。筆者が現地で複数の関係者に聴取した限りでも，NLD 政権は予算制約[17]の中で農村部の貧困対策などに優先的に取り組み，ダウェイ SEZ と SEC の優先順位は低く位置づけているのではないかとの見方が多かった。さらに，NLD 政権は農地と環境の保全に関してテイン・セイン政権よりも厳格に取り組む方針を示しており，今後の土地収用や大規模発電所建設，環境アセスメントの行方には不確実な要素がある。

　したがって，NLD 政権によるダウェイ SEZ と SEC の開発への取り組みは，テイン・セイン政権に比べてスピードダウンする可能性がある。そもそも，本章第3節で述べたとおり，ダウェイ SEZ は巨大プロジェクトであり，初期開発事業の産業団地に絞っても工事完成まで8年の計画である。初期開発事業に含まれる SEC についても，現状の低規格道路であれば技術的には2年程度で完成するとみられるが，実用性を高めるために高規格化の再工事が検討されている。こうした技術的なスケジュール感に加えて，NLD 政権は農業や環境に配慮しながら慎重に取り組むことで，ダウェイ SEZ および SEC 開発の時間軸はさらに伸びる可能性がある。

5. おわりに

　ダウェイ SEZ と SEC の経済効果はミャンマーだけでなくタイなどの周辺国にも及ぶと期待されるが，NLD 政権は慎重なペースで開発に取り組むという

---

[17] ミャンマーの財政赤字はテイン・セイン政権期に膨らみ，2015年度（2015年4月―2016年3月）は名目 GDP 比 4.8％となった模様である。NLD 政権は，財政規律を重視する方針を示している。

のが今後のメインシナリオである。そして,このメインシナリオに対するリスクとしては,今後の NLD 政権による独自政策の具体化次第では,農地や環境保全に関する規制が過度に強化されて,開発が大幅に遅延する懸念がある。農地と環境の保護は重要な政策であるが,過度な規制を行って投資を低迷させたインドの前政権の事例もある[18]。

　ダウェイ SEZ および SEC 開発のステークホルダーである日本としては,開発とのバランスの取れた農地や環境政策の具体化を支援していくことが重要である。たとえば,現地の日本大使館と日本商工会議所は,NLD と総選挙前から数次にわたり政策対話を行ってきた。テーマは SEZ 開発,財政政策,投資環境整備,農業振興,金融市場育成などであり,日本での取り組みの説明や,ミャンマーの現状に合わせた政策の討議が行われた。また,NLD 政権発足から 2 カ月後の 2016 年 6 月には,日ミャンマー共同イニシアティブが開かれ,両国の官民が投資環境改善のための議論を行った。引き続き,投資,産業,貿易,金融,税務の 5 分野をテーマに議論が行われる予定である。今後も,NLD 政策委員会との対話や日ミャンマー共同イニシアチブといったチャネルを通じて,日本の官民が一体となって適切な経済政策をアドバイスしていくことが考えられる。

参考文献

小林公司 (2011)「回復が遅れる対インド直接投資―用地不足,環境規制,人材不足の投資障壁が近年に高まる―」『みずほインサイト』みずほ総合研究所

――― (2014)「カンボジア経済の大メコン圏横断的視点からの分析 ―新たな生産拠点としての現状と発展可能性―」『みずほ総研論集』(2014 年 I 号) みずほ総合研究所

――― (2015)「特色が分かれるメコン圏直接投資―投資拡大のカギを握るタイプラスワンの成否」『みずほインサイト』みずほ総合研究所

杉田正大 (2013)「タイ・スマートコミュニティとダウェイ開発に関する活動報告」第 1 回 日本タイ経済連携促進フォーラム資料

パシフィックコンサルタンツ株式会社 (2015)『ミャンマー産業化促進支援総合開発計画調査報告書』経済産業省通商政策局アジア大洋州課委託

みずほ総合研究所 (2013)『全解説ミャンマー経済―実力とリスクを見抜く』日本経済新聞出版社

――― (2015)『図解 ASEAN を読み解く』東洋経済新報社

Arkhom, Termpittayapaisith (2015) *Regional Integration through Dawei Development Project*, 7 月 3 日,メコン 5 カ国フォーラムプレゼンテーション資料

ERIA CADP Research Team (2015) *The Comprehensive Asian Development Plan 2.0 (CADP 2.0):*

18　小林 (2011)

Infrastructure for Connectivity and Innovation.

Kimura, Fukunari (2015) *Dawei and the Mekong-India Economic Corridor: A Non-conventional Approach*, 7月3日, メコン5カ国フォーラムプレゼンテーション資料

Kruewan, Mahesuan (2014) *Thailand Development Policy for Neighboring Countries: Dawei Development Project Case Study*, 財務省 財務総合政策研究所 客員・実務研究員等ワークショップ資料

(小林公司)

第6章

存在感高まるカンボジア
――南部経済回廊を活用して国際的サプライチェーンの一環へ

1. はじめに

「まことに小さな国が，開化期を迎えようとしている。」とは，明治時代の日本を題材とした司馬遼太郎の長編歴史小説「坂の上の雲」の書き出しであるが，今のカンボジアにもぴったりとくる表現である。カンボジアと聞いて，日本人が普通に持つイメージは，「地雷・内戦」「秘境」「貧困」だといわれる。日本に伝えられるカンボジアのニュースの多くが，今もポル・ポト派の裁判や地雷除去，外国支援による学校建設といったものだからだろう。だが，カンボジアは今や，高度成長の国である。首都プノンペンでは高層ビルの建設ラッシュが進み，プノンペン周辺に林立する縫製工場では日本向け激安ジーンズなどが猛スピードで生産されている。さらに，南部経済回廊を活用して，国際的サプライチェーンに組み込まれ，自動車や電気機器の部品の製造拠点としても存在感を増している。カンボジアを訪問するビジネスマンの多くが，これまでのイメージとの格差に驚き，一気にカンボジアの可能性の高さに着目することとなる。

本章の目的は，カンボジアの現状を解説し，日系企業を中心とする投資家の観点から事業環境を分析し，カンボジアの投資先としての可能性に迫ることである。第2節では，マクロ経済について説明し，貧困イメージからの脱却を図るカンボジアの現実を示す。第3節は，最近の政治状況について概説する。第4節では，ビジネス環境について検討し，投資先としてのカンボジアのメリットと課題について説明する。第5節は，最近増加している日系企業の進出を分析し，カンボジアへ進出する際の企業戦略を検討する。最後に第6節で，カン

ボジア政府・日本政府等が今後取るべき政策について提言を行って，本章を締めくくる。

2. カンボジアのマクロ経済概況

2.1 経済成長率

カンボジアは高度成長の国である。アジア金融危機後の1998年からリーマンショック前の2007年までの10年間の平均GDP成長率は9.4％に達し，ASEAN10カ国の中で最高の成長率であった。この成長率は，日本の高度成長期に匹敵するものである。また，リーマンショック後（2010年－2015年）を見ても平均成長率は7.0％に達しており，高いレベルを保っている。GDP成長率は，経済危機の2008年は6.7％，2009年は0.1％と落ち込んだものの，2010年は6.0％，2011年7.1％，2012年7.3％，2013年7.4％，2014年7.0％，2015年7.0％と高度成長軌道に戻ってきている。国際通貨基金（IMF）の予測では，2016年－2021年の成長率は6.7％－7.0％程度と予測されている。1人当たりの名目GDPも2013年に1000ドルの大台に乗せ，2014年は1096ドル，2015年は1168ドルとなっている。

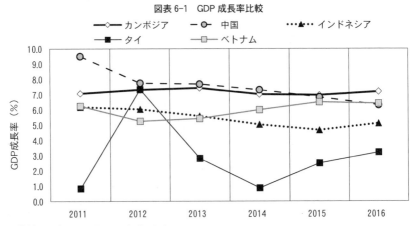

図表6-1　GDP成長率比較

資料：IMF World Economic Outlook 2015.

2.2 物価上昇率

　カンボジアは物価の優等生である。2006年までの消費者物価上昇率は，高くても6％ほどであった。その後，2007年は7.7％，国際原油価格が高騰した2008年は25.0％に達したが，その後は，2009年マイナス0.7％，2010年4.0％，2011年5.5％，2012年2.9％，2013年3.0％，2014年3.9％と落ち着いている。2014年からの国際原油価格の下落もあって，物価上昇率はさらに低下し，2015年は1.2％にまで低下した。IMF予測によれば2016年－2020年も2.1％－3.2％程度に留まる見込みである。

2.3 国際収支

　カンボジアは，長年，輸入が輸出を上回り，貿易収支は赤字が続いてきた。これは輸出する縫製品等の原材料を輸入しなければならないことと，ほとんどの消費財，資本財を輸入に頼っているためである。この赤字を，観光収入，海外からの直接投資，各国からの援助で埋め合わせており，総合収支は黒字が続いている。外貨準備は2015年末で49億7900万ドル（輸入の4.0カ月分）に達する見込みであり，安定的な状況である。

　IMF予測によれば2015年末の公的対外債務は，60億5800万ドル，対GDP比34.2％と妥当な水準で，債務返済比率（DSR）も1.4％と非常に低い。IMFと世界銀行による債務持続可能性分析（DSA）でも，借入のほとんどが国際機関等からの低利・長期の融資のため，概ね問題ないと見られており，カンボジアは「低リスク国」に分類されている。

2.4 ドル化経済

　カンボジアでは，一般的には米ドルが流通している。市中に流通する現金の84％が米ドル現金，預金の95％が外貨（主に米ドル）建てとなっており，高度にドル化した経済となっている。現地通貨のリエルは農村部や少額取引で使用されている。リエルの対ドルレートは，中央銀行が必要な場合には介入を行っていることもあり，1ドル4000－4200リエル程度で安定的に推移している。

2.5 産業構造

カンボジア経済には4つのエンジンがあると言われている。第1は，縫製業・製靴業等の輸出型軽工業である。主に欧米向けの低価格品を製造している。ユニクロ（GU）の990円激安ジーンズもカンボジア製である。2010年以降，日系企業による労働集約型部品産業の直接投資も増加してきている。第2は観光業である。2015年には約480万人がカンボジアを訪問したとみられ，GDPの15％程度を稼ぎ出している。第3は不動産・建設業である。道路や橋，港などのインフラの建設が進んでいる。また，プノンペンでは，外国資本等による高層ビルやニュータウンの建設も進められている。最後は農業である。まだ生産性は低いものの，米を中心として，ゴムやキャッサバ，コーヒー，カシューナッツ等の商品作物の生産も好調である。カンボジア政府では，米の生産・輸出振興政策である「ライス・ポリシー」を推進中である。米については，灌漑や精米等の施設が整えば，質・量ともに上昇が期待されている。

2.6 国家財政

予算（支出）は，2011年26億ドル，2012年29億ドル，2013年31億ドル，2014年35億ドル，2015年39億ドルと増加している。財政赤字は，2009年はリーマンショックによる不況への対応で対GDP比8.4％まで拡大したが，2015年度は2.0％に縮小すると見られている。赤字については，主に海外からの譲許的借款でファイナンスされている。

2.7 カンボジアの金融セクター

カンボジアの中央銀行であるカンボジア国立銀行（NBC）が発行した銀行監督報告書によると，2015年末現在，カンボジアの商業銀行数は36行となっている。内訳は，地場銀行12行，外国銀行現地法人14行，外国銀行支店10行。この他，特殊銀行11行，外国銀行駐在員事務所が8事務所ある。2015年末の商業銀行の本支店数合計は，2014年末の541店から9.6％増加して593店となった。2015年末の従業員総数は，対前年比11.2％増の2万1969人となっている。日系メガバンク3行（三菱東京UFJ銀行，三井住友銀行，みずほ銀

行）は，いずれもプノンペンに駐在員事務所を開設している。

　2015年も，カンボジア経済の好調の波に乗り，カンボジアの銀行セクターは引き続き順調に成長した。2015年末の商業銀行36行・特殊銀行11行の総資産は，2014年末から23.2％増加して80.8兆リエル（約200億ドル：約2兆1400億円）に達した。2015年末の貸付残高は，前年比25.7％増の47.6兆リエル（約117億ドル：約1兆2600億円）となった。預金残高も，前年比17.4％増の46.3兆リエル（約114億ドル：約1兆2200億円）となった。純利益も順調で，2014年の1兆2698億リエル（約3.2億ドル：約380億円）から25.1％増の1兆5885億リエル（約3.9億ドル：約420億円）となった。総資本利益率（ROA）は1.96％，株主資本利益率（ROE）は10.9％と好調である。

　貸付先をセクター別シェアで見ると，卸売17.0％，小売15.7％，その他サービス8.4％，農林水産業10.2％，製造業7.6％，建設7.7％等となっており，実業向けが中心となっている。住宅（個人向け）は7.1％，不動産は4.8％，個人消費は5.4％に留まっている。

　貸付金利（加重平均）は，ドル建て1年で11.3％／年，リエル建て1年で15.7％／年となっている。預金金利（加重平均）は，ドル建て1年物で4.5％／年，リエル建て1年物で5.6％／年。預金金利は銀行間でばらつきが大きく，最高金利は，ドル建て1年物で6.0％／年（プノンペン商業銀行，カンボジア郵便銀行），リエル建て1年物では7.0％／年（ACLEDA銀行他）。

　商業銀行・特殊銀行の平均不良債権比率は，2014年末の2.22％から若干減少して2015年末は1.99％となっており，引き続き低い水準にある。

　NBCでは，銀行セクターは好調を続け貸付も急速に伸びているものの，リスクに十分な注意を払いつつ，貸付に際し慎重な検討を行うとともに，NBCによる各種規制に則って各銀行の健全性の確保に留意しているとしている。

　カンボジアでは，小口金融を行うマイクロファイナンスも重要な役割を果たしている。マイクロファイナンス機関も中央銀行の監督を受けている。カンボジアには，中央銀行認可のマイクロファイナンス機関が，2015年末現在58機関あり，このうち8機関は一般からの預金受入れを認可されている。

　2015年もマイクロファイナンスセクターは急速に拡大した。2015年末の総資産は，前年比48.0％増の14兆6259億リエル（約36.1億ドル：約3865億

円）に達した。2015年末の貸付残高は，前年比49.9％増の12兆2444億リエル（約30.2億ドル：約3235億円）となった。預金残高も，前年比47.3％増の5兆3009億リエル（約13.1億ドル：約1400億円）となった。純利益も順調で，2014年の3632億リエル（約8913万ドル：約95億円）から48.1％増の5378億リエル（約1億3279万ドル：約142億円）となった。総資本利益率（ROA）は3.86％，株主資本利益率（ROE）は18.76％と大変高くなっている。

　貸付先をセクター別シェアで見ると，農業35.2％，個人向け26.2％，商業19.4％等となっている。マイクロファイナンスはこれまで農村部での農業向けや小規模商店向けの小口金融が中心だったが，近年では都市部でのオートバイやスマートフォン購入のための消費者金融も伸びてきている。

　2015年末の不良債権比率は，0.77％（2014年末0.59％）と，大変低いレベルとなっている。しかし，農村部では，マイクロファイナンス機関への返済ができなくなると，土地を失う等，大変厳しい状況となることもあり，複数の機関から借り入れを行う重債務者を防ぐことも重要である。このため，カンボジア信用機構（CBC）が設立され，法人・個人の借入状況，信用情報等を各機関に提供している。

　NBCでは，最低資本金規制の見直し，流動性カバレッジ規制の導入，銀行監督の強化等により銀行セクターの健全性維持に努めている。また，即時決済システム（FAST）の導入等による効率化により銀行セクターの効率向上や成長促進にも取り組んでいる。今後の課題として，借入人側の金融知識の向上，国際的協力も含めて銀行監督能力の向上等にも取り組んでいくとしている。

2.8　カントリーリスク

　OECDのリスクカテゴリーは，2016年1月現在「6」（最も安全が0，最も高リスクが7）。格付機関では，ムーディーズB2となっている。

2.9　世界銀行の所得階層別分類（低所得国から低中所得国への格上げ）

　世界銀行では毎年7月1日に所得別国別分類を見直し，発表している。2016年の見直しでは，予想された通り，カンボジアがこれまでの低所得国から卒業し，低中所得国に格上げとなった。所得分類は，原則として1人当たり国民総

所得（GNI）を基準として決定される。2016年の基準は、2015年の1人当たりGNIで見て、低所得国（Low-income economies）が1025ドル以下、低中所得国（Lower-middle-income economies）が1026ドル〜4035ドル、高中所得国（Upper-middle-income economies）が4036ドル〜1万2475ドル、高所得国（High-income economies）が1万2476ドル以上となっている。カンボジアの2015年の1人当たりGNIは1070ドルだった。2010年には750ドルだったので、5年で43％増加したこととなる。カンボジアが入った低中所得国のグループには、フィリピン（3540ドル）、インドネシア（3440ドル）、ベトナム（1980ドル）、インド（1590ドル）、ミャンマー（1280ドル：2014年）等も属している。ちなみに日本は3万6680ドル。

　なお、今回の格上げによる影響は当面限定的なものと見られる。カンボジアは引き続き国連により「後発開発途上国（LDC）」に分類されており、日米欧等の特別特恵関税等の対象となっている。LDCからの卒業に当っては、(1) 1人当たりGNI（3年間平均：1242ドル以上）、(2) HAI（Human Assets Index：人的資源開発の程度を表す指標で、栄養不足人口の割合、5歳以下乳幼児死亡率、中等教育就学率、成人識字率を指標化したもの）、(3) EVI（Economic Vulnerability Index：外的ショックからの経済的脆弱性を表す指標）の3基準を満たすこと等の必要がある。LDCからの卒業に関する国連での見直しは3年に一度ということもあり、カンボジアがLDCから卒業するのは早くとも2024年になるものと予測される。

3. 最近の政治状況

3.1 カンボジア略史

　カンボジアと言えば、「内戦」・「地雷」のイメージである。最近の政治状況を説明するにあたってカンボジアの現代史をまず概観したい。内戦は、非常に複雑な構造となっているが、2013年に逝去されたシハヌーク前国王陛下の一生を軸に見ると、比較的わかりやすい。

・1922年10月31日　ノロドム・スラマリット国王とシソワット・コサマッ

ク皇后の間に生まれる。
- 1941 年 4 月 23 日　カンボジア国王となる。（当時はフランス植民地時代）
- 1945 年　第 2 次大戦末期，日本はいわゆる仏印処理により，カンボジアを独立国家とする。しかし，日本敗戦により，カンボジアは再びフランス領に。シハヌーク国王は日本のこの対応をカンボジアの独立に欠かせないものとして後々まで感謝したと言われている。
- 1953 年 11 月 9 日　「王国十字軍」と呼ばれるシハヌーク国王による世界各国を回る行脚の末，フランスからの独立を達成。フランスやアメリカで芳しい成果が得られなかった後，日本を訪問し天皇陛下に温かく迎えられ，また日本政府もシハヌーク国王を大いに支援したと言われる。国王はこのときの日本によるカンボジア独立への協力を高く評価されていた。シハヌーク国王は，同年に生まれたシアモニ王子（現国王陛下）の幼名を「トーキョー」と命名され，日本への感謝を示されている。
- 1955 年 3 月 2 日　政界に進出することを決意し，国王を退位し，父であるスラマリット前国王に譲位する。（この後は，「シハヌーク殿下」と呼ばれる）
- 1955 年 9 月　首相に選出される。この後，外交的には中立，政治的には社会主義を取り入れた体制を目指す。この後約 15 年間は，平和で，順調な発展をカンボジアにもたらす。
- 1970 年 3 月　アメリカの支援を受けたロン・ノル将軍のクーデターで国を追われる。アメリカはベトナム戦争の真最中であり，南ベトナム・アメリカのいうことを聞かないシハヌーク殿下に反発を強めていた。アメリカはこの後，北ベトナム軍を攻撃するとの名目でカンボジアへの越境爆撃を繰り返した。第 2 次大戦中の日本への爆撃よりも多いと言われる量の爆弾が降り注ぎ，多くのカンボジア人の命が奪われた。これにより，カンボジアでは反米感情が高まり，ポル・ポト派の伸長を許す要因となった。
- 1975 年 4 月　国外亡命中のシハヌーク殿下は，ロン・ノル派を追い出すため中国の支援を求める。この年，中国の支援を受けたポル・ポト派がロン・ノル派を破り，政権を取る。
- 1976 年 4 月　シハヌーク殿下はようやくカンボジアへの帰還を果たすが，

直後にポル・ポト派により王宮に幽閉される。この後のポル・ポト派による大虐殺で，殿下御自身の子供5人を含む王族多数が殺害されてしまう。
・1978年　ベトナムの支援を受けたヘン・サムリン派（フン・セン首相も含まれている）が，カンボジアに侵攻。シハヌーク殿下はこの際にプノンペンを脱出。アメリカに逃れる。
・1979年　殿下が率いる王党派は，今度はベトナムと戦うため，これまで敵であったポル・ポト派，ロン・ノル派と3派連合を組む。その後の泥沼の内戦を招いたとも言われるが，自分を追放したり，自分の子供を殺したりした「昨日の敵」を「今日の友」としたものであり，大胆な決意と評価されている。
・1991年　パリ和平会議。80年代後半から日本政府が極秘裏に進めてきた「和平工作」がようやく実ったものである。シハヌーク殿下もこれを後々まで高く評価される。
・1992年　再び国王の地位に就く。以降の日本の支援，初のPKO参加等も高く評価された。
・1993年　フンシンペック党を実質的に率いて総選挙で勝つ。長男のノロドム・ラナリット殿下とフン・セン首相の2人首相体制を構築する。フン・セン首相率いるカンボジア人民党との連立を達成する。
・1997年　連立は不安定なものとなり，ラナリット殿下は亡命することとなる。その後王党派の力は弱まり，人民党の勢力が盤石なものとなっていく。
・2004年　2003年の総選挙でフン・セン首相の人民党が大勝。シハヌーク国王は，退位することを決心され，シハモニ現国王に譲位する。
・2012年10月5日　逝去　（享年89才）

3.2　2013年総選挙後の動揺と現状

2013年7月28日にカンボジア国民議会総選挙が実施された。議会の定数は123議席で，前回の2008年の選挙では，与党のカンボジア人民党が90議席を獲得して大勝していた。2013年の選挙では，第1野党の救国党がどこまで議席を伸ばすかが焦点となった。人民党の獲得票数は323万5969票，救国党は294万6176票となり，獲得議席数は，与党のカンボジア人民党が68議席，野

党の救国党が55議席となった。なお，フンシンペック党，その他諸党は議席を獲得できなかった。

　フン・セン首相率いる与党のカンボジア人民党が大きく議席を減らしたものの単独過半数を維持した。野党のカンボジア救国党は55議席となり，大きく躍進したものの勝利には至らなかった。王党派のフンシンペック党は，1993年の初選挙では第１党だったが，今回は議席を完全に失った。

　救国党は，選挙には不正があったと批判して調査委員会の設置などを要求し，9月7日にはプノンペン市内で1万人規模の抗議集会を実施した。9月23日，国民議会が招集されたが，救国党側では，選挙結果について「公式発表結果は到底受け入れられない」としたうえで，選挙の不正を調べる独立調査委員会設立などを主張し，議会初日から全員がボイコットした。これに対し，人民党は，選挙結果は法律に基づく手続きを経て確定したとして，9月24日には人民党議員だけで首班指名を行い，フン・セン首相を再任した。

　2013年12月中旬から始まった救国党のデモは，12月25日ごろから賃上げを求める労組も加わって大規模化，長期化したが，2014年1月3日，暴徒化したデモ隊の一部に政府側が発砲して5名の死者と多数の負傷者を出す最悪の惨事に至った。1月4日には，民主広場の救国党デモ本拠地も政府側により強制排除された。プノンペン市は，この日以降のデモを認めないとし，救国党側も混乱を避けるため，この日以降のデモを見送った。その後は，プノンペン市内は平穏な状況となっている。

　約1年間のボイコットを経て，2014年7月22日にサム・ランシー党首とフン・セン首相が会談し，選挙管理委員会の改革や国会の各委員長等の要職配分などをめぐり妥協が成立した。選挙管理委員会の改革については，同委員会委員9人の配分を，与党選出4人，野党選出4人，両党共同選出1人とすることで合意し，この9人目の委員には非政府組織（NGO）代表，プン・チウ・ケック氏が選出された。この合意を受けて，2014年8月5日に，野党の救国党の議員が，国会で宣誓就任した。宣誓就任したのは，7月22日に特例的に議員資格を得たサム・ランシー党首を含む55人。フン・セン首相率いる与党のカンボジア人民党の68人を合わせて定数123人の全議員がそろい，カンボジアの国会はようやく正常化した。

3.3 　与野党の蜜月の終了と緊張激化

　上記の正常化の後，約1年間，与野党は「対話の文化」醸成を合言葉に，与野党の蜜月が続いた。フン・セン首相もサム・ランシー党首と家族ぐるみで食事をとっている写真をフェイスブックで公開する等，与野党の関係改善を図った。

　しかし，2015年6月，救国党議員が率いるグループがベトナム国境で国境線に関しベトナム側と乱闘となる事件を起こす。救国党は，これまでもフン・セン政権が，ベトナムに国境問題で譲歩し過ぎていると非難してきていた。これに関連して，フン・セン政権が国境画定においてベトナムに譲歩した証拠であるとする虚偽の地図を流布したとして，ホン・ソク・ホ救国党議員が逮捕される事態となる。さらに，ベトナム国境問題で，政府要人がベトナムに買収されている等と批判したチア・タン・ソーン救国党議員も治安びん乱罪で逮捕された。そのような中で，2015年10月には，国会議事堂から出てきた救国党議員2名に与党系のグループが暴行を加える事件も起きた。

　サム・ランシー党首は，日本を含めて海外で救国党への支援を訴えていた。これに対し，2008年の名誉毀損を根拠とするサム・ランシー党首に対する逮捕状が，2015年11月に発行され，さらに議員不逮捕特権をはく奪する決定が国会で行われた。カンボジアに戻ると逮捕される可能性が高いため，サム・ランシー党首はこれ以降，海外滞在を続けざるを得ない状況となっている。

　一方，救国党のケム・ソカ副党首は，国会の副議長だったが，2015年10月に副議長職を解任された。さらに，2016年5月には，性的スキャンダルに絡めてケム・ソカ副党首を拘束しようとの動きが強まった。ケム・ソカ副党首は，救国党本部に籠城して，拘束を拒否した。一時は，救国党本部の周辺を警察隊が取り囲む等，緊迫した情勢となった。

　さらに，著名な政治評論家で，政権批判を度々行っていたケム・レイ氏が，7月10日に射殺され，衝撃が広がった。7月24日の葬儀には，数万人が集まり，大規模な葬列がプノンペンの大通りを埋め尽くした。

　これらの動きに対して，国際社会からの批判も強まっている。欧州議会は，2016年6月9日に，カンボジアに関する決議を採択し，野党に対する政治的圧力の中止を求めた。また，人権への配慮に改善が見られない場合には，2020

年までに予定する4億6500万ドルの援助の執行停止を行うとしている。米国では，上院が，7780万ドルのカンボジア向け援助に関し，人権活動家と野党に対する暴力と圧力をカンボジア政府がやめない限り執行を停止するとの決議を行った。また，国際NGO41団体は，2016年6月にカンボジア政府に対し，「人権に関する国際憲章にならって，カンボジア国民の人権と基本的自由を保護・推進・尊重し，不当逮捕がなくなることを保証すること」を求める共同書簡を提出した。

外交的には，上記のような西側諸国からの圧力に対抗する意味もあって，カンボジアは親中国に傾いており，特に南シナ海問題について中国寄りの立場を取ってきた。2016年6月14日に中国雲南省玉溪で開催された中国ASEAN外相会合は，南沙問題で事実上決裂したが，中国を非難するASEAN側の共同声明についてはカンボジア等の反対で発表できなかったとされている。

7月12日に常設仲裁裁判所が，南シナ海問題で中国に不利となる判決を出した。直後の7月15日からモンゴルで開催されたアジア欧州会合（ASEM）第11回首脳会合に出席したフン・セン首相は，中国の李克強首相と，ウランバートルで会談した。フン・セン首相は，「カンボジアは引き続き，客観的かつ公正な立場に立ち，当事国同士が直接交渉を通じて紛争を解決することを支持する。カンボジアは，関係各側とともに，ASEANと中国の友好協力の大局を維持していく。」と述べた。中国は，直ちに36億人民元（約560億円）の無償援助を2016年から2018年に供与することを決定し，フン・セン首相に伝えた。

さらに7月16日，安倍晋三総理大臣が，フン・セン首相と会談した。焦点の南シナ海問題に関し，安倍総理からは「地域の問題を「法の支配」に基づき平和的に解決することが重要であり，南シナ海問題は，日本を含む地域全体の平和と安定にとって重要な問題となっている。日本にとり，南シナ海は死活的に重要なシーレーン。南シナの海域で，国際法が遵守され，航行の自由を確保する必要がある。仲裁裁判の最終判断について，仲裁判断が両当事者にとって最終的であり，かつ，法的拘束力を有するとの外相談話を発出した。本件は，「法の支配」という原理・原則の問題である。」と述べた。これ対し，フン・セン首相より「南シナ海問題に関し，カンボジアは2002年に「南シナ海におけ

る関係国の行動宣言（DOC）」策定に努力した。中国と ASEAN とが問題を平和的に解決することを期待しており，DOC の完全実施と行動規範（COC）策定を進めるべきと考える。」と述べるにとどまった。

次回の国民議会選挙は 2018 年 7 月の予定であり，それまで与野党の激しいせめぎあいが続くものと見られる。カンボジア経済は好調を続けているが，政治的状況がリスクの 1 つとなりつつあり，引き続き政治情勢を注視していく必要性が高い。

4. カンボジアのビジネス環境

4.1 投資先としてのカンボジアのメリット

カンボジアは 2010 年以降，日系企業の投資先として注目を集めてきた。チャイナプラスワン，タイプラスワンというキーワードで，中国やタイに工場を持つ企業の次の投資先としても重要な候補先となってきている。ここでは，投資先として考えた場合のカンボジアの魅力について述べたい。

(1) 親日的

内戦時には，米中ロ等の主要国から様々な圧力を加えられたこともあり，また，タイやベトナムといった周辺国とは干戈を交えたこともあるため，中立的な日本はカンボジアから真の友好国とみられている。また，上述の通り，日本は，フランスからの独立時にはシハヌーク国王を支援し，内戦終了時には和平工作を主導し，内戦後は最大の ODA 供与国としてカンボジアの復興・開発を支援してきた。これらのことについて，カンボジア政府は今でも大変感謝しているとの発言を繰り返している。また，一般的な国民感情としても，日本への信頼と期待は大変高いものがある。

(2) 安価な労働力

タイ，中国，ベトナム等日本企業が多く進出している国では最近の急速な労賃の上昇がコストアップの要因となっている。カンボジアも賃金の上昇がみら

れるが，それでも労賃が低い国の1つである（2016年最低賃金140ドル／月）。また，若年労働人口が多く，今後10年ほどは毎年30万人程度の若者が労働市場に参入してくるとみられているので，当面労働力（非熟練労働）確保には困らないものと考えられる。この利点を活かして，労働集約型産業（縫製や靴製造，部品産業等）の進出が進んできている。また，フラグメンテーションの一環として，部品製造等の労働集約型工程のみをカンボジアで行い，タイ等の周辺国とのサプライチェーンに組み込むというビジネスモデルも浸透しつつある。

(3) メコン地域の真ん中：南部経済回廊

カンボジアは，ベトナムとタイという日本企業が多数進出し集積を高めている国と，本報告書が注目する南部経済回廊によって結ばれ，地理的には抜群の場所に位置している。ホーチミンからは230km，バンコクからは640kmしか離れていない。このため，カンボジアの工場はいわゆるサプライチェーンの一環としての役割を果たすことが期待されている。特に，労働集約型部品産業の立地場所として注目を集めており，カンボジアで生産した部品をバンコク周辺やホーチミン周辺の親工場に納品する形が最もオーソドックスなものと考えられる。

日本政府もこの南部経済回廊の発展を支援するための戦略を推進してきている。「アジア総合開発計画」「アジア大動脈構想」等のコアとなる南部経済回廊は，カンボジアにも日本企業にも大きな好影響を与えるものと見られている。また，日本政府では，毎年，日・メコン首脳会議を開催し，日本企業のこの地域への投資や貿易を強力に後押ししている。

(4) 投資優遇

カンボジアは，中国やベトナム等と比べても，自由で開放的な投資環境となっている。小売業も含めてほとんど全ての業種で100％外資での投資が可能である点は特筆に値する。投資保護については，先進的な投資法が国際機関の協力により施行されている。日本カンボジア投資協定も発効している。外国送金の自由も投資法や外為法により確保されている。また，投資適格事業の認定

を受ければ，最長9年間のタックスホリデー，輸入関税の免除，輸入時VATの免除等の投資優遇措置も享受することができる。

(5) 特恵関税

カンボジアは後発開発途上国（LDC）のため，日本，アメリカ，EU等から優遇された特別特恵関税の適用を受けている（GSP＋，EBA等）。例えば，日本向けの革靴については，通常なら最低でも一足4300円の関税がかかるが，カンボジア製品の輸入であれば関税はかからず，数量枠制限も適用されない。これは，中国やベトナム等と比べても大変有利な点の1つと言える。また，ASEAN経済共同体の下でASEAN物品貿易協定（ATIGA）により，カンボジアで安価に製造した製品・部品をASEAN各国に無税で輸出することが可能となっている。また，ASEANが日本，中国，韓国，インド，オーストラリア，ニュージーランド等と締結している自由貿易協定も適用され，ほとんどの製品でこれらの国々への輸出の際には，関税率がゼロまたは優遇された税率となっている。ASEANと日本等の上記6カ国で東アジア地域包括的経済連携（RCEP）の交渉も進められている。

(6) 拡大する消費市場

カンボジアは人口が1400万人であるため，マーケットとしては小さいと考えられることが多いが，富裕層・中間層の勃興も目覚ましいものがある。カンボジア計画省統計局が実施したカンボジア社会経済調査2014（2015年10月発表）より，カンボジアの消費市場関連で興味深いポイントは以下の通り。

① 可処分所得

カンボジア全体の1世帯当たりの平均可処分所得は，2009年の22,080円／月から2014年には42,720円／月へと2倍近くに急速に伸びた。首都のプノンペンに限ると，2009年の60,480円／月から2014年の85,080円／月となっている。また，絶対額は低いものの，農村部でも所得の伸びは著しく，この5年間で2.08倍となっており，農村部での購買力も上昇していると見られる。

図表 6-2　カンボジアの平均可処分所得の推移

地域	平均可処分所得（円／月）			
	1世帯当たり		1人当たり	
	2009	2014	2009	2014
全国	22,080	42,720	4,740	9,930
プノンペン	60,480	85,080	12,420	20,430
都市部（除プノンペン）	32,670	55,740	7,020	13,050
農村部	16,620	34,650	3,630	7,950

（換算レート：0.03円／リエル）

② 所得分布

　所得の分布をみてみると，消費市場にとって重要な中間層・富裕層の所得が伸びていることがわかる。プノンペンでは，95パーセンタイルの1人当たり所得が48,900円／月となっている。プノンペンの世帯数は36万9000世帯，1世帯当たりの平均家族数は4.6人であるため，プノンペンの世帯の5%にあたる18,450世帯は，約22万5000円／月以上の所得を得ていると考えられる。また，プノンペンで，約10万円／月以上の所得を得ている世帯の割合は，2009年の約10%から2014年には25%に増加していると見られる。

図表 6-3　カンボジアの所得分布

百分位	可処分所得（1人当たり：円／月）			
	全国		プノンペン	
	2009	2014	2009	2014
P05	330	990	1,800	4,140
P10	600	1,710	2,670	5,670
P25	1,230	3,780	4,620	8,970
P50（中央値）	2,610	6,870	8,040	13,290
P75	5,040	11,370	13,440	21,060
P90	9,450	17,610	23,880	34,920
P95	14,340	24,660	34,260	48,900

（換算レート：0.03円／リエル）

③ 消費支出内訳

　消費支出の内訳をみると，カンボジアはまだ貧しいこともあり，食品・飲料が44%を占めている。また，プノンペンでは住居費が高いため，住居・水道・

図表6-4　品目別消費支出内訳

品目	消費支出内訳（％）			
	全国		プノンペン	
	2009	2014	2009	2014
食品・飲料	49	44	39	39
酒・たばこ	2	2	1	1
衣料・靴	3	3	2	2
住居・水道・電気	19	19	31	31
家具等	1	1	1	1
保健	8	5	3	2
交通	5	11	7	10
通信	2	2	3	2
娯楽・文化	1	1	2	2
教育	2	1	5	2
その他	8	11	6	8
合計	100	100	100	100

電気の割合が高く，31％を占めている。

④　耐久消費財

耐久消費財の保有状況を見ると，携帯電話の普及が急速に進んでおり，2009年の44％から2014年にはほぼ2倍の83％に高まっている。また，オートバイ

図表6-5　品目別耐久消費財保有率

品目	耐久消費財保有率（％）			
	全国		プノンペン	
	2009	2014	2009	2014
ラジオ	43	33	41	34
テレビ	60	66	96	95
ビデオ	29	23	60	34
ステレオ	14	5	40	19
携帯電話	44	83	83	96
衛星TVアンテナ	1	2	2	0
自転車	68	61	45	42
オートバイ	49	66	86	90
自動車	4	5	20	20
ジープ・バン	1	1	3	1
パソコン	3	6	25	28

も 49%から 66%に上昇している。

4.2　カンボジアの課題と対策

日本企業からは，情報の不足，インフラの不足，法律・制度の不備という 3 つの懸念がしばしば聞かれる。また，日本貿易振興機構（JETRO）の「アジア・オセアニア地域に進出する日系企業の活動調査結果」では，カンボジアでの経営上の問題点として，原材料・部品の現地調達の難しさ，従業員の賃金上昇，品質管理の難しさ，従業員の質，人材（中間管理職）の採用難等があげられている。経済統合への期待としては，通関手続きの簡素化，CLMV（カンボジア・ラオス・ミャンマー・ベトナム）での輸入関税撤廃，CLMV のインフラ開発等があげられている。

カンボジア側でも，投資環境改善に向けた取り組みが行われてきている。地道な改善を積み上げていくことが必要と見られる。

(1)　産業開発政策

2015 年 8 月 26 日，プノンペンの首相官邸（ピースパレス）で，カンボジア産業開発政策（Cambodia Industrial Development Policy 2015—2025）の公式発表式典が開催された。今般の産業開発政策には，通常の途上国であればありがちな大規模産業開発（一貫製鉄所や国産自動車産業等）は，含まれておらず，カンボジアの身の丈に合った地道な政策である点が高く評価される。この項では，この産業開発政策について概説する。

①　背景と必要性

産業開発政策の背景として，(1) カンボジア経済を国際経済，特に ASEAN 経済共同体に連結する観点からのカンボジアの地理的優位性，(2) 開放経済と人口ボーナスを活用して雇用創出と成長促進を達成するカンボジアの産業の潜在的能力，(3) 経済の中心として経済成長を加速させる政策手段としての産業の重要な役割，(4)「中所得国の罠」に陥ることなく，生産性を向上させることを目的とする構造改革とガバナンス改革の焦点としての産業の重要性等があげられている。

産業開発政策は，カンボジア経済と国際経済の構造的変化に対応しつつ，

「新成長戦略」を達成するために必要不可欠なものとの位置づけである。

② 現状と課題

カンボジアの産業は，弱体で限られた分野しかないと現状を分析している。具体的には，労働集約型・低付加価値の縫製業と製靴業に集中している。また，それ以外の産業は，ほとんど家内工業レベルであり，国際市場で競争することは困難である。カンボジアの産業は，多様性の欠如，中間構造の欠如，弱体な企業家精神，都市に集中した構造，低付加価値，技術の低さ等の弱点を抱えている。また，産業構造は偏っており，零細企業は数では97％を占めるが，雇用は30％，売上は12％を占めるのみとなっている。大企業は，数では0.6％を占めるのみだが，雇用は63％，売上は76％を占めている。この大企業の63％は輸出志向型の外国投資によるものである。

カンボジアの産業には5つの課題がある。(1) インフラや人造りといった重要事項に関するリーダーシップ・調整能力・効果的意思決定の欠如，(2) 高付加価値の新技術を吸収できるような熟練労働力への転換に必要不可欠な技術知識・技能の不足，(3) 電力や上水の供給等，産業基盤インフラの不足，(4) 金融市場開発の不足と公的部門・民間部門双方の事業への金融メカニズムの不備，(5) 安定的な労働供給，生産性向上，労働者の生活改善に必要不可欠な労働市場の問題，である。

③ ビジョン

産業開発政策のビジョンは，2025年までに，カンボジアの産業を労働集約型から技術駆動型に，変革・進化させていくことである。具体的には，国際的・地域的バリューチェーンへの連結，地域的生産ネットワークへの統合，相互に結びついた生産クラスターの開発等を通じて，競争力を強化し，生産性を向上させ，技術駆動型・知識集約型近代産業へシフトしていくことを目指す。このビジョンを実現させることにより，持続可能で包括的な高度成長，雇用創出，付加価値の向上，所得の向上等を達成することを目的とする。

④ 数値目標

数値目標としては，GDPに占める第2次産業の比率を2013年の24.1％から2025年までに30％に引き上げる，輸出全体に占める縫製品以外の製品の比率を2013年の1％から2025年までに15％に，同じく農産物加工製品の比率を

2013年の7.9%から12%に引き上げる等を掲げている。

⑤ **戦略枠組**

上記のビジョンと目標を達成するため，4つの戦略が策定されている。(1) 大規模産業・市場拡大・技術移転促進に焦点を当てた外国投資の誘致と動員，(2) 中小企業の開発と近代化，(3) 競争力強化のための規制環境の見直し，(4) インフラ改善等の支援政策の調和，である。

具体的アプローチとしては，製造業と農産品加工業の開発を促進する。そのために，国際的・地域的生産チェーンへの統合，産業地帯の開発，経済特区の運営手続の効率化，新たな工業団地・産業クラスターの開発等を行う。優先産業としては，(1) 高付加価値でクリエーティブ，高競争力の製品を製造する新産業・ベンチャー製造業，(2) 中小企業，(3) 農産品加工業，(4) サプライチェーンにリンクするサポーティング産業，(5) 国際的生産ラインに資する産業等となっている。

⑥ **具体的政策手段とアクションプラン**

上記の戦略を具体化した政策手段と，責任官庁を明確化したアクションプランが策定されている。(1) 外国直接投資の誘致（投資環境整備，経済特区開発，産業地帯の準備），(2) 中小企業の強化と近代化（商業登記促進，インセンティブ供与，正しい記帳と会計の奨励，農産品加工業の促進），(3) 法規制環境の改善（貿易促進と輸出振興，工業基準と知的財産権の強化，納税奨励，労働市場改善），(4) 支援政策の調和（人造りと技能開発，科学技術・イノベーションの促進，産業基盤インフラの改善，金融改善）等についての詳細なアクションプランとなっている。

なお，2018年までに実行する優先政策として，電気料金の引き下げ，南部回廊等のロジスティクス改善，労働市場の改善，シハヌークビル州の開発の4本柱を示している。

⑦ **政策のリーダーシップ・調整・実施のためのメカニズム**

この産業開発政策の実施促進のために，カンボジア開発評議会（CDC）を強化する。実施をモニタリングするために，経済財政委員会，民間セクター開発委員会を活用するとともに，カンボジア産業開発諮問評議会を設立する。また，CDC傘下のカンボジア投資委員会・カンボジア復興開発委員会を強化・

効率化する。さらに，この政策への民間セクターの参加を促進するため，政府・民間セクターフォーラムの強化と効率化を行うとしている。

また，産業開発政策の実施のモニタリング・評価のために，四半期・年次報告システムの確立と閣僚評議会での報告，紛争解決メカニズム，2018年までの優先政策の進捗・達成度評価，2020年時点での中間評価等を実施する。

(2) インフラの不足

国際協力銀行（JBIC）による「わが国製造業企業の海外事業展開の動向」に関するアンケート調査2015年版では，回答企業の約8割が「現地のインフラの整備状況によっては進出しない」を選択しており，インフラの整備状況は現地進出の姿勢に大きな影響を与えているとしている。日本貿易振興機構（JETRO）の「2015年度アジア・オセアニア進出日系企業実態調査」でも，カンボジアに関して，インフラ開発への期待が高い数字を示している。カンボジアのインフラの現状と近い将来の計画を概観する。

① 道路

カンボジアの運輸インフラはかなり改善されてきた。主要国道の舗装は完了している。ベトナムのホーチミンから，カンボジア・プノンペン，そしてタイ・バンコクを結ぶ「南部経済回廊」は，メコン地域の経済大動脈としても重要路線となっている。

プノンペンから国道1号線を経由してベトナム国境のバベットに至るルートは，ホーチミン市との連結，サイゴン港やカイメップ・ティーバイ港の利用にとって重要な路線となっている。プノンペンから国境のバベットに至る国道1号線（167km）がメインルートである。カンボジア国内は，日本とアジア開発銀行の支援により，片側1車線の道路整備がほぼ完了した。また，最後のボトルネックと言われたメコン川を渡るフェリーも，日本の支援で2015年4月に開通した「つばさ橋」によって解消された。プノンペンに近い4kmの拡幅工事を日本の支援で実施中であり，2017年の完成が期待されている。また，プノンペンとホーチミンを結ぶ高速道路が計画されており，日本の支援でフィージビリティ調査が始まっており，2016年末までに調査完了の予定である。

プノンペンからタイ国境のポイペトに至る国道5号線（約400km）は，プ

ノンペンとバンコクを結ぶ重要なルートとなっており，タイからの部品・原材料や消費財の輸入，タイへの製品輸出等に利用されている。主に，アジア開発銀行の支援により整備され，2008年にアスファルト舗装が完成した。国道5号線の拡幅，主要都市のバイパス建設は，既に日本の円借款の支援が決定し，2020年ころの完成を目指している。

　この他，プノンペン市内の渋滞対策や環状道路建設等も順次進められている。

② 港湾

　唯一の深海港であるシハヌークビル港も日本の協力により整備された。コンテナターミナルは2007年に完成した。現在は，多目的ターミナルの建設工事が日本の円借款により実施されており，2017年に完成予定である。また，新コンテナターミナルの計画もあり，日本の支援で調査が行われている。

　メコン川に面したプノンペン新港は，中国の支援により2013年に完成した。プノンペン新港からメコン河を経て，ベトナムのカイメップ・ティーバイ港経由で，日本や北米に輸出するルートも活況である。プノンペン新港のコンテナターミナルの拡張も計画されている。

③ 鉄道

　カンボジアの鉄道は，プノンペン―シハヌークビル間の南線，プノンペン―ポイペト（タイ国境）間の北線の2路線がある。軌間は，タイ・ベトナムと同じメーターゲージである。運営は，30年のコンセッション契約で民間のトールロイヤルカンボジア社（オーストラリアのトール社が55％，カンボジアのロイヤルグループが45％を出資）に委託されたが，トール社は2014年に撤退している。

　南線は，プノンペンとカンボジア唯一の深海港があるシハヌークビルを結ぶ266 kmの路線である。内戦を経て，線路等が劣悪な状況となったため，2009年からアジア開発銀行（ADB），オーストラリア国際開発庁，OPEC基金等の支援を得て，線路や関連設備のリハビリ工事が行われた。シハヌークビル―プノンペン間でのコンテナの輸送は，2014年中盤から開始されている。この他，石油類，セメント，石炭等の運搬に利用されている。

　北線は，プノンペン―ポイペト（タイ国境）を結ぶ386 kmの路線である。南

線と同様に内戦を経て劣悪な状況となったため，ADB等の支援を得てリハビリ工事を実施していた。しかし，プノンペン側23km部分のリハビリと，線路を喪失していたシソポン—ポイペト区間のうちシソポン側42km部分のリハビリを完了したところで，資金が不足する状態となり，リハビリ工事は停止された。2015年12月のフン・セン首相とタイのプラユット暫定首相との会談で，両国の首都を結ぶ鉄道の運行開始が合意された。国境の鉄橋の架け替え工事がタイの支援を受けてほぼ完成しており，ポイペト周辺の6km部分の工事はカンボジア政府予算で実施され，2016年中にも完成の予定となっている。残るプノンペン—シソポン間も工事を行う予定となっているが，資金が不十分であり，2016年に行われている緊急リハビリ工事だけでは，成果が期待しがたいのが実情である。

④ 電力

電力は，量的には充足されてきたが，まだ料金が高いのが弱点となっている。周辺国に比べて高い電力料金は，カンボジアへの直接投資誘致にとって大きな弱点となっているが，カンボジアの発電所は，小型・中型の発電機が多く，発電コストが高いため，本格的な電力料金引き下げは簡単には達成できないものとも見られる。

2014年のカンボジアの発電量と輸入量の合計は48億6100万kwhと，2013年の40億5100万kwhから20.0％増加した（日本の2014年度の発電量は，9101億kwh）。発電と輸入の割合を見ると，カンボジア国内の発電が62.9％，ベトナムからの輸入26.0％，タイからの輸入10.8％，ラオスからの輸入0.3％となっている。カンボジア国内の発電量の電源別構成は，水力18億5200万kwh（60.5％），石炭火力8億6300万kwh（28.2％），ディーゼル火力3億2700万kwh（10.7％），バイオマス1700万kwh（0.6％）である。カンボジア国内の発電所の建設も進んでおり，2014年末の設備容量は1511MWと，2013年末の1155MWから30.8％増加した。2014年末設備容量を電源別にみると，水力929MW（61.5％），石炭火力268MW（17.7％），ディーゼル火力291MW（19.3％），バイオマス23MW（1.5％）となっている。

2014年10月に，フン・セン首相は，投資誘致を進めるため産業用電力料金を引き下げる方向で見直すよう関係者に指示した。また，2015年の産業開発

⑤ 通信

　開発途上国では，先進国では一段ずつ階段を上るように進歩してきた過程を飛ばして，最も先進的なシステムを導入する「技術ジャンプ」により，突然として安価で高品質なインフラ整備が進む場合がある。カンボジアの通信セクターはその好例であり，先進国がたどってきた道（この場合は固定回線網）を飛ばして，一気に最新式のシステム（光ケーブルとワイヤレス）を導入できたことにより，コスト・利便性ともに大幅に改善されている。

　カンボジアの通信網は，光ファイバーケーブルとワイヤレスとIP（インターネットプロトコール）を基本としており，通信コストは世界でも最も安いレベルにある。設備投資にコストがかかる固定回線は限定された使用に留まっており，光ケーブルとワイヤレスのシステムがほぼ全土に普及し，携帯電話，インターネットがどこでも使用可能となっている。プノンペンでは4GLTEも普及が進んでいる。

　カンボジア国内には既に約2万kmの光ケーブルが敷設されている。海外とは，タイ，ベトナム経由で接続されているが，カンボジアとアジア・アメリカ・ゲートウェイ（AAG）を直接結ぶ光海底ケーブルが建設中であり，2017年に完成の予定である。さらにNTTコミュニケーションズは，カンボジア地場の通信大手チュアン・ウェイ（カンボジア）と提携して，日本とアジアの主要都市を結ぶ大容量光海底ケーブル「アジア・サブマリンケーブル・エクスプレス（ASE）」のルートを拡張し，2017年にはカンボジアに接続するとしている。

(3)　最低賃金の上昇

　2017年1月1日から適用されるカンボジアの最低賃金は，153ドル／月で決着した。2016年は140ドル／月であり，9.3％の上昇となった。最近の最低賃金の上昇は，2012年の61ドルから2013年80ドル（31.1％増），2014年100ドル（25.0％増），2015年128ドル（28.0％増），2016年140ドル（9.4％増）と，急激なものがあったが，今回も前と同様1桁台の上昇に留まった。

最低賃金は，政府，雇用者，労働組合の3者の代表28名が参加する労働諮問委員会で討議されている。雇用者側は144.2ドル，労働者側は179.6ドルを要求していたが，2016年9月29日の会議で投票が行われ，政府案の148ドル（5.8％増）が多数を得て，労働大臣に答申された。この結果を受けて，フン・セン首相は，鶴の一声で5ドル増額を加えることを決定し，最終的に153ドルで決着した。

日本貿易振興機構（JETRO）の2015年10－11月の調査によれば，製造業・作業員の年間実負担額（本給，諸手当，社会保障，残業，賞与などの年間合計。退職金は除く）は，カンボジア2642ドル（調査対象の18カ国中15位）となっている。これは，中国8702ドル，タイ6337ドル，ベトナム3855ドル，ラオス2380ドル，バングラデシュ1606ドル等の周辺国と比べてみてもいまだに低いレベルにある。また，周辺国では，ベトナムが既に2016年の最低賃金を12％増とすることを決めている。このように周辺国でも賃金の急速な上昇が見られており，今回の引き上げ後もカンボジアの相対的な低賃金は，当面は引き続き優位性を維持するものと見られる。

図表6-6　賃金年間実負担額比較

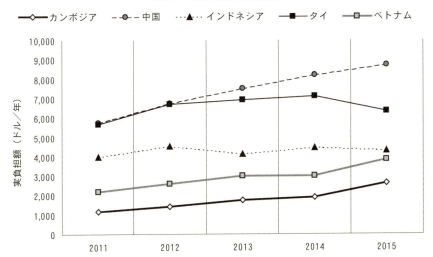

資料：日本貿易振興機構（2011―2015）「2011年度―2015年度アジア・オセアニア進出日系企業実態調査」：製造業・作業員の年間実負担額：1人当たり社員に対する負担総額（基本給，諸手当，社会保障，残業，賞与などの年間合計。退職金は除く）。

内需振興のためにも,最低賃金をある程度引き上げていくことは必要とみられる。しかし,これまでの最低賃金の急激な上昇や労働運動の過激化は,外国投資家の懸念となっていた。このため,カンボジア政府では,最低賃金の検討に当たって,2016年度分の検討から,労働生産性上昇率や物価上昇率等の客観的基準を使用し始めている。

最低賃金について検討する労働諮問委員会では,最低賃金の改訂について,以下の5つの指針を立てている。年1回の定期的改定,段階的・安定的・予測可能性の高い改定,Win-Win交渉戦略,委員会全会一致または投票による最低賃金改定案の決定,社会的・経済的基準の採用である。特に2015年からは,社会的・経済的基準を明確に採用することとした。基準は,以下の通り。

① **社会的基準**

A. 労働者およびその家族の必要金額

計算方式については確定していないが,国際労働機関(ILO)は,以下の方式を助言している。カンボジア計画省統計局による2009年の貧困調査に基づく貧困ラインを,物価上昇率を勘案して2016年基準に換算し,世帯当たりの人数と労働者数で調整して算出する。試算によれば,プノンペンでは125ドル程度,その他の都市部では86ドル程度となる。

B. 生活費および物価上昇

物価上昇率は,過去5年間(2010年-2014年)2.9%-5.5%で推移している。今後については,国際通貨基金(IMF)は,2015年1.1%,2016年1.8%と予測している。

② **経済的基準**

A. 企業,生産性,収益および支払能力に対する最低賃金の影響

縫製業において,賃金支払総額が付加価値に占める割合は,2007年から2011年までは,30%-31%で安定していたが,2012年は35%,2013年は40%と急増している。労働生産性は,2007年の256ドル/人・月から2013年の311.4ドル/人・月へと,21.5%の上昇に留まっている。

B. カンボジアの競争力に対する影響

国際競争力は,為替レートやインフラ等様々な要素の組み合わせに影響されるが,労働コストも重要な要素の1つである。カンボジアは,ベトナムやバン

グラデシュと同様に縫製品の国際市場でのシェアを増加させてきている。他方，労働コストが上昇したタイはシェアを大きく落としている。

C. 雇用への影響

　賃金の急速な引き上げは，雇用の減少を招く場合がある。特に，カンボジアの縫製業のように国際競争にさらされている場合，安い労働力を求めて，工場が他国に流出することが容易に起きうるため，十分な配慮が必要と見られる。

　2015年の最低賃金は28％の大幅な上昇であったため，縫製業の業績に影響が出ることが懸念された。しかし，国際労働機関（ILO）の調査・分析によると，まだ大きな影響は見られていない。ILOの報告では，2015年上半期（1月-6月）の縫製品・履物の輸出は，前年同期比12.7％増の30億ドル（約3600億円）となり，堅調である。このうち，縫製品の伸びは10.1％，履物の伸びは46.4％となっている。

　2015年上半期の縫製業・製靴業の新規投資承認は，38件，合計1億5200万ドル（約182億円）となった。工場数は，2014年末の629工場から2015年6月末には655工場へと29工場増加した（うち縫製27工場増，製靴2工場増）。労働者数は，4万2000人増（うち縫製3万3000人増，製靴9000人増）の60万7000人に達した。

　これまでカンボジアでは，最低賃金の決定が，政治的な要因で左右される場合もあった。また，労働組合からあまりに高い要求額が提示され，激しい労働争議が起きることもあった。2015年から採用されたように，統計に基づく明確な基準や公式に基づく，雇用者側も労働者側も納得感が高い最低賃金の決定方式が，できるだけ早く確実に定着していくことが期待される。

(4)　投資環境の課題と日本カンボジア官民合同会議

　日本カンボジア投資協定（投資の自由化，促進及び保護に関する日本国とカンボジア王国との間の協定）は，2007年6月14日に，東京でフン・セン首相と安倍首相により署名され，2008年7月31日に発効した。この投資協定は，投資拡大，保護のための基本ルール（内国民待遇，最恵国待遇，パフォーマンス要求の禁止，投資保護，紛争解決規程等）を規定している。特に，他のFTA締結国も含める例外のない最恵国待遇を確保したこと，恣意的措置を禁

止する等の公正衡平待遇を初めて明示的に規定したこと等，最もレベルが高い投資協定と言われている。

協定では具体的には，投資家および投資財産の保護（内国民待遇，最恵国待遇，投資家との契約の遵守義務，特定措置の履行要求の禁止，収用と補償，争乱からの保護，送金の自由），適用除外（安全保障例外および一般的例外，一時的なセーフガード措置，信用秩序の維持のための措置），紛争解決（締約国間の紛争解決，締約国と投資家との間の紛争解決，合同委員会）等について定められている。

また，この協定の一環として，日本カンボジア官民合同会議が定期的（年2回）に開催され，投資環境改善に向けての協議が重ねられている。2009年8月11日に第1回会議が開催され，2016年までに既に14回開催されている。

会議では，カンボジアの投資環境を改善するために，日本企業が直面する問題について，政策・法律といった大きな課題から，事務手続きの改善といった個別の課題まで，幅広く取り上げられてきた。2016年10月の会議では，労使問題，最低賃金，電力料金等の長期的課題や，投資法改正・SEZ法制定，環境問題，VAT還付や税務調査といった税務問題，カムコントロールの手続，物流コスト，ベストトレーダー制度等の物流問題等が取り上げられた。

多数の問題があり，電力のようにすぐには解決できないものもあるが，個別の課題についても1つ1つ地道に取り組んで解決していくことが重要と見られる。また，日本側も，問題を指摘するだけでなく，解決策を提示する等，カンボジア側と協力して対応する姿勢であり，この点はカンボジア側からも評価されている。こうした地道な取り組みが，カンボジアの投資環境の改善に欠かすことができない。

5．カンボジア進出企業の企業戦略

カンボジアへの日系企業の投資は，製靴，縫製といった軽工業や，ミネベア，住友電装，矢崎総業等の自動車部品産業等の製造拠点としての投資が多くを占めてきた。これに加えて，イオン，味の素，スズキ（オートバイ）等，カ

ンボジアを市場としてとらえた投資も行われている。最近は,和食店等の飲食業や美容院等のサービス関係の中小規模の投資も増えてきている。

5.1 労働集約型産業

「雁行的発展」とは,開発経済学用語で,東アジアの発展形態を言う。工業化には発展段階があり,労働集約的な軽工業部門から,装置産業である重化学工業,そして技術集約的なハイテク産業へと順を追って進むと言われる。日本が先導役(雁の群のリーダー)になり,NIES,ASEAN諸国が順に「離陸」したように,この変化が東アジア域内で国ごとに順送りに生じたことを,雁の一群が飛ぶ様子に見立てて,「雁行的発展」と呼ばれている。カンボジアはなかなかこの群に入ることができなかったが,おそらく2000年代後半に群の一番端に入ることができたものと見られる。この群に入ると,上流の国から,川の流れるように,まずは労働集約的軽工業部門が移転してくる。これがカンボジアにおける第1の企業戦略である。

これまで,中国,タイ,ベトナム等に立地していた縫製,製靴等の軽工業部門は,現在,労賃の上昇,労働量不足等によるコストアップに直面している。これらの軽工業部門にとって,次の投資先,移転先として,第1の候補となるのが,賃金が相対的に安いカンボジアである。もちろん,ミャンマー,バングラデシュ等の国々も低賃金であるが,カンボジアは,インフラや投資制度の面で,一歩先んじており,現時点での移転先としては得点が高いものと考えられる。

最近,カンボジアには,日系の縫製業(手袋製造,革製品製造,ぬいぐるみ製造等)や製靴業の工場が進出してきている。この流れは当面は継続し得るものとみられる。

5.2 フラグメンテーション(国際的サプライチェーン)

「フラグメンテーション」とは,慶応大学の木村福成教授に代表される考え方で,国際産業立地パターンを分析する観点から,東アジア域内で,その国の発展段階にあわせた工程を行う工場群を組み合わせた効率的な生産システムの基盤となる理論である。このシステムは,主に日本の企業が作り上げてきたも

のであり，各国ごとに違うメリット（労賃が安い，優れた技術者がいる，エネルギーコストが安い等）を活用し，総合的なコストを低くすることができる。例えば，携帯電話について，ベトナムでは基盤のみを作り，マレーシアでは高度なICチップを作り，これをバンコクの親工場に集めて最終工程，検品を行い，世界に輸出するといった分業展開である。このためには，各国間の物流（サービス・リンク）がスムースにかつ低コストで行われることが必要とされる。

カンボジアは，日本企業が大量に集積しているタイ・バンコクとベトナム・ホーチミンに挟まれた絶好の位置にある。また，輸送インフラも完全とは言えないが，両国に一定の時間内に運ぶことができる程度には開発が完了している。このため，このフラグメンテーションの一環に入りやすい位置にあると言える。この場合，カンボジアのメリットは，主に安い賃金ということになるため，カンボジアでは労働集約的な工程のみを実施し，生産した部品・製品をバンコクまたはホーチミンの親工場に納品するモデルが最適と考えられる。

現時点で，カンボジアで，このフラグメンテーションを最も体現しているのは，ミネベアである。ミネベアのプノンペン工場では，直径3mm〜6mmという超小型のマイクロアクチュエーター，DVDやコピー機に使われる小型モーター，LEDバックライト等の組み立てを行っている。部品は全てタイにあるミネベアの工場から陸送でプノンペンまで運ばれ，製品も同じルートでタイの工場へと出荷されている。プノンペン工場では，今のところ労働集約的な組み立て工程のみを行っている。タイの労働者の賃金はカンボジアの3—4倍程度と言われており，コスト削減の効果は著しいものがある。他にも自動車用ワイヤーハーネスを製造する住友電装・矢崎総業，自動車部品の大手であるデンソー等が，カンボジアには進出している。これらの部品産業こそが，フラグメンテーション理論の下でカンボジアのメリットを最大限享受していると言えよう。

少し違った産業であるが，カンボジアに進出したIT産業も有望である。ITというと高度な技術を要すると思われがちであるが，データ入力等の労働集約的工程もあり，これだけをカンボジアで行う企業が進出してきている。プノンペンで，デジタル地図作成のためのデータ入力や，スーパーのチラシを作成す

るDTP等が実際に行われ,製品はネット経由で日本等に輸出されている。

5.3 中間層マーケットとASEAN経済共同体

　人口の増加と所得の顕著な伸びに支えられたカンボジアの消費市場を有望と見て,進出する外国資本もかなりみられるようになっている。最も目立つ例は,日系のイオンである。イオンは,2014年にプノンペンにショッピングモールを開店した。旗艦店としてイオンスーパーマーケットが入居している。プノンペンの小売業界は,これまでは,伝統的な市場(セントラルマーケット等)や,地場のスーパー(ラッキー等),中規模ショッピングモール(ソリア等)が主役を務めてきた。その中で,イオンは大規模,新型のモールとして登場し,大きな衝撃を与えたと言って過言ではない。イオンモールは,開店後1年で1500万人を集め,予想以上の集客となったこともあり,早速,2号店をプノンペン北部に2018年に開店する計画を発表している。この成功を見て,マレーシア系のパークソンも進出を決めており,2016年にも開店の予定である。さらに,ライオンシティ,エクスチェンジ・スクエア,ザ・ブリッジ等の大規模複合施設が次々に完成する予定となっており,プノンペンの商業用不動産の面積は,現在の21万4520m^2から2017年末には112％増の45万5348m^2に増加すると見られている。

　また,プノンペンの富裕層,中間層をターゲットとして,中小企業を含めて日系の飲食店や美容関係の進出も目立つ。牛丼の吉野家やステーキのペッパーランチ,うどんの丸亀製麺,焼肉の牛角といった外食大手の進出も進んできている。

　さらに,ASEAN経済共同体の稼働や南部経済回廊の整備等による,この地域の連結性の改善も,カンボジアの消費市場の開発に欠かせない要素となりつつある。ホーチミンで7店舗を展開する日系の「ザ・スシ・バー」は,カンボジアに進出後,プノンペンで2店舗を展開するに至っている。同社では,家具・備品等はベトナムから輸入,寿司ネタもベトナム産を多用し,指導的な立場の店員もベトナム人を活用する等して,リーズナブルな価格で,バラエティに富んだメニューを提供しており,成功を収めている。同種のモデルとしては,ホーチミンで成功しプノンペンに進出した日系の焼肉店「浦江亭」があ

る。このように，カンボジアだけを見るのではなく，ベトナムやタイも含めて1つの商圏として見ることにより，可能性が広がるものと見られる。

5.4　M&A

カンボジアは，カントリーリスクが高いこともあって，大きな事業リスクを取りにくいと考える日系企業も多い。そのような状況下で，既存の事業の株式の一部・全部を買収する M&A 型の投資も増加傾向にある。

2011年，王子製紙は，マレーシアの段ボール製造販売大手のハルタ社を買収するため株式公開買付を行った。ハルタ社はカンボジア・プノンペンにも工場を持っており，この工場も王子製紙傘下に組み込まれることとなった。2013年には，シハヌークビル港経済特区で新工場も稼働させている。

丸紅はカンボジアで電力事業に参入した。マレーシアの HNG Capital Sdn Bhd 傘下で，カンボジア・シハヌークビルに石炭火力発電所（100MW）を保有・運営する Cambodian Energy Limited とコンポンチャム―ノースプノンペン間の送変電設備を保有・運営する Cambodian Transmission Limited 双方の持株会社の株式20％を，2014年に取得した。取得額は40億円程度とみられる。

三井住友銀行は，2014年に，カンボジア最大手の商業銀行である ACLEDA 銀行の株式の12.25％を取得した。三井住友銀行は ACLEDA 銀行の既存株主である国際金融公社（IFC）から株式を取得した。取得金額は100億円強と見られる。さらに，2015年，三井住友銀行とオリックスは，ACLEDA 銀行に追加出資した。それぞれ100億円程度を投じて ACLEDA 銀行の株式を12.25％持つ香港の複合企業，ジャーディン・マセソン・ホールディングスの傘下企業から三井住友銀行が6％，オリックスが6.25％を買い取った。三井住友フィナンシャルグループの連結経常利益を年25億円，オリックスの税引き前利益を年20億円弱押し上げる効果が生じるとされる。追加出資後の三井住友銀行の出資比率は18.25％，オリックスは12.25％に高まり，それぞれ単独3位と同率4位の大株主になっている。

三菱東京 UFJ 銀行の連結子会社である，タイのアユタヤ銀行は，カンボジアのマイクロファイナンス機関ハッタ・カクセカー（Hattha Kaksekar

Limited：HKL）の全株主と，HKL の発行済株式（議決権付）の全株式を取得することで合意したと，2016年1月に発表した。買収額は非開示だが100億円−200億円とみられる。HKL は，カンボジアで第4位のマイクロファイナンス機関で，預金の受け入れも認められている。2014年末の貸付残高は2億5000万ドル（約303億円），預金残高は1億7200万ドル（約208億円）の規模である。

　日本からの投資というと，製造業中心に新規工場建設といったビジネスモデルを考えがちであるが，第3次産業を中心として M&A 型の投資を行うことも検討に値する。

6. 政策提言

　カンボジア産業開発政策では，外資誘致と地場中小企業育成を車の両輪としつつ，将来に向けてイノベーション産業の準備を行うという大枠となっている。

　まず，外資誘致であるが，大規模自動車産業や一貫製鉄所のようなビジネスは，既に周辺国に展開しており，カンボジアで実現できる可能性は当面低い。そのため，現在の主力である縫製業を維持しつつ，国際的サプライチェーンを活用した労働集約型部品作業の誘致を進める必要がある。そのためには，サービスリンクコストを引き下げていくことが必要であり，まずは，ロジスティクス関連のハードインフラの整備が肝要となる。南部経済回廊こそが重要ルートとなるが，プノンペン―タイ国境を結ぶ国道5号線は円借款での整備が決まっており，その早期・着実な実施が求められる。プノンペン―ベトナム国境については，カンボジア初の高速道路のフィージビリティ調査が，日本の支援によって始められており，その早期の実現が期待される。ソフトインフラとしては，通関等の国境手続きの円滑化と迅速化が必要であり，越境交通協定（CBTA）に基づくワンストップ化の実現が求められる。唯一の深海港であるシハヌークビル港の拡張も先手を取って実施していかねばならない。電力価格の問題は簡単ではないが，根本的解決策としての大規模火力発電所にも取り組

む必要がある。また，ガバナンスの改善についても断固として取り組んでいく必要がある。

　地場中小企業育成については，最大の課題は，金融へのアクセスである。日本は，中小企業金融についての経験が豊富であり，アジア各国への指導で成功してきた経験もある。カンボジアでもぜひ中小企業金融に関する支援を実現させてほしい。また，産業人材育成も，日本とカンボジアで協力して実施してきており，その拡充が望まれる。

　イノベーション産業については，民間活力を最大限生かすことが必要だが，政策としては，人材育成の拡充が最も重要なものとなるとみられる。IT関連技術者の育成等，地道な努力が期待される。

7. おわりに

　本章では，カンボジアの現状を解説することにより，「内戦・地雷」「秘境」「貧困」といったステレオタイプのイメージから脱却しつつある姿を示すことに主眼を置いた。日本を先頭とする「雁行型」の発展形態がうまく回転してきたアジアで，カンボジアはようやくその雁の群れに入ることができ，発展の順番が回ってきた段階にある。これまでは，縫製業を中心とする労働集約型軽工業が主力となっていたが，南部経済回廊の発展とともに，フラグメンテーションを最も活用できる国として，労働集約型・輸出志向型部品産業の誘致に成功しつつある。今後も，この方向での順調な成長が見込まれ，GDP成長率も7％程度を維持すると見られている。もちろん，電力の高コストやガバナンスといった問題も抱えており，地道な改善も欠かせない。しかし，プノンペンにいると，昭和30年代，40年代の高度成長期の日本を目の当たりにするようで，活気に溢れており，沈滞する日本から見るとうらやましい限りである。フラグメンテーションを得意とする日系企業にとって，カンボジアは投資先として有望と考えられる国の1つとなっており，その動向に引き続き注目が集まることが期待される。

参考文献

今川幸雄（2006）『現代カンボジア風土記』連合出版
カンボジア総合研究所（2010—2016）ブログ「カンボジア経済」
　　http://blog.goo.ne.jp/economistphnompenh
国際協力銀行（2015）「わが国製造業企業の海外事業展開に関する調査報告 —2015年度 海外直接投資アンケート結果（第27回）—」
鈴木博（2012）「メコン経済圏におけるカンボジアの位置付けと企業戦略」『日立総研』vol.7—3, 日立総合計画研究所
鈴木博（2013）「カンボジアの鉄道：その現状と将来計画」盤谷日本人商工会議所所報 2013年8月 616号, 盤谷日本人商工会議所
日本貿易振興機構（2011—2015）「2011年度—2015年度アジア・オセアニア進出日系企業実態調査」
山田紀彦編（2015）「独裁体制における議会と正当性：中国, ラオス, ベトナム, カンボジア」研究双書 No.621, アジア経済研究所
International Monetary Fund (2015)「CAMBODIA STAFF REPORT FOR THE 2015 ARTICLE IV CONSULTATION」,「World Economic Outlook data base 2015」
National Institute of Statistics, Ministry of Planning (2015)「Cambodia Socio-Economic Survey 2014」

（鈴木　博）

第 7 章

日本企業の事業展開例
―― 南部経済回廊を活用して積極経営

1. はじめに

　インドシナ半島の南部を横断する「南部経済回廊」が経済発展ベルト地帯になるとの期待が高まっている。タイの首都バンコク，カンボジアの首都プノンペン，ベトナム最大の都市ホーチミンというインドシナ半島の中心都市を幹線道路で結び，さらにインド洋への窓口となるミャンマーのダウェイへと抜ける道路も整備が予定されている。

　タイから周辺国への展開を図る「タイプラスワン」，中国に続く海外拠点を探る「チャイナプラスワン」といった動きが日本企業に見られる中，南部回廊沿いの地域は日本企業にとって投資先として魅力のある場所だ。特にタイとベトナムを結ぶ交通の要所であるカンボジアは南部回廊整備の恩恵を最も受ける。各国の総人口に対する南部回廊上に住む人口の割合ではカンボジアは80％超で，周辺国から頭一つ抜け出ている（図表7-1）。南部回廊の整備で大半の国民は恩恵を受けるということだ。さらに図表7-2に示すように，周辺国と比べて労働コストも安いため，投資先としての注目度も高い。

　南部回廊のうちバンコク，プノンペン，ホーチミンを結ぶルートは主に3つある。ホーチミン―プノンペンは1本だが，プノンペンから枝分かれしている。最も南側を通るルートは「南部沿岸サブ回廊」で，港のあるシハヌークビルをかすめて，タイとの国境の街コッコンを抜け，タイ湾沿いの海岸線をバンコクに向かう。プノンペンからバンコクに伸びる「中央サブ回廊」はトンレサップ湖の南側を通るルートと北側を通るルートに枝分かれしている。南側ルートはカンボジア第2の都市バッタンバンを抜けてポイペトに向かう国道5

1. はじめに　221

図表 7-1　各国の総人口に対する南部経済回廊上の人口の割合

資料：ADB.

図表 7-2　各国の製造業・作業員の月額基本給

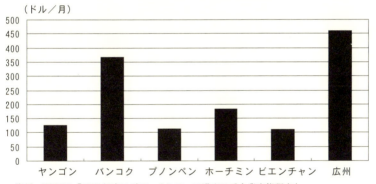

資料：JETRO「2015 年度アジア・オセアニア進出日系企業実態調査」。

号線。産業道路として主流のルートだ。北側ルートはアンコールワット遺跡群のあるシエムレアップを抜け，ポイペトに向かう国道 6 号線で，バンコクとシエムレアップ，プノンペンを往復する主流観光ルートでもある。

　本章では「南部経済回廊」沿いに実際に進出している日本企業がどのような目的で進出し，南部回廊をどう活用しているかを具体的な事例を挙げて分析する。そのため筆者は 2015 年 12 月初めにホーチミンからバンコクまでの南部回廊の一部，約 950km を走破し，カンボジアに進出する 10 社強の日本企業にヒアリング調査を実施した。まずはホーチミンからベトナムとの国境の街バベッ

トに入り、プノンペンへと抜け、プノンペンからは「中央サブ回廊」の北側ルートを通ってシエムレアップ、タイ国境の街ポイペトへと向かった。

バベットでは縫製産業に加えて時計産業が集積しつつある現状、ポイペトでは「タイプラスワン」で自動車部品産業が集積しそうな状況などを見た。カンボジアの投資窓口である「カンボジア開発評議会（CDC）」で認可を受けたプロジェクト数は100以上あり、ヒアリング調査に当たり、国際協力機構（JICA）カンボジア事務所が作成した認可プロジェクトリストなどを参考に対象をピックアップした。認可対象ではないが工業団地運営や物流サービスなどの企業も調査した。

2. カンボジアへの日本企業の投資状況

「南部経済回廊」沿いに進出している日本企業にはどのような企業があるのか。南部回廊はバンコク、プノンペン、ホーチミンというインドシナ半島の大都市を結んでいる。バンコクからミャンマーのダウェイまではこれから整備が始まる状況で、現時点の南部回廊で最もその恩恵を受けているのはカンボジアだろう。タイ、ベトナムに比べて相対的に安価な労働力を活用し、海外への輸出拠点にしようとカンボジアに進出する製造業が多い。

カンボジアへの投資についてはフン・セン首相を議長とする「カンボジア開発評議会（CDC）」が監督しており、CDCが投資申請企業の窓口となって関連省庁から関連ライセンスを取得する「ワンストップサービス」を提供している。投資ライセンスを取得したプロジェクトは「適格投資プロジェクト（QIP）」と呼ばれ、最大9年間の法人税率の免税、生産設備や原材料の輸入関税免税、さらに付加価値税の免税などの措置が受けられる。カンボジアへの日本企業の投資動向をQIP取得企業の合計投資額で見ると図表7-3のようになる。

投資法が制定された1994年以降の統計を見ると、2010年まではQIPを取得した案件でも撤退が目立つが、2011年以降は撤退は少なくなり、投資額が急増している。2011年にはタイで大洪水が起き、チャオプラヤ川流域にあった多くの日本企業の工場が浸水した。これを機にタイの周辺国に拠点を分散する

「タイプラスワン」の動きが加速した。タイの人件費が高騰してきたことも背景にある。さらに2012年には日本による尖閣諸島の国有化に反発し、中国で反日暴動が勃発。進出日本企業にも被害が出た。これを受け中国以外の国に拠点を移す「チャイナプラスワン」の動きが明確になった。1ドル＝80円台という超円高に日本企業が悩まされた時期とも重なる。

2013年以降は円高も終息し、一方ドル経済であるカンボジアの人件費も上昇してきたことから投資額はピークを越えた感がある。

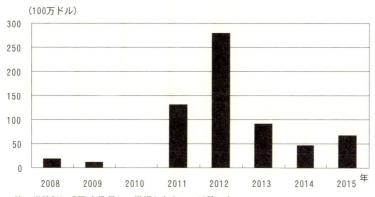

図表7-3　日本企業のカンボジアへの投資額の推移（QIP取得企業）

注：当該年にQIPを取得し、撤退したケースは除いた。
資料：JICAカンボジア事務所資料から日経センター作成。

QIPをプロジェクトの実施地域別に件数で見たのが図表7-4のグラフだ。地域では首都プノンペンが圧倒的で、インフラなどが整備された「プノンペン経済特別区」の存在が大きい。ベトナムとの国境近くのバベットがプノンペンに次ぐ。バベットでは労働争議が激しく、日本企業も操業停止などに追い込まれるなど被害も出ている。そのためか2015年の進出件数はゼロになっている。

シハヌークビル、コッコンなど沿岸部にも日本企業が複数出ている。シハヌークビルは中国系の工業団地があり、中国企業が多く進出している。プノンペンに比べると日本企業の進出は散発的だ。コッコンに自動車用ワイヤーハーネスの矢崎総業（東京・港）、バレー、サッカーボールを製造するミカサ（広島市）が2011－12年に進出したが、その後は動きが止まっている。

代わって注目されているのがタイの北側の国境近くのポイペトだ。2012年に日本電産が進出した後はあまり動きはなかったが、日本の資本が入った工業団地の開発が始まり、2015年から動きが活発になってきた。2016年に入り住友商事とアルパインが電子機器の受託製造サービスでポイペトに進出するとの発表もあった。「タイプラスワン」の拠点だ。

図表7-4 日本企業のカンボジアにおける投資件数の地域別推移（QIP取得企業）

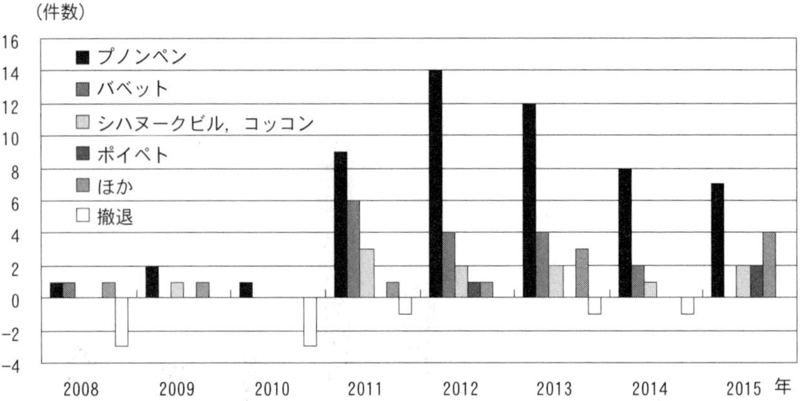

(件数)

[グラフ: 2008年から2015年までの日本企業のカンボジアにおける投資件数の地域別推移。凡例: ■プノンペン、■バベット、■シハヌークビル, コッコン、■ポイペト、■ほか、□撤退]

注：当該年にQIPを取得し、撤退したケースはマイナスで表現。
資料：JICAカンボジア事務所資料から日経センター作成。

進出日本企業をその目的から分類すると以下のようなカテゴリーが考えられる。

①輸出指向型「タイプラスワン」：タイの分工場としてカンボジアに進出
②輸出指向型「チャイナプラスワン」：中国に進出済み企業がカンボジアに進出
③輸出指向型「ベトナムプラスワン」：ベトナムの分工場としてカンボジアに拠点設置
④輸出指向型「ジャパンプラスワンなど」：初めての海外拠点としてカンボジアを選択
⑤内需指向型「B to C（ビジネス・ツー・コンシューマー）」：一般消費者向けにサービスを提供するケース

⑥内需指向型「B to B（ビジネス・ツー・ビジネス）」：現地に進出する企業向けにサービスを提供するケース

　①「タイプラスワン」の事例としては，プノンペンで小型モーターを製造するミネベア，ポイペトでハードディスク駆動装置用モーター部品を製造する日本電産などが挙げられる。ポイペトで自動車用シートカバー縫製をするニッパツ（横浜市）も同様だ。

　②「チャイナプラスワン」の例はバベットで手袋を作るスワニー（香川県東かがわ市），レジ袋のモロフジ（福岡県筑紫野市），コイルを生産する東京パーツ工業（群馬県伊勢崎市），シハヌークビルでワイヤーハーネスを製造するアスレ電器（横浜市）など。ベビー用品を製造するコンビ（東京・台東）も中国に次ぐ拠点をプノンペンに設置した。バベットやプノンペンに拠点を置く縫製産業の多くはこのカテゴリーに相当するだろう。

　③「ベトナムプラスワン」は，バベットで時計部品を製造する日本精密（埼玉県川口市）が典型的な事例。

　④「ジャパンプラスワンなど」は，初の海外拠点としてカンボジアを選んだ，ワイヤーハーネスのプリンテ（神戸市）や古本クリーニングの春うららかな書房（東京・中央）など。毛髪製品のアートネイチャー（東京・渋谷）はフィリピンに次ぐ海外拠点としてプノンペンに工場を建設したが，こうした事例もここに含める。

　⑤「B to C」。現地の消費者をターゲットに進出した代表例はイオン。ステーキ店「ペッパーランチ」を展開するペッパーフードサービス（東京・墨田）も同様で「イオンモール」に出店した。うどんチェーン「丸亀製麺」で進出したトリドールなど飲食業はこうしたカテゴリーに入る。製造業ではプノンペンに調味料小分け工場を建設した味の素などもそうだ。

　⑥「B to B」。進出企業向けにサービスを提供する代表例としては工業団地の開発・運営と物流サービスがある。2015年12月に不動産開発のスターツコーポレーション（東京・中央）が発表したホテル事業などもB to Bの範疇だろう。シハヌークビルの王子製紙も国内の業者向けに段ボールを製造する。

　今回の調査ではホーチミンからバベット，プノンペン，ポイペトを経てバン

コクに抜ける南部回廊を走破し，沿道沿いに進出する日本企業10社超を調査した。それぞれ①〜⑥のカテゴリーに当てはめると以下のようになる（括弧内は取材した場所）。

①タイプラスワン・・・自動車部品大手のデンソー（バンコク）
②チャイナプラスワン・・・縫製業の中山商事（バベット）
③ベトナムプラスワン・・・時計部品の日本精密（バベット）
④ジャパンプラスワン・・・産業機器用ワイヤーハーネスのプリンテ（プノンペン）
④ジャパンプラスワン・・・古本クリーニングの春うららかな書房（プノンペン）
⑤B to C・・・マダム・サチコ・アンコール・クッキーズ（シエムレアップ）（観光客が主な販売先なのでサービス輸出に相当するが，国内市場向けに農産物の製造・加工販売も予定しているので⑤に分類した）
⑥B to B（工業団地開発・運営）・・・プノンペンSEZ社（プノンペン），サンコー・カンボ・インベストメント・グループ（ポイペト）
⑥B to B（物流サービス）・・・郵船ロジスティクス（プノンペン），日本通運，双日ロジスティクス，日本ロジテム（以上，日本）

以下，個別企業の進出の経緯や南部回廊の利用状況などを詳述する。

3. デンソー――南部回廊で調達先拡大へ

タイから周辺国に生産を分散する「タイプラスワン」の動きが，人件費の高騰に加え，2011年の大洪水被害への反省から加速した。「南部経済回廊」はタイに集積する自動車関連産業などが周辺国に展開する場合の輸送インフラとして活用が見込まれる。ワイヤーハーネスなど労働集約的な部品メーカーが実際にそうした動きを見せている。自動車部品大手のデンソーも「タイプラスワン」を積極的に進める企業の1つだが，同社の場合，自由貿易協定などの大きな流れを見据えた，より戦略的な思惑から域内における生産分業を加速している。

3. デンソー——南部回廊で調達先拡大へ

　デンソーの東南アジアにおける生産再配置を進める司令塔が，バンコクにあるアジア地域の統括会社デンソー・インターナショナル・アジアだ。カンボジアなどタイ周辺への生産移管の背景には，2015 年末の東南アジア諸国連合（ASEAN）経済共同体（AEC）創設で域内関税がゼロになる動きや，高騰するタイの労働コストへの対応などがあるが，実は加藤宣明会長（当時社長）の新興国進出の決意の要素も大きかった。日本を代表する自動車部品メーカーとして業界の先遣隊としてカンボジアなどの新興国に進出し，ノウハウを蓄積するという責任感だ。

　デンソー本体が製造する自動車部品はエレクトロニクス化が進み，労働集約的に製造している部品はそれほど多くない。人手をかけて製造する部品は子会社や下請け会社が手掛けており，デンソー・インターナショナルでは「統括会社として当初は仕入先を集めて，物流網の統合や人事など労務管理を集約することなどを考えていた」（末松正夫 COO 兼副社長）。しかし経営トップの意向はデンソー自らが新興国で製造まで手掛けることだった。

　そこでまずカンボジアのプノンペンに 2013 年 4 月に現地法人を設立。プノンペン経済特別区（PPSEZ）にある既存工場を借りて，二輪車の発電機の中に入っているマグネット用スイッチの製造をとりあえず開始した。センサーのはんだ付けで細かい手作業が必要な部品で，タイで製造していたものを賃金の安いカンボジアに移転した。その後，ワイパー駆動時に水を放出するウォッシャーホースの生産も始めた。

　PPSEZ での生産も順調に立ち上がり，PPSEZ 内に確保していた 10 万 m^2 の土地に自社工場を建設し 2016 年 3 月から生産を開始，二輪車の発電機のマグネットの部品加工および組み付け，潤滑油を冷却するオイルクーラーなどの製造も始める予定。従業員も現在の約 100 人から 2018-20 年には 400 人へと 4 倍に増やす計画を立てている。

　「将来の生産拡大に向けて，資材の仕入れなどでもいろいろ工夫できないかと考えていたところ，ついに 10 年来の悲願であったメコン川にかかるつばさ橋が開通し，南部回廊の一部であるバンコク—プノンペン—ホーチミンが 1 本でつながった。ホーチミンからも調達の道が開けた」と末松氏は言う。

　道路インフラができて初めてどこから何を調達しようか，という考えが生ま

れる。さらに南部回廊がダウェイまで開通してインド洋につながれば、「ベトナムだけでなくインドにも仕入れ先が広がる可能性が出てくる。インドはまだまだ未発掘のサプライヤーがいろいろある」と末松氏の視線はインドにも向かう。

デンソーはプノンペン経済特別区に 10 万 m^2 の土地を確保し，自社工場を建設する。

　デンソーの ASEAN 進出の歴史は長く 1972 年にまでさかのぼり，自由貿易協定の進展に合わせて生産体制も再構築してきた。70－80 年代は ASEAN 各国ごとに工場を建設し複数の自動車部品を製造して，現地の完成車メーカーに供給していた。それが 1993－2008 年に先発 6 カ国の関税をゼロにする ASEAN 自由貿易協定（AFTA）ができて，1 つの部品を 1 カ所で製造して域内の複数の工場に供給する相互補完の動きが出てきた。2010 年以降は ASEAN と中国，韓国，日本の間の FTA（自由貿易協定）の動きが加速し，相互補完の枠がさらに広がった。後発 4 カ国の関税がゼロになった 2015 年末には AEC が正式に創設され，カンボジアやミャンマーなども投資対象となった。

　域内関税がゼロになればどこかで一極集中して輸出すればよいと考えられるが，自動車の場合はそう単純ではない。現在はタイだけでなく，人口 2 億人を抱えるインドネシアにも自動車完成品メーカーの投資が集まっている。ベトナムやフィリピンへも，タイやインドネシアで製造した自動車を輸出すればいいように思えるが，「自動車を輸入して，輸出するものがなければ貿易赤字が積

み上がってしまう。ベトナムもフィリピンも国内人口が1億人前後あるし，いずれ完成車を製造する動きは出てくるだろう」(末松氏)。そうした動きに自動車部品メーカーも対応しなければならない。

デンソーの「インドネシアプラスワン」とも言える動きがミャンマーでの生産だ。カンボジア進出と同時期にミャンマーにも現地法人を設立し，ウォッシャーホースの生産をインドネシアから首都ヤンゴン市内のレンタル工場に移管した。製造したホースは再び海路をインドネシアに戻している。「将来，タイとミャンマーが南部回廊や東西回廊など陸路でつながれば，ミャンマーからタイの顧客に直接供給することも検討していく」(末松氏)。タイ拠点と連携をもにらんだ動きだ。

環太平洋パートナーシップ (TPP) 協定が2015年10月に合意に至り，「(加盟国から調達した部材も自国産と認定できる) 累積原産地規則が認められ，マレーシア—ベトナム—日本を結ぶ生産も考えられるようになる」と末松氏はみる。マレーシアの拠点は現在，エンジンコントロールユニットなど電子関連部品を製造しタイやインドネシアに供給しており，ベトナム・ハノイの工場はアクセルペダルモジュールなどを北米向けに出荷している。デンソーのASEAN戦略は単純な「タイプラスワン」ではなく，国家間の貿易協定の締結や完成車メーカーの動きを見ながら最適な生産配置を考えていくプロセスだ。

4. 日本精密——「時計村」をバベットに建設

縫製など労働集約型の産業が多いカンボジアで，腕時計という精密機械産業の育成に取り組む企業がある。埼玉県川口市に本社を置く日本精密だ。時計部品や眼鏡フレームを製造するジャスダック上場の民間企業だ。「南部経済回廊」の今後の発展と中国におけるモノ作りの限界を象徴するような事例として興味深い。

日本精密が工場を置くのはカンボジアのバベット。ホーチミンから北西に70kmに位置する，ベトナムのタイニン省モクバイと対する国境の街だ。ベトナム人が国内で禁止されているカジノを楽しむ街として知られている。バベッ

トからプノンペンに向かう国道1号線が南部回廊となる。国境から1号線を進んで約12km，左手に新設の「ドラゴンキング経済特別区」が見えてくる。その入り口から最も奥まったところに日本精密の現地法人ニッセイ・カンボジアがある。「カンボジアは発展が早いので，道路の拡幅工事などですぐに入り口付近は騒がしくなると考え，入り口から最も離れたところに土地を確保してもらった。静かな環境でモノ作りをしたかった」と新井富之社長は話す。

バベットには法人税免税や製造機械の輸入関税免除などの優遇措置がある経済特別区（SEZ）が複数ある。トラックなどベトナムの車両は国境から20kmまでなら，貨物を封印する必要はなく，国境検問所にて明細書のコピーを提出するのみでカンボジア側に入れるため，南部回廊の一部である1号線沿いに「ドラゴンキング」「マンハッタン」「タイセン」といったSEZが集積した。欧米が最恵国待遇を与えている縫製産業がバベットに中国や台湾から数多く集まっている。また欧州連合（EU）の特恵関税措置のある自転車部品も台湾系の工場が複数進出している。

日本精密のカンボジアへの投資戦略はベトナムの生産拠点を補完する典型的「ベトナムプラスワン」だ。同社は1994年3月にベトナムのホーチミンに進出し，時計外装部品や眼鏡フレームの製造を始めた。現在3000人超の労働者を雇用する。3000人を超えるとホーチミン周辺では人集めに難儀をきたすようになった。そこでベトナムからそう距離もないバベットへの展開を決め，2014年3月からベゼルと呼ばれる時計の表示部の周辺のリング状のパーツの生産を開始した。投資額は5億円。

出来上がった部品は南部回廊経由でホーチミン工場に出荷し，品質検査をしてから日本やタイに輸出している。タイにも納入先の時計工場があるのだ。「（メコン川にかかる）つばさ橋が完成して南部回廊経由でタイに陸路で出荷できるのがいい。いずれはミャンマーからも部材を調達しやすくなるだろう」と井藤秀雄取締役常務執行役員はバベットの地の利を語る。

ベゼルは時計の顔とも言える金属部品だ。金属板を打ち抜き，金型にはめて加工。バリをとって研磨していく。バベット工場の立ち上げに当たり，ベトナム工場から精鋭部隊30人を送り込み，現地採用のカンボジア人たちの技術指導をさせた。日本では熟練工が1つの部品の研磨を繰り返して製品に仕上げて

4. 日本精密——「時計村」をバベットに建設   231

日本精密の工場の中の様子。主に女性工員がベゼルの研磨などを手作業でしている。

いくが、バベットでは分業体制を徹底した。製造工程を労働集約的な約10の工程に分け、熟練工でなくても対応できるようにした。穴開け機や研磨装置もベトナムの工場で製作した内製品を使っている。バベットは電気代が高いので、工場にはエアコンは設置せず、天井を高くして屋内の空気が流れやすいようにした。コスト削減と迅速なラインの立ち上げを心掛けた。

バベットでは2015年11月から夜勤も開始し、2シフトの生産体制へ移行した。従業員は2016年3月までに1000人規模に拡大。カンボジアの最低賃金は2015年時点では月129ドルで、それに通勤・住居手当、健康保険料などを加算した合計157ドル。2016年1月から最低賃金が141ドルになったため、合計は月169ドルに上がった。一方、日本精密のベトナム法人は高卒で月254ドル支払っており、バベットの約2倍となっている。ベトナムでは生産は高級品製造や金型製作、金属膜を表面に張るイオンプレーティン処理などの付加価値の高い工程にシフトしていく方針だ。

日本精密のベトナム進出は退路を断っての決断だった。1978年に埼玉県秩父郡小鹿野町で創業した同社は、国内の人件費上昇で海外への工場移転を決意。300人ほどいた国内工場を閉鎖し、金型製造をはじめすべての製造ノウハウをベトナムに持っていくことにした。失敗しても戻るところはない。中国では提携先に生産を委託していたが、中国の協力工場のトップたちも現在70歳前後となり、世代交代の時期を迎えている。しかし息子・娘たちの世代は泥臭

い製造業への就職を嫌がり，後を継ぐものもいない。いずれ中国でのモノ作りは不可能になると20年前に先を読み，自己資本による進出先としてベトナムに将来の希望を託した。当時ベトナムはまだ米国との国交を回復する前だった。カンボジアへの展開はベトナム進出の延長線上にある。

カンボジアの「時計村」構想は岡林博社長の発案で，社内では「ASEANプロジェクト」と呼ばれている。この構想は日本精密一社で完結する話ではない。バベットの工場の敷地13万m^2のうち4万m^2は自社工場だが，5万m^2は中国の協力工場が入居する予定となっている。すでに香港資本の時計バンドメーカーが進出し，ステンレス製のバンドの組み立て，研磨をしている。あと3社が入居する予定だ。「従業員の採用や食事の提供などすべて，ニッセイ・カンボジアを通じてやっている。進出のすべてを面倒みる」（新井社長）。労働条件を揃え，他社との比較で待遇に不満を抱かせない狙いもある。

残りの4万m^2の土地には時計の完成品メーカーを誘致する計画を進めている。完成品メーカーが下請けを海外の進出先まで連れてくるというケースは普通だが，日本精密の構想はその逆だ。同社が製造するベゼルは次第に供給できる中国メーカーも少なくなり，同社はカシオ計算機に加え，2015年5月にはセイコーウオッチとの取引も開始した。中国ではシチズンホールディングスの子会社が2015年2月に広東省にある時計部品工場を突然閉鎖して話題になった。日本精密が危惧した中国モノ作りの限界が表面化し始めている。

5. 中山商事——バベットの限界？

カンボジアのベトナム国境の街バベットには，安価な労働力とベトナムとの距離というメリットに惹かれ，縫製を中心に数多くの外資系企業が集まっている。時計産業の集積を構想している日本精密の事例を紹介したが，縫製産業の代表格である中山商事（大阪市）はバベットの横顔を別の角度から垣間見ることができる事例として興味深い。

中山商事が2011年にバベットに設立したのはナカヤマ・カンボジア（バベット市）。資本金は150万ドルで，中山商事の100％出資だ。「マンハッタン

5. 中山商事——バベットの限界？　　233

日本向けに出荷するベビー肌着をチェックする，ナカヤマ・カンボジアの東元幸生社長

経済特別区」に次いで古く，2007年から営業している「タイセン経済特別区」の中に1万m²の土地を取得し，約2億円を投じて縫製工場を建設した。赤ちゃん本舗（大阪市）向けにベビー肌着を製造している。従業員は220人いる。

　中山商事の戦略は典型的な「チャイナプラスワン」だ。同社は中国の遼寧省撫順市で，赤ちゃん本舗向けにベビー服の製造を1996年から開始した。しかし人件費が高騰し利益率が低下。そこで人件費も安く，特恵関税が適応されるカンボジアでの生産に乗り出した。生地はタイからホーチミンまで海路輸送し，ホーチミンからは南部回廊経由で持ってくる。製品はすべてホーチミンから日本に輸出する。中国工場からの製品には10％の関税がかかるが，カンボジアからは無税となる。今でも撫順の拠点では300人ほどが働いている。

　バベット地区には日本企業14社が進出している。タイセン経済特区には中山商事のほか，手袋製造のスワニー，紳士服のドーコインターナショナル（大阪市），電子部品の東京パーツ工業など14社中11社が集まっている。東元社長はプノンペンにあるカンボジア日本人商工会の役員なども務め，バベットの顔役的な存在だ。経営上の相談事なども東元氏に持ち込まれ，役所や労働組合との交渉なども矢面に立ってきた。

　同地域はここ数年，激しい労働争議に見舞われている。2013年12月と2015年12月には台湾，中国系の工場の労働争議の影響が日系企業にも波及し，操

業停止に追い込まれたこともあった。法定最低賃金は2010年の月61ドルから2016年1月には140ドル（バベットは141ドル）と6年で2倍以上に跳ね上がった。「労働者はそれほど賃金を上げて欲しいという意思は見られないのだが，外部労働組合の力が強く賃金が勝手に上がっている感がある」と東元社長は言う。バベット周辺から来る労働者はもともと農民で，「働く」という観念に親しんでおらず，よく休むし働いて給与をもっともらおうという欲もないのだという。

さらにカンボジアは賄賂など余計なビジネスコストもかかる。タイセン経済特区はSEZであり，ワンストップサービスの下，特区内で通関手続きもすべて済ませることができ，国境での通関手続きは不要なはずだが，最近では国境でコンテナのX線スキャン検査が実施されている。1回32ドル（40フィートのコンテナの場合）の手数料を取られ，役所にクレームをつけたら一度は廃止されたが，またすぐに復活した。プノンペンの各省庁への様々な登録も毎年更新が必要で，そのたびに賄賂を取られる。

「現在の最低賃金ならベトナムのモクバイ（バベットの対面にある）とほぼ同じ。ベトナムではストライキも発生してないし，別途，カンボジアの通関手続きもいらない」と東元社長は国境の向こうにある台湾系の工場をうらやむ。ナカヤマ・カンボジアの敷地はまだ半分埋まっておらず，将来に向け拡張を予定していたが，円安が進んでいることも重なり，増産投資の計画は宙に浮いている。

6．プリンテ——初の海外にカンボジア選択

電子部品製造のプリンテ（神戸市）はプリント基板や電子機器向けワイヤーハーネスのメーカーで，産業機器や遊戯機器向けのワイヤーハーネスの製造をカンボジアで始めた。ワイヤーハーネスでは住友電装や矢崎総業が自動車向け製品を，「タイプラスワン」戦略の一環としてカンボジアで手掛けている。プリンテの場合は初めての海外拠点としてカンボジアを選んだ事例だ。

6. プリンテ——初の海外にカンボジア選択　235

PPSEZ のレンタル工場でワイヤーハーネスの組み立てをするプリンテ・カンボジアの従業員ら

　プリンテは 2014 年 4 月に 100％出資でプノンペン経済特別区（PPSEZ）の中にプリンテ・カンボジアを設立した。レンタル工場を活用しての進出だ。明石工場（明石市）でワイヤーハーネスを製造しており，コストの安いカンボジアで手掛けることにした。カンボジア人の労働者 18 人が，電線を切り，被覆材のビニールを剥いだ部分に端子を圧着し，そこにコネクターを取り付けるという作業をしている。日本でも明石工場では機械工程作業は工場内で実施し，手作業の部分は外注（内職）に出しているが，それでも採算が取れなくなってきているのだという。人件費は国内でパートを雇う場合，月に 16 万円かかるが，カンボジアの最低賃金，月 140 ドルと比べると 10 倍弱の差がある。部材費，輸送費などを含めた製造コストでもカンボジアの方が 20％以上安くなるという。

　初めての海外進出に当たり，ベトナム，ラオス，タイ，フィリピン，カンボジアなどを検討したが，人件費の安さなどからカンボジアを選んだ。電線やコネクターなど部材はすべて日本からカンボジアに持ってきている。大阪からシハヌークビルに海路輸送し，シハヌークビルからは陸路でプノンペンに運んでいる。製品はすべて日本向けに出荷している。カンボジア—日本は最大 17 日間かかる。南部回廊を使ってホーチミンに出し，そこから日本に輸出すると最速で 12 日で輸送できるため，今後は南部回廊経由を増やしていく考えだ。少量の輸出入に空輸サービスを使うこともあるが，今後は南部回廊と海上輸送を

組み合わせて輸送費の削減を図る方針だ。

部材調達でベトナム，タイ，シンガポールから調達することを検討しており，その場合は南部回廊を使うことはありうる。電線などはベトナムで製造しているものを日本の商社経由で購入しているため，わざわざ日本にベトナムから輸出したものをカンボジアに持ってきているという。AECも発足し，域内関税がゼロとなる中，カンボジアの地の利を事業の効率化につなげていきたい考えだ。

7．春うららかな書房──タイ，ベトナム市場もにらむ

春うららかな書房は日本で漫画喫茶などに古本を販売するビジネスを手掛けており，調達した古本をクリーニングする拠点としてカンボジアを活用している。非製造業の中小企業が南部回廊をうまく活用している事例として紹介する。

春うららかな書房は2010年7月に100％出資でカンボジアに現地法人ハル・プノンペンセンターを設立した。プノンペン経済特区の既存工場を賃借し，日本から古本をコンテナで輸送。カンボジア人の従業員を使って古本の汚れを落として，再び日本に戻すという作業を繰り返している。漫画の単行本（コミッ

ハル・プノンペンセンターで，古本のクリーニングをするカンボジア人従業員ら

ク）が主で，カバーをはずして本の側面に押された店舗のハンコ印や日焼けを機械で削ったり，内カバーについたシールを削ぎ落としたりする。1冊1冊手作業でカバーを手で外しては，側面を研磨し，再びカバーを付け直すなど人手のかかる作業だ。

これまでは創業の地である福井県でパート労働者を使ってクリーニングをしていた。労働コストがかかるため，賃金の比較的安いカンボジアに作業を移管することにした。ハル・プノンペンの従業員は60人。1日8時間労働で月に10万冊の古本を処理する。従業員の給与は月200ドル（2015年の最低賃金128ドルに弁当代を加算）。コンテナ代や工場のレンタル代を含めても，コストは日本の半分以下になったという。

当初は中国の遼寧省大連市に工場建設を予定していたが，土壇場で取りやめた。文化物になるため1冊ごとに内容を報告する必要があるなど手続きが煩雑になることが判明したためだ。古本はゴミ輸出扱いとみなす国が多く，なかなか進出先が見つからなかったが，日本アセアンセンターの投資部に相談するとカンボジアを勧められた。コストのほかにASEAN各国を臨めるロケーション，政治の安定性，さらに政府の輸入関税の免税措置が適応されることなどが進出の決め手となった。

毎月クリーニングしている10万冊はちょうど40フィートコンテナ1個分になる。日本からコンテナでホーチミンまで海上輸送し，ホーチミンからは南部回廊を使ってプノンペンまで陸送している。物流業者は双日ロジスティクスを使っており，所要時間は2〜3週間。クリーニングした本は逆コースで日本に送る。進出当初は日本からシハヌークビルまで海上輸送し，シハヌークビルからプノンペンへ陸送していた。日本からシハヌークビルへの直行便はなく，シンガポール経由になるため4週間かかっていたという。

南部回廊を使い，バンコクの日本人市場も狙っている。ベトナムに駐在する日本人も増えており，今後，ベトナム市場での販売も検討していく考えだ。

春うららかな書房は1985年に古本書店として福井県大野市で創業し，1996年に漫画喫茶向けに古本のコミックの卸売りを開始した。2007年にコミックレンタルのルールが整い同ビジネスが解禁されると，コミックレンタル店向けに新刊本の卸売りにも乗り出した。最近は美容店向けの雑誌配送・販売や漫画

喫茶向けの電子コミック販売などにも手を広げ，同社の年商は 2015 年 3 月期で 32 億円。古本市場は微増傾向で，カンボジア拠点の活用で利益率を上げていく考えだ。

8. マダム・サチコ・アンコール・クッキーズ——お土産菓子から農村開発へ

マダム・サチコ・アンコール・クッキーズはアンコールワット遺跡群の観光拠点カンボジアのシエムレアップに本社を置く食品製造・販売会社だ。シエムレアップに拠点を置く，日本人が創業した数少ない"日系"企業といえる。

「アンコールクッキー」を手に持つ小島幸子社長

「アンコールクッキー」というアンコールワット寺院の形をしたクッキーを製造し，観光客向けにお土産としてシエムレアップやプノンペンなどで販売している。小島幸子社長は横浜市立大学を卒業し，海外での就職を希望していたところ，カンボジア人に日本語を無料で教える山本日本語教育センター（シエムレアップ）の教師募集を見て応募した。同センターの創業者・山本宗夫氏 [旅行代理店ジェイエッチシー（JHC，東京・中央）会長で創業者] に 1 年間日本人観光客のツアーガイドをしてから採用すると言われ，1999 年に徒手空

拳で未知のカンボジアにやってきた。26歳の時だ。観光ガイドをしながら顧客からいつも尋ねられたのは「勤め先に配れる何かいいお土産はないか」といったことだった。

観光客向けのお土産を作るとしたら何がいいか。空港でよく売っているチョコレートはカンボジアの気温だとすぐに溶けてしまうし、原料のココアはカンボジア産ではない。日持ちなどを考えるとクッキーがいいのではないかと考えた。小麦粉やバターはオーストラリアからの輸入だが、フレーバーに使うカシューナッツ、バナナ、パイナップル、ココナツ、ヤシの砂糖などはカンボジア産が調達できる。2003年、プノンペンの友人の家で3カ月間試行錯誤してレシピ、製法を完成させた。2004年4月に会社を設立し、シエムレアップに工房兼ショップをオープン。当初は1日100箱限定でそれほど売れなかった。2004年末に日本からシエムレアップにチャーター便が飛ぶようになり、日本人のアンコールワットツアーが増え始め、数が捌けるようになった。今ではカンボジア土産の定番として地位を確立し、1日1000箱出るようになった。年商300万ドルで、従業員も100人を抱えるまでに成長した。南部回廊を使って、ベトナム経由で日本へも出荷している。クッキー事業はある程度軌道に乗ったため、「スタッフの名前と顔が一致しないほど大きく」拡大する考えはないという。

小島社長が現在、最も関心があるのはファーム（農場）開発だ。2015年9月にマダム・サチコという新会社を立ち上げ、アンコールワットから車で15分ほどのところにあるスヴァイ・チェイク村（マンゴー・バナナ村という意味）で農業ビジネスに着手した。「シエムレアップに来た頃は雇用創出を目標にしていたが、すでにシエムレアップは十分発展した。むしろ今後、雇用が必要なのは農村部だ」（小島社長）と話す。

その名の通りマンゴー、バナナが豊かに実る村で、そうした農産物を加工して「ヤクルト」のような栄養ドリンクや大豆とハーブを使ったソイバーのような食品の製造に乗り出す考えだ。ドリンクとソイバーをカンボジア中の学校に配布し、子供たちが学校に喜んで通うインセンティブにしたいという。さらにファームを観光農園のような形で観光客に開放したいとも語る。新しい農産加工品の国内および周辺国への出荷や農園への観光客の誘致に南部回廊の整備が

役立ちそうだ。

9. プノンペン SEZ など工業団地の開発・運営——プノンペンからポイペトへ

　南部回廊沿いの産業集積を考える上で欠かせないのが，産業を受け入れるインフラである工業団地だ。特に回廊を通じてタイ，ベトナムとつながるカンボジアでは「経済特別区（SEZ）」に指定された工業団地が進出企業の受け皿として不可欠になっている。SEZ 扱いの工業団地なら，投資事業の登録，輸出入手続きなどのサービスがワンストップで受けられ，上下水道や電力インフラも整備されているからだ。

　日本貿易振興機構（JETRO）の「カンボジア経済特区（SEZ）マップ」（2015年3月）によれば，カンボジアには現在30以上の SEZ 扱いの工業団地がある。シハヌークビルやバベットに多くの SEZ が集まっているが，進出企業数で他を引き離すのが「プノンペン経済特別区」だ。プノンペン国際空港から国道4号線を西に約 8km 行ったところにゲートがあり，ゲートから南に 6km 超，細長く敷地が続く。

　プノンペン経済特区の開発・運営するのがプノンペン SEZ 社（PPSEZ, プノンペン市）だ。カンボジアの華人貿易商，林秋好（リム・チホー）女史と，日本の不動産会社ゼファー（東京・千代田）の共同出資会社として 2006 年 4 月に設立された。現在，資本金 2200 万ドルで林氏が 78％，ゼファーが 22％を出資している。林氏は洋酒や家電の輸入で財を築いた。プノンペン—シハヌークビルを結ぶ鉄道沿いの土地を持っており，それを工業団地に活用することにした。上松裕士 CEO は清水建設のフィリピン法人で工業団地内の工場建設に携わった経験などを生かし，ゼファーに転職して PPSEZ の CEO に就任。ゼファーは 2008 年 7 月に民事再生法の適用を申請したため，上松 CEO は PPSEZ に転籍した。ゼファーは民事再生完了後も株を保持してきたが，「日本側に毎月報告する手間がなくなり，自由に経営できるようになった」（上松氏）という。

PPSEZの上松裕士CEO（右）と長岡奨シニア・マネジャー

　2007年にインフラ整備を開始し，入居第1号の日系製靴工場は2008年8月に操業を開始した。当初は企業側の反応もそれほどではなかったが，2010年の味の素の調味料を小分けする工場の操業でPPSEZの知名度が高まった。2007年9月に宣伝を兼ねた投資セミナーをタイで開催した時に味の素の関係者が出席し，それが同社のカンボジア進出のきっかけになったという。味の素の進出が他の日系企業の呼び水となり，11−12年には操業ラッシュとなる。「進出希望企業に対応するので精一杯で，売り込みに行くどころでなくなった」（上松氏）。2011年にはミネベアの小型モーター工場が操業し，ワイヤーハーネスを製造する住友電装の工場もやってきた。

　「タイプラスワン」「チャイナプラスワン」という日本企業の海外展開の大きなトレンドが重なったためだ。2011年にはタイで大洪水が起き，進出企業の工場の多くが浸水。そうした企業が周辺国に生産拠点の分散化を図る「タイプラスワン」戦略を加速した。2012年には日本による尖閣諸島の国有化を機に中国で反日暴動が勃発し，日本企業が脱中国を本格化し始めた。2011年3月に1ドル＝76円を記録した円高も日本企業の海外展開を後押しし，2012年にPPSEZで稼動した工場は過去最高の15社に達した。縫製，自動車部品から飲料まで幅広い産業が集まっている。進出企業のうち過半数が日本企業だ。

　2014年後半からは日本企業の進出はやや停滞したが，代わりに米国企業2

社が進出を決めた。1つは創業100年のキャンディーメーカー，アメリカン・リコリス（インディアナ州），もう1つがコカ・コーラ（ジョージア州）で1億ドルを投じてボトリング工場を建設中だ。両社ともカンボジア市場を狙ったB to C投資だ。日本企業でもすでにレンタル工場で進出済みのデンソーが入り口付近に自社工場を2015年12月に竣工したほか，その隣にはトヨタ自動車が保税倉庫を建設することを決めている。

操業から約8年，1期，2期合計で300万m^2の敷地は一部に空き地が残るだけで，さらに3期目で57万m^2を拡張する予定。2016年2月時点で現在76社が進出リストに名を連ね，敷地内では1万8000人が働く。今後はこの企業の集積を生かして，進出企業向けに蒸気の販売なども手がけていく方針だ。

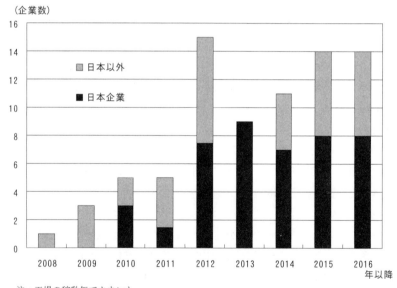

図表7-5　PPSEZへの進出企業数の推移

注：工場の稼動年でカウント。
資料：PPSEZ.

南部回廊沿いではベトナム国境の街バベットとタイ国境ポイペトが産業集積で注目されている。PPSEZはプノンペンでの成功をバネにポイペトに展開する考えだ。タイのアランヤプラテートとの国境から約3kmの場所に50万m^2

の土地を確保しており,2016年末の開業を目指している。投資額は約1500万ドル。「当初は(『東西経済回廊』上にある)ラオスのサバナケット進出も取り組んだが,ポイペトの方が引き合いが多いので,慌てて手がける必要はないと判断した」と上松CEOは言う。それだけ南部回廊を巡る動きは速いともいえる。

同社は2016年5月30日,カンボジア証券取引所(2011年7月開設)に上場した。プノンペン上水道公社,独アディダスなどに製品を製造する台湾系縫製企業のグランド・ツインズ・インターナショナル・カンボジア,そして2015年末に上場したプノンペン港湾公社に次ぐ4社目で,地場系民間企業では始めての上場だ。上場で調達した資金をポイペトへの投資に回す考え。

PPSEZが進出するポイペトではすでに「サンコーポイペト経済特別区」が先行しており,PPSEZが開発する土地はサンコーの真横にある。サンコーの開発・運営を手がけるのはサンコー・カンボ・インベストメント・グループ(本社プノンペン)。カンボジアで人材派遣業を営むカンボジア人の実業家が51％,大阪出身の日本人・山本貴宏氏が49％を出資して2012年に設立された。敷地面積は83万m^2で,9000～1万7000m^2の43区画に整備している。

現在,進出第1号として自動車部品メーカーのニッパツ(横浜市)が工場を建設中だ。ゲート横の2万3000m^2の土地を確保しており,自動車用シートカバー縫製を手がける予定だ。タイ法人の子会社という位置づけで,2016年4

サンコー・カンボ・インベストメント・グループの山田与重SEZゼネラル・マネジャー

月の稼動を予定している。タイから部材を供給し，ポイペトで縫製し，製品を再びタイ側に戻す「タイプラスワン」の典型的なパターンとなる。

サンコーポイペト経済特別区で建設中のニッパツの自動車用シートカバー工場

　進出第2号は豊田通商で2万m^{2}を確保。同SEZ内に「テクノパーク」を開設し，2016年2月に着工する。敷地に建屋を建設し，中小の自動車部品メーカーにレンタル工場として貸し出す。トヨタ自動車系列の下請け企業の進出を豊田通商が支援し，「自動車部品村」をポイペトに作ろうという発想だ。

　「人件費は最低賃金（2015年で月128ドル）に交通費，昼食代などを加えて月200ドル程度。タイだと最低月350ドルはかかってしまう。電気代はタイに比べると高いが，労働者はサンコーが周辺地域から集めて派遣できる」とサンコーの山田与重SEZゼネラル・マネジャーは語る。SEZなので通関手続きも敷地内で完結し，すぐにタイ側に出荷できる。サンコーの敷地に隣接する場所に日本電産がハードディスク駆動装置のアルミフレーム製造工場があるが，サンコーの敷地の中に倉庫用の土地を確保している。通関業務を効率化する狙いとみられる。

10. 郵船ロジスティクスなど物流サービス——越境サービス提供

「南部経済回廊」に産業が集積するのと相前後して，道路インフラを利用した物流サービスも充実してくる。集積する産業が製造業を中心とした日本企業の場合，日本や欧米への輸出業務が発生するため，海運など国際物流網を持つ日本の物流会社のサービスへの需要が高まる。大手物流会社はすでに顧客企業のアジア進出とともにタイ，マレーシアなどに進出しており，既存の拠点を活用しつつカンボジアに新たに拠点を設けるなどして南部回廊を使ったサービスを強化している。

郵船ロジスティクスカンボジアの米山良幸社長（右）と片山正樹取締役

南部回廊の要衝カンボジアで存在感を高めているのが日本郵船グループの国際物流会社，郵船ロジスティクス（東京・港）だ。2011年4月にプノンペンに駐在員事務所を開設し，2013年9月に現地法人・郵船ロジスティクスカンボジアを設立した。現在従業員は約60人で「進出日系物流企業では最大の陣容」（米山良幸社長）を誇るという。顧客の輸出品を税関に申告する通関業務も現地の協力会社に頼らず，自社手配している。複数の縫製企業から製品を受け取り，海上コンテナ混載便に仕立て，スポット（単発）だけでなく定期的に

輸出するなどのサービスも提供している。海上，航空，陸上輸送，さらに倉庫サービスの提供など総合的なサービスが特徴だ。

　郵船ロジスティクスがカンボジアに進出した2011年は同国および同社の発展を語る上で欠かせない2つの出来事があった。1つはタイの大洪水。タイに進出していた日本企業が周辺国に分工場を作る「タイプラスワン」が活発化した。カンボジアはその受け皿となり，特にプノンペン経済特区には多くの企業が集まった。2つ目はイオンがカンボジアへの出店認可を取得したこと。輸出型の製造業だけでなく，国内市場をターゲットにした流通業が出てくるという新しいトレンドを予感させた。イオンはプノンペンの中心部に2014年6月に第1号店「イオンモールプノンペン」およびその中に入る基幹店舗「イオンプノンペン店」をオープンさせた。

　郵船ロジスティクスはもともとタイやベトナムで日本企業を中心に国際物流サービスを提供しており，PPSEZへの製造業の集積と日系流通大手の進出という2つの大きな流れの中で，カンボジアでの事業強化を決めた。2014年2月にはカンボジア政府から通関ライセンスを取得し，カンボジアからの通関業務を自社でできるようになった。通関ライセンスを取ったのは日本トランスシティ（三重県四日市市）に次いで日本企業では2社目という。PPSEZ内にも事務所を設け，ワイヤーハーネスなどの自動車部品や電子部品など進出企業が手掛ける製品の通関業務を同社が受託している。協力会社を通じて業務をするよりも迅速に，かつ透明性の高いサービスが提供できるという。

　2014年4月にはシンガポール，マレーシア，タイ，カンボジア，ベトナムの5カ国を結ぶクロスボーダー陸上輸送サービス「SEAL」のサービス提供開始を発表している。週5便で，コンテナ1個に満たない混載輸送も可能。同年6月にはホーチミン―プノンペン間の保冷トラック輸送サービスの提供を開始するなど，矢継ぎ早にインドシナ半島での事業を強化した。

　郵船ロジスティクスは日本トランスシティとともに日系流通大手の物流業務を請け負っている。郵船ロジスティクスは日本でも工場間物流が中心で，成長分野への展開を図るため数年前に消費財物流への参入を模索した。そうした大方針の中，日系流通大手のカンボジアへの出店に合わせて戦略的に獲得を目指したものだった。

日系流通大手の物流では加工食品などの常温物流，牛乳や乳製品の冷蔵物流，冷凍食品やアイスクリームなどの冷凍物流を手掛けている。バンコクからポイペトを経て南部回廊を使って陸送している。乳酸菌飲料はベトナムのホーチミン市に工場があるため，2015年4月に開通した「つばさ橋」を使ってホーチミンからプノンペンへ陸送している。

一方，日本通運は2011年9月にカンボジア駐在員事務所を設け，2013年12月に現地法人に昇格させた。従業員は約30人。通関ライセンスはあえて取得しておらず，現地の事情に通じた協力会社を使って通関作業をしている。

同社は南部回廊地域，メコン地域への取り組みは比較的早く，カンボジアに進出する前の2011年4月にバンコク，プノンペン，ホーチミンを結ぶ陸路輸送サービス「サザンメコン・ランドブリッジ・エクスプレス」の提供を開始している。現在はバンコク―プノンペン間を「BP600」，プノンペン―ホーチミン間を「PH250」という名称でサービスを提供している。プノンペン―バンコク間，プノンペン―ホーチミン間の輸送ならそれぞれ3日，1日で可能で，従来の海上輸送だとそれぞれ9日，5日かかっていたという。日本通運の強みはベトナムの現地法人がベトナムとカンボジアの両方を走行できる「ダブルライセンス」のトラックを保有していることで，PH250はコンテナ1個の輸送ならば積み替えなしで越境輸送できる[1]。

さらに同社は2014年4月にコンテナ1個単位でプノンペンから東京まで積み替えなしで輸送できるサービス「ネックスサオ・カンボジアサット」も開始した。2015年7月にはコンテナ1個に満たない荷物を混載でカンボジアから東京へ，同年11月には大阪に積み替えなしで運べるようにもした。カンボジア，ベトナムの税関と交渉した結果で，毎週1便，プノンペンで出した荷物は12日後に東京，大阪で受け取れるという。

双日の物流子会社，双日ロジスティクス（東京・千代田）もメコン地域に力を入れている物流会社の1つだ。カンボジアでは双日本体の駐在員事務所に現地人の物流担当者が常駐し，日本通運と同様のサービスを南部回廊沿いに展開している。2011年7月，バンコク，プノンペン，ホーチミンを陸路で結ぶ輸

---

[1] 越境可能な自動車台数に関するベトナム・カンボジア間の取り決めについては第1章参照。

送サービス「クロスボーダートランスポーテーションサービス」を開始した。日本通運が同年4月に始めた「サザンメコン・ランドブリッジ・エクスプレス」と同様のサービスで，コンテナ1本が最小単位。双日もベトナムとカンボジアの両方を走行可能なダブルライセンスのあるトラックを保有する現地物流会社と提携した。サービス開始時にはダブルライセンスのトラックを約30台保有していた。

2015年2月にはバンコク―プノンペン間で，南部回廊を使った混載輸送サービスを開始した。小口が対象の混載輸送はタイ―カンボジア間の通関手続きが煩雑になるため，これまでシンガポール経由の海上輸送で対応していた。陸上輸送で5日の日程が，海上輸送だと20日かかっていたという。バンコク―プノンペン間で自動車部品などの小口輸送の需要が高まってきたため，新サービスで対応することにした。

双日ロジスティクスが親会社の双日とともに取り組みを強化しているのがミャンマーにおける物流事業だ。同国でスーパーなどを手掛けるシティー・マートの関連会社プレミアム・ディストリビューションと共同出資会社プレミアム・ソージツ・ロジスティクスを2015年4月に設立し，同国内の冷蔵，冷凍物流サービスを提供する。双日ロジスティクスは国際物流を得意としており，バンコクから国境の街メーソートを抜けてヤンゴンに至るルートの事業可能性について調査をしている段階だ。

日本ロジテム（東京・港）はベトナムの国内物流で基盤を築き，メコン地域の越境サービスに拡大しようとしている。ベトナムへの進出は投資ブームが起きる前の1994年で，貨物物流サービスと旅客運送サービスを開始した。日本から現地の視察などで来る日本人向けにハイヤーを提供する旅客サービスがブームで拡大し，同時に進出企業の物流サービスも受注するという好循環で事業を拡大した。

2006年に第2メコン友好橋が完成して「東西経済回廊」でタイ―ラオスがつながったことを受け，2007年6月にラオスの物流会社を買収。橋の近くで荷物の積み替えをする拠点として活用し，同年10月から東西回廊を使った陸上輸送サービスを開始した。2013年にはミャンマーで旅客運送，貨物物流を手掛ける合弁会社を設立し，ベトナムでの実績をミャンマーでも再現したい考

〈Box1. サハ・グループのミャンマー国境地域への展開〉

　タイの財閥大手サハ・グループは多くの日本企業と共同で消費財の製造・販売を展開しており，そうした共同出資会社の工場の受け皿として工業団地の開発・運営も手掛けている。最近ではタイのミャンマー国境地域にも他社に先んじて工業団地を建設した。南部経済回廊ではカンボジアが産業集積地として注目を集めるが，回廊の延長先としてのミャンマー市場に注目している。同グループのブンヤシット・チョクワタナー会長に話を聞いた。

ブンヤシット・チョクワタナー会長

Q　サハ・グループはタイ北西部メソットに工業団地を2009年に開設した。メソットはインドシナ半島を東西に横断する「東西経済回廊」上にあり，ミャンマーの国境の街ミャワディに隣接する。メソットに進出した経緯はどのようなものか。

A　サハが（バンコクから南東100kmにある）シラチャに工業団地の開発・運営を始めてからもう40年近く経つ。次にカビンブリ，ランプーンに作り，メソットが4つ目だ。開発に着手したのは今から8年ほど前だ。ミャンマーがまだ現在のように開放されていない時，ミャンマーの人たちが仕事をしたいといってメソットに入ってきた。一方でバンコク周辺ではタイ人労働者が不足し，給与も高くなってきていた。ミャンマーの人たちがバンコクに来て働いてもいいが，メソットなら国境をちょっと越せば仕事ができる。縫製産業は多くの労働力が必要

だし,試験的にメソットに工業団地を作ってみた。ミャンマー向けの通関作業もそこでできるし,ミャンマーのビジネス環境が改善され投資しようとなれば,今働いてもらっている人たちを使ってすぐに生産に取り掛かれる。

メソットは交通の便がいい。サハは以前から購入していた土地があり,工業団地に転用できるというので使うことにした。政府はメソットを経済開発特区(SEZ)にして開発しようとしており,人気になっている。SEZは投資委員会の恩典を受けると,法人税,機械輸入や材料の関税が免税となり,外国人雇用の申請でも優遇措置が受けられる。これからいろんな企業が集まってきそうだ。

Q メソットの工業団地ではブラジャー,靴下,ぬいぐるみ,カバンなどの工場がすでに稼動し,近くプラスチックバッグ(ポリ袋)の会社も入るようだが,今後の見通しは。

A 台湾,中国,香港の企業はものすごく視察に来ている。今はタイの企業もだ。実際の投資はまだだが,いろんな業種が見に来ている。プラスチック,インジェクション(射出成型)といったタイ石油公社(PTT)グループの顧客企業を連れて行ったら,これはいいということになった。日本企業はだいぶ勧誘しているが反応は遅い。円安も進んでいるし慎重だ。メソットへ行くのは昔は難しかったけど,今は飛行機でも陸路でも簡単に行ける。政府は鉄道敷設も考えているようだ。

Q タイ,ミャンマー政府はミャンマー南部ダウェイを産業集積拠点として共同開発することで合意し,日本も参加する。北西部のメソット,ミャワディ周辺と比べてどうか。

A ダウェイ周辺はモン族が支配する地域で土地の取得などが難しい。タイがダウェイまで道路を作ろうとしても,現地の地方政府と交渉が必要だ。地方政府の様子はよく分からない。タイ側は簡単だけど,ミャンマー側に行ったら条件がいろいろ違ってくる。日本人はタイ政府と同様に,ミャンマーも中央政府と話したら終わりと思っているだろうが,現地の少数民族,地元の有力者などと話す必要がある。メソットに近いミャンマーは,パアンなどもカレン族が支配する地域だ。中央政府と地方政府はだいぶ話が通じており,一気通貫で交渉がまとまる。

Q アウン・サン・スー・チー女史率いる国民民主連盟(NLD)が2015年の総選挙で勝利し,新政府が近く発足する見通しだ。影響はどうか。

A ミャンマーはよくなっていると思う。選挙は無事終わった。これからどういう政府を作っていくか。軍の力,地方の力が強い国なので,どうなるかはもう少し様子をみたい。地方は地方の利益を考えるし,スー・チー女史はビルマ族の人だ。我々はメソットで様子をみて研究している状況で,すぐにミャンマーに入れる体制をとっている。

Q 「南部経済回廊」沿いではカンボジアへの産業集積が進んでいる。サハ・グループはカンボジアの可能性についてどう見ているか。東南アジア諸国連合

> （ASEAN）経済共同体（AEC）も発足し，南部回廊への注目は高まっている。
> 　A　カンボジアは人口も少なく，土地も狭い。製造業としては魅力が少ない。ミャンマーは人口も多く，投資する値打ちがある。カンボジアにはインスタントラーメンの工場はあるが，事務所が中心だ。サービス産業の可能性は高いと思う。カンボジアにはイオンができたが，（数十年前に）バンコクに大丸が進出した時と似ている。（サハが提携する）ローソンなども進出を考えていると思う。
> 　AECは2016年からスタートで市場は大きくなっていく。人口も増えているし，道路も整備されている。国境での通関手続きなどもなくなって物流がスムーズになればもっと大きくなる。タイの商品の知名度は高いので，（周辺国へ）出て行くチャンスになる。セイノーホールディングスと合弁で設立した物流会社もAECをにらんだものだ。セイノーは一時，この地域から撤退していたが，物流オペレーションの改善を見込んで共同出資会社を作った。セイノーはベトナム，マレーシアにも関連会社があるし，サハ・グループの商品も新会社で運べる。AECではサービス産業の自由化の面でも規制が少しずつ撤廃されて進んでいくと思う。

えという。農産物などを北部・中部からヤンゴンに輸送し，日本に輸出することなどを検討している。

　南部回廊を使ったサービスは提供していないが，近くカンボジアのプノンペンに拠点を設けたい考えで，「ハノイ，ダナン，ホーチミン，ビエンチャン，サバナケット，バンコク，レムチャバン，カンペンペット，ムクダハン，ヤンゴンにすでに拠点があり，次は点を結んで面にする越境サービスを展開してゆきたい」と飯島隆国際本部長は話す。もっとも「地場の物流会社と競合する上では物流品質の向上に努めるとともに，冷凍・冷蔵など地場企業には難しいサービスで差別化していく必要がある」としている。

11. 今後の「南部経済回廊」

　南部回廊への注目が高まった1つのきっかけは2015年4月の「つばさ橋（ネアックルン橋）」の開通だ。バベットからプノンペンまでは約170kmがあり，そのほぼ中間地にあるのがネアックルンで，メコン川が道を分断してい

〈Box2. 南部経済回廊ルポ〉

　本書が着目する「南部経済回廊」沿いにはどのような産業が集積しているのか。進出している日本企業はどう南部回廊を活用しているのか。筆者は2015年12月初めにホーチミンからバンコクまでの南部回廊の一部，約950kmを走破した。個別の企業の取り組みは本編で紹介したが，実際の南部回廊はどのようなものだったのか。体験談を記す。

■バベット

　ホーチミンから北西に70km。ベトナムのモクバイとカンボジアのバベットが接する国境がある。中央分離帯のある片側2車線の道路を自動車で2時間ほど走ると国境に着いた。ベトナムのタクシーはモクバイから先へは行ってくれない。統合直前の欧州共同体（EC）とは違い，出入国管理局も税関も両側にある。

　バベットに入ったのは日没時。ちょうどカジノのネオンが灯り始めた頃だった。「ル・マカオ」「ラスベガス・サン」「タイタンキング」など10軒ほどのカジノが並んでいる。ベトナムは外国人のみにカジノが解禁されており，ベトナム人は国境を越えてバベットに遊びに来る。カジノのテーブルではベトナム通貨ドンの札束が飛び交っていた。

写真1　ポイペト側からカンボジアの出入国ゲートを望む。

　バベットには投資事業の登録，輸出入手続きなどのワンストップサービスを提供し，上下水道などインフラも整った経済特別区（SEZ）が複数ある。トラックなどベトナムの車両は国境から20kmまでならカンボジア側に入れるため，南部回廊の一部である1号線沿いに「ドラゴンキング」「マンハッタン」「タイセン」

といったカジノかと思わせるような名前の特区扱いの工業団地が集まった。カンボジアは日米欧から一般特恵関税制度で関税・輸入割当免除措置を受けており，台湾や中国の縫製産業が輸出拠点として活用しようと集積した。欧州連合（EU）輸出に関税優遇措置のある自転車部品も台湾，中国系の工場が複数進出していた。

　新興の「ドラゴンキング」では時計産業を川上から川下まで集積させようという「時計村」プロジェクトが進行中だった。主役は埼玉県川口市に本社を置く日本精密だ。時計部品や眼鏡フレームを製造するジャスダック上場企業だ。1号線から工業団地に入り，東工コーセン（東京・千代田）のシャツ縫製工場を横目に，一番奥まったところまで進むと日本精密の工場が建っていた。

写真2　2015年4月に開通した高さ121mのつばさ橋。

　バベットからプノンペンまでは170km。そのほぼ中間地点にあるのがネアックルンで，メコン川が道を分断していたが，15年4月に日本の政府開発援助（ODA）119億円を投じたつばさ橋が完成した。橋を吊るケーブルが羽根のように伸び，2つの山を描く優雅な構造をしている。完成前はフェリーで対岸まで渡らねばならず，到着時間の見極めが難しかった。つばさ橋の開通はプノンペン―ホーチミン間の陸上輸送を円滑にし，南部回廊への注目を一気に高めた。

■プノンペン
　バベット―プノンペン間は中央分離帯もなく片側一車線と細くなったが，しっかりと舗装されており3時間ほどでプノンペンに着くことができた。しかし道路沿いに街灯はなく，物流会社などは夜間走行を極力避けているという。ホーチミン―プノンペン間に高速道路を建設し2時間半で結ぶ構想も動き出している。

首都プノンペンは「レクサス」のような大型車が道路にあふれ，交通渋滞は常態化。高層ビルもところどころに立ち並ぶ。ヘン・サムリン政権と反政府の3派連合（ポル・ポト派，シハヌーク派，ソン・サン派）が1991年にパリ和平合意に達し，93年に総選挙が実施されてから約20年。内戦で荒廃した首都は見違えるほどの復活を遂げ，「東洋のパリ」と再び呼ばれる日も近いと感じた。

プノンペン経済の力強さを象徴するのが，14年6月に中心部の南にオープンした，同国初のモール型ショッピングセンター「イオンモールプノンペン」だ。夜8時，中核店の「イオンプノンペン店」は一階のデリカッテッセンコーナーにカンボジア人の顧客があふれ，多くの人がおでんのような軽食を食べたり，持ち帰り用の寿司を割引で買ったりしていた。3階のフードコートはそれほど人が入っていなかったが，「ペッパーランチ」や回転しゃぶしゃぶ・寿司の「シャブ・シャブ」などの店舗は賑わっていた。イオングループは2015年8月，モール2号店をプノンペン中心部の北側に出店することを発表した。述べ床面積は1号店とほぼ同じ約10万㎡で，18年夏にオープン予定だ。

イオンなど消費の現場も活気があったが，むしろ目を見張るのは産業集積だ。その中核が「プノンペン経済特別区（PPSEZ）」で，空港から4号線を西に約10km行くと入り口が見え，そこから南に5km超，細長く敷地が続く。開発・運営会社のプノンペンSEZ社は06年4月にカンボジアの華人貿易商と日本の不動産会社ゼファー（東京・千代田）が共同出資で設立した。07年にインフラ整備を開始してから約8年，1期，2期合計で300万㎡の敷地は一部に空き地が残るだけで，さらに3期目で57万㎡を拡張する予定。現在73社が進出し1万8000人が働く。開業当初は企業側の反応もそれほどではなかったが，PPSEZの知名度が高まったきっかけは10年の味の素の調味料を小分けする工場の操業だった。「それまでカンボジアといえば魑魅魍魎の世界のイメージだったが，味の素の進出がほかの企業誘致の呼び水となった」と上松裕士CEOは振り返る。

プノンペンとバンコクを結ぶ南部回廊には大きく3つのルートある。1つは港のあるシハヌークビルをかすめて，タイとの国境の街コッコンを通り，タイ湾沿いの海岸線をバンコクに向かうルート。もう1つはトンレサップ湖の北側を通って，アンコールワットにあるシエムレアップを抜け，ポイペトに向かう6号線。観光ルートの大動脈であり，大型の観光バスが行き交う。そして主力ルートがトンレサップ湖の南側を通って，カンボジア第2の都市バッタンバンを抜けてポイペトに向かう5号線だ。

■ポイペト

ポイペトはバベットと同様にカジノが集積する国境の街だ。バベットと違い飛び交うのはタイの通貨バーツ。タイ国内ではカジノは合法化されておらず，タイ人は国外で遊ぶ。ポイペトではタイの入国管理局とカンボジアの入国管理局の緩

衝地帯に「スター・ベガス」「クラウン」「グランド・ダイヤモンド」といった大型カジノが立ち並ぶ。

「サンコーポイペト経済特別区」は国境から約3kmの場所にある。開発・運営を手がけるサンコー・カンボ・インベストメント・グループ（プノンペン市）は日本人と人材派遣を手がけるカンボジア人の実業家の共同出資会社だ。83万㎡の敷地の一角では最初の工場として，ニッパツ（横浜市）の自動車用シートカバー縫製工場が建設中だった。ニッパツの工場の横には，豊田通商が整備を進める「テクノパーク」ができる予定だ。サンコーの中の6万㎡の土地を豊田通商が確保し，レンタル工場として整備し中小の自動車部品メーカーを誘致する。タイに集積する自動車産業のカンボジアへの展開を支援し，いわば「自動車部品村」をポイペトに作ろうという考えだ。プノンペンで成功したPPSEZ社もポイペトに進出する予定だ。

カンボジアのポイペトを後にし，タイ側の街アランヤプラテートに入る。かつてカンボジア内戦時に同国から逃れてくる難民の居住キャンプがあった街だ。タイの入国チェックポイントを徒歩で越えると，出迎えてくれたのは軍出身のプラユット暫定首相の顔写真付きポスターだった。「知的，聡明，現代的，ビジョン明確（Intelligent, Knowledgable, Modern, Visionary）」。顔写真の下に美辞麗句が並ぶ。その横に三軍のトップと思しき制服姿の軍人の看板が続く。「微笑みの国」は今や軍事政権の支配下にあることを実感した。

写真3　プラユット暫定首相と軍服姿の3人のポスター（アランヤプラテートで）

アランヤプラテートからバンコクまでは約250km。タイ国内は日本と同じ左側通行で，カンボジアとは逆になる。カンボジアに比べ格段に整備された車道は片側2車線から3車線に増え，バンコク直前では4車線になった。交通渋滞さえ

なければ時速 100km 以上で継続的に走行可能で，約 3 時間でバンコクに着くことができる。

■バンコク

バンコクに入った 12 月 5 日は国王誕生日の休日だった。王宮の前には大勢の人々が集まり，日没後にロウソクに灯を点す式典がプラユット暫定首相も出席して執り行われた。88 歳となったプミポン国王は入院中で，この日は大衆の前に姿を現さなかった。人々は胸に「お父さんにために自転車に乗ろう（Bike for Dad）」と書かれた，青い袖で胴体が黄色のポロシャツや T シャツを着ている。12 月 8 日に国王の誕生日を祝ってバンコク市内を自転車でラリーするイベントが開かれるのだ。

プミポン国王の後継者とされるワチラロンコン皇太子が主導するイベントで，皇太子自らが自転車に乗ってラリーを先導。国王に抱きついている皇太子の巨大な写真もバンコク市内はもとより，アランヤプラテートでも目立つ場所に飾られていた。8 月にシリキット王妃の誕生日でも同様のイベントが開催され，この時は参加者は王妃カラーの青いシャツを着て自転車に乗った（国王カラーは黄色）。こうしたイベントについて海外メディアは「皇太子のイメージの改善と国家統一の促進」が狙いと解説する。

タクシン派と反タクシン派で国家分裂の危機にあったタイは 2014 年 5 月に軍部がクーデターで権力を掌握し，それ以来，表立った抗争もなくなり，国内は比較的安定している。経済も 2014 年に実質 GDP 成長率が 0.9％に落ち込んだが，15 年は 2.8％に回復した。軍事政権は 15 年 8 月 23 日に内閣を改造し，経済担当の副首相にソムキット氏を充てた。ソムキット氏はタクシン政権下で副首相兼財務相として経済運営を主導した人物で，外資誘致でも新政策を促進する。

ホーチミンからプノンペンを経てバンコクに至る南部回廊はさらにその先がある。バンコクから「戦場にかける橋」で有名なカンチャナブリを経て，国境の街バンプーナムロンを抜けて，ミャンマーの漁村ダウェイに至るルートだ。ダウェイはタイとミャンマーが共同で経済特区として開発することで合意していたが，2015 年 7 月に日本も参画することが決まった。水深 20m の深海港を建設するほか，輸出型産業を集積させる計画だ。

もっとも現時点では道はあるものの，コンテナトラックが往復できるように舗装したり拡幅したりするのはこれからだ。2015 年 5 月にバンコクからダウェイまで走破した，日通総合研究所（東京・港）の坂東篤新規事業開発室長は「タイ国内は平均時速 70km で走行できたが，ミャンマー国内は時速 40km ほどに落ち，未舗装の部分も多い。そもそも運ぶ荷物もない。港ができるのは 20 年後なので，物流事業が成り立つのは当分先」と語る。

■メソット

バンコクからヤンゴンに至るルートで現在，最も使われているのは「南北経済回廊」と「東西経済回廊」を乗り継ぐルートだ。バンコクからタークまで南北回廊を北上し，東西回廊でタークから国境の街メソットに向かう。そこからミャンマーのミャワディに入りヤンゴンに向かう。

写真4　サハ・グループのメソット工業団地内にあるブラジャー工場。ミャンマー人300人が働く。

バンコクからメソットまで500km。タークまでは片側2車線の1号線が続き，そこから西に12号線に入ると山岳地帯だ。時速100km以上で快適に飛ばすことができて所要時間は約6時間。飛行機はタイ国際航空が出資するノックエアーが毎日4便を飛ばしており，バンコクから約1時間で結ぶ。

メソットとミャワディの間には川が流れており，国境は片側一車線の友好橋で結ばれている。タイ側から渡ると橋の途中で左側から右側通行に切り替わる。友好橋の北側に第二友好橋を新たに建設し，橋に向かう高速道路全長21kmをタイ側が整備する計画で，2017年にも開通する見通し。

ミャワディからコーカレイまで約60kmは相互通行が可能なバイパスが15年6月に開通した。これまでは1車線の山岳道路しかなく日替わり片側通行だった。4時間かかっていた場所が毎日通行可能になり1時間弱で行けるようになった。タイのトラックは友好橋から10kmほど先にあるトレード・ゾーンでミャンマー側のトラックに荷物を積み替えている。

第2友好橋に向かう，建設予定の高速道路沿いにあるのがタイの財閥大手サハ・グループが開発・運営する「メソット工業団地」だ。約20万㎡の土地にレンタル工場6棟が稼動していた。ブラジャー，靴下工場のほか，カバン，ポロ

シャツ，ぬいぐるみなどの工場があった。工業団地全体ではミャンマー人の労働者1050人が働いている。

　サハ・グループはライオン，ワコール，グンゼなど多くの日本企業と共同出資会社を設立し，タイで日用品や衣料，食料など消費財を中心に製造している。1974年にバンコクから南東100kmにあるシラチャに工業団地を開発し，多くの合弁工場を誘致してきた。シラチャに続き，バンコクから東170kmのカビンブリ，チェンマイ近郊のランプーンにも工業団地を開発。メソットは4つ目の工業団地で2009年から営業を開始した。

　タイの最低賃金は日給300バーツ（約1000円）だが，「シラチャでは500－600バーツ出しても人が集まらなくなっており，縫製産業の新規投資は成り立たなくなっている。メソットなら300バーツで十分人が集まる」。サハ・グループの工業団地運営会社サハ・パタナ・インターホールディング（バンコク市）の応本幸和オーバーシー・セールス＆マーケティング・マネジャーはメソットの利点をこう述べる。サハはメソット中心街から南に約20kmのマハワン区でも80万㎡の土地を工業団地として開発する予定で，さらにミャンマーへの進出も視野に入れる。

　AECでは医師，会計士など資格の相互承認による技能労働者の自由な域内移動の推進をうたっているが，非熟練労働者の移動の自由については言及していない。単純労働者の自由な移動は国内の雇用情勢に大きく影響するため，経済統合といってもそこまでは踏み込んでいない。しかしタイ―ミャンマーの国境付近はある意味，AECの先を行っている。タイ国内のミャンマー人労働者の就労については，既存の労働者は後追いで登録・合法化し，新規の労働者は2国間の覚書で斡旋入国させている経緯がある。

　ミャンマーはインドシナ半島の一部だが，バンコクからヤンゴンへの輸送は現在，シンガポール経由で海路を行く方がコストも安く利便性もいい。デンソーのミャンマー工場の位置付けをみても，ミャンマーはシンガポール，マレーシア，インドネシアの「海のASEAN」につながっている。今後，ミャンマーを「陸のASEAN」に取り込むためにも，南部回廊などバンコクからヤンゴンに向かう陸路の利便性を高めていく必要があるだろう。

た。橋ができる前，トラックなどはフェリーを使って川を横断しなければならず，国際協力機構（JICA）によれば繁忙期には7時間の待ち時間が発生していたという。

　進出企業のつばさ橋への評価は総じて高い。分断されていた道路がつながり，プノンペン―ホーチミン間の隘路がなくなったことで，地域が一体になっ

たとのイメージが広がったもようだ。実際，プノンペンに拠点のあるデンソーはつばさ橋の開通を聞いて，ベトナムからの部材調達を検討し始めているし，プリンテも時間短縮になる南部回廊経由の輸送を考えている。

　物流会社にとってもフェリーよりも橋を使った方がトラックの運行の見通しが立つというメリットがある。しかし「ソフトインフラは海に利がある。陸路は書類が煩雑になる」（日通総合研究所）という声もある。陸路でカンボジアからベトナムに入るというプロセスよりも，シハヌークビルあるいはプノンペン港から船でカンボジアから出してしまった方が手間はかからないという。

　タイ―カンボジア，カンボジア―ベトナムの2国間を積み替えなしで行き来できる「ダブルライセンス」のトラックもあるが，台数は限られている。ライセンスのないトラックは越境できず，国境で荷物を越境先のトラックに積み替える必要がある。3カ国を行き来できるライセンスはなく，ハード面で道路はつながっても，実際に走るトラックは各国別々というのが実態だ。通関手続きも出国側と入国側で2度ある。2015年末にAECが発足したが，欧州連合のように国境を意識しなくて済むようソフト面のインフラが整うには時間がかかりそうだ。

　タイ―カンボジア―ベトナムの南部回廊による一体化は物理的には進んでいるが，まだ見えてこないのがタイ―ミャンマーの一体化だ。バンコクからヤンゴンに製品を輸出する場合，現在，主流のルートはシンガポール経由で海上輸送するルートだ。「直行便もなく，現在は14日もかかる」（日通総合研究所）。デンソーのミャンマー拠点がインドネシアとつながっているように，インドシナ半島にあるミャンマーはほかの4カ国とは隔離され，マレーシア，シンガポール，インドネシアの「海のASEAN」に連なっているのが現状だ。

　南部回廊はバンコク―ダウェイ間を結ぼうとしているが，ダウェイからミャンマー最大の都市ヤンゴンまでの物流インフラもおぼつかない。「木造の橋が途中にあるなど，コンテナ輸送は無理」（双日ロジスティクス）。

　バンコク―ヤンゴンを結ぶルートでむしろ熱いのはバンコクからタークまで「南北経済回廊」を北上し，タークから「東西経済回廊」に乗ってメソット，ミャンマーのミャワディを抜けてヤンゴンに至るルートだ。ミャワディからコーカレイまでの約60kmのルートに2015年6月に相互通行可能なバイパス

が開通した。それまでは1車線の山岳道路しかなく,日替わり片側通行だった。4時間の行程が1時間に短縮された上,毎日通行できるようになった。

　ヤンゴンのような大都市にはバンコクから消費財を運んだり,進出企業の受け皿として建設が進む工業団地向けの建設資材を持っていったりする物流へのニーズは出てきている。ダウェイに港を建設してインドシナ半島からインド洋に抜けるルートも重要だが,ニーズの高いヤンゴンまでのルートの整備も"広域"南部回廊といった枠の中で推進する必要がある。ヤンゴン,バンコク,プノンペン,ホーチミンという4大都市を結ぶ一大経済圏ができれば,南部回廊の投資先として価値も高まるだろう。

参考文献

磯野生茂（2015）「ASEAN 域内の広域輸送インフラ整備」浦田秀次郎,牛山隆一,可部繁三郎編著『ASEAN 経済統合の実態』文眞堂
牛山隆一（2012）「CLMにおける日本企業の事業展開——生産フロンティアで積極経営」『アジア「新・新興国」 CLM の経済』日本経済研究センター
牛山隆一（2014）「日本企業,メコン圏で経営を強化——カンボジア進出事例を中心に」『メコン圏経済の新展開』日本経済研究センター
Asia Development Bank (2010), "Sharing growth and prosperity: Strategy and action plan for the Greater Mekong Subregion Southern Economic Corridor"

（上原正詩）

索　引

【欧文】

ACMECS（エーヤーワディ・チャオプラヤー・メコン経済協力戦略）　121
ADB　3, 5, 16, 21, 24, 26, 28, 33, 153, 156
ASEAN 経済共同体（AEC）　12, 63
ASEAN 自由貿易地域（AFTA）　1, 12, 12, 199
ASEAN 包括的投資協定（ACIA）　11
Atlantic Cycle　150
BDMS　117, 118, 119
Best Way Industry　150
CBTA　16, 53, 56, 57, 153, 217
CLM　92, 93, 94, 98, 101, 105, 107, 109, 116, 119, 123
CP フーズ　115, 116, 117
GMS 経済協力プログラム　21, 25
GSP（EBA）　150
Hoang Anh Gia Lai（HAGL）　148
JWD インフォロジスティクス　110
Lao Viet Bank　148
LDC　191, 199
Metfone　146
Mong Reththy　146
NEDA　119, 122
SCG　109, 113, 114, 115
SEZ　82, 141, 150, 152, 154
Star Telecom 社　148
TCC グループ　109, 111
TICA　119, 120
Unitel　148
Vietnam Rubber Group　146, 148
Viettel　146, 148
Vinacomin　145, 147
Worldtec Cycles　150
WTO　128, 143, 151

【ア行】

アウン・サン・スー・チー　160, 162, 163, 177, 180, 182
アジア・オセアニア地域に進出する日系企業の活動調査結果　202
アジア開発銀行（ADB）　3, 5, 16, 21, 24, 26, 28, 33, 153, 156
アジア太平洋経済協力（APEC）　128
アタプー県　148
アユタヤ銀行　216
アランヤプラテート　29, 30, 31, 44, 45, 50, 51, 54, 58, 60
イオン　215
イノベーション産業　217, 218
雲南省　125, 137
越境交通協定（CBTA）　16, 53, 56, 57, 153, 217
王国十字軍　192
王子製紙　216
オーヤダウ　29, 38, 39
オリックス　216

【カ行】

外部経済　15
開放政策　5
カイメップ港　132, 133, 154
カイメップ・ティーバイ港　126, 132, 133
回廊間リンク　22, 27, 40, 43
カットライ・ターミナル　125, 132
カムアン県　147
雁行型　218
雁行的発展　213
環太平洋経済連携（TPP）　128
カンボジア・アンコール航空　147
カンボジア開発評議会（CDC）　204
カンボジア国立銀行　188
カンボジア社会経済調査　199
カンボジア人民党　193
カンボジア投資開発銀行（BIDC）　146
官民連携（PPP）　17
技術駆動型　203

技術ジャンプ　208
規模の経済　15
救国党　193
クイニョン　20, 24, 26, 27, 29, 37, 38, 39
クラスター政策（Cluster Policy）　85, 89
クロンルーク　58
軍隊商業銀行（MB）　146
経済回廊　15
経済特区（SEZ）　141
ケム・ソカ　195
ケム・レイ　195
紅河デルタ　130
広州　147
広州市　137
広西チワン族自治区　125, 137
構造改革　5
行動規範（COC）　197
後発開発途上国（LDC）　191, 199
国際協力銀行　9
国際労働機関（ILO）　210
国境貿易　101, 103
コッコン　27, 29, 33, 34, 36, 55, 78
コッコン州　34
昆明市　137

【サ行】

サイアム・セメント・グループ（SCG）　109, 113, 114, 115
サイゴン解放　130
サイゴン商信銀行（Sacombank）　146, 148
サイゴン・ハノイ銀行（SHB）　146, 148
最低賃金　198, 208
債務持続可能性分析　187
債務返済比率　187
サーシア　55
サプライチェーン　7, 198, 213, 217
サム・ランシー　194
サワンナケート　19, 20, 27, 41, 42, 78, 137, 147
産業開発政策　202
3派連合　193
シエムレアップ　20, 23, 26, 27, 37, 38, 39, 40, 55, 56, 147, 221, 222, 238, 239
シエンクワーン県　147
シソポン　29

シハヌーク前国王　191
シハヌークビル　23, 26, 27, 36, 40, 42, 43, 44, 45, 46, 147
——（プレアシアヌーク）　29
——SEZ　150
——港　125, 154, 156, 206, 217
上海　147
集積地　69
集積の利益　15
周辺諸国経済開発協力機構（NEDA）　119, 122
自由貿易協定（FTA）　11
重力モデル（グラビティ・モデル）　141
常設仲裁裁判所　196
新回廊　25, 26
生産ネットワーク　1, 7, 8, 9
世界金融危機　2
世界貿易機関（WTO）　128, 143, 151
セントラル・グループ　111

【タ行】

タイ国際協力開発機構（TICA）　119, 120
タイセンSEZ　150, 152, 154
タイプラスワン　25, 45, 51, 63, 78, 81, 98, 100, 101, 110, 197
大メコン圏（GMS）経済協力プログラム　21, 25
ダウェイ　19, 26, 27, 28, 29, 31, 44, 59, 122
——SEZ　28, 160, 164, 166, 167, 168, 169, 173, 174, 175, 176, 178, 179, 180, 181, 182, 183
ダナン　136, 137
チャイナプラスワン　197
チャムジアム　34, 36
チャロン・ポカパン（CP）グループ　115
中央サブ回廊　19, 21, 22, 24, 27, 28, 30, 43, 58
中小企業金融　218
中所得国の罠　202
つばさ橋　32, 132, 133, 152, 153, 205
ティキ　31
低所得国　190
低中所得国　190
ティラワSEZ　160, 164, 165, 166, 168, 169, 170, 174, 176
テイン・セイン　160, 164, 165, 167, 177, 178, 179
——政権　180
ドイモイ（刷新）政策　127, 128, 151

索 引　263

東西経済回廊　19, 40, 90, 125, 135, 136, 137
投資適格事業　198
投資優遇　198
東南アジア諸国連合（ASEAN）　1, 127
東部経済回廊（EEC）開発プロジェクト　89
東部臨海地域　71
特別経済開発区（SEZs）　82, 150, 152, 154
特別特恵関税　199
　──制度（GSP）　150
トラート（県）　19, 24, 27, 29, 34, 35, 44
トラペアンクリール　41, 42
トランジット貨物　154, 157
ドル化経済　187
ドンナイ省　129

【ナ行】

ナコンパノム　136
ナムカン　19, 24, 26, 27, 29, 34
南寧市　137
南部沿岸回廊　27
南部沿岸サブ回廊　24, 27, 33, 34, 37, 43, 103
南部経済回廊（SEC）　1, 3, 8, 19, 89, 125, 135
2国間投資協定（BIT）　11
日・メコン首脳会議　198
日本カンボジア官民合同会議　212
日本カンボジア投資協定　198, 211
ネアックルン　24, 32, 33, 46, 59
ノロドム・ラナリット　193
ノンノックキエン　41, 42

【ハ行】

ハーティエン　27, 34, 37, 55
ハトレック　34, 35, 36
ハノイ　26, 135, 137
バベット　29, 31, 33, 43, 51, 52, 54, 55, 126, 132, 133, 141, 152, 153, 154, 157
パリ和平会議　193
バンコク　19, 21, 23, 25, 26, 27, 28, 29, 31, 34, 43, 44, 135, 137
　──銀行　109, 111
バンコク・ドゥシット・メディカル・サービス（BDMS）　117, 118, 119
バンコクメガリージョン　67
ビエンチャン　136, 146, 148, 149

東アジアASEAN経済研究センター（ERIA）　16
東アジア地域包括的経済連携（RCEP）　199
光海底ケーブル　208
非関税障壁　12
ビナミルク社（Vinamilk）　147
ビンズオン省　129
フアパン県　148
4GLTE　208
仏印処理　192
プーナムロン　28, 31
プノンペン　19, 21, 23, 26, 27, 28, 30, 31, 32, 37, 42, 43, 45, 46, 47, 51, 52, 54, 56, 59, 60, 101, 103, 111, 125, 132, 133, 137, 141, 146, 147, 152, 154, 157
　──経済特区（SEZ）　110, 147
　──新港　133, 156, 206
　──とホーチミンを結ぶ高速道路　205
フラグメンテーション　73, 198, 213
プレアシハヌーク州　146
プレクチャック　34, 55
プレッククダム　59
分散の利益　15
フンシンペック党　193, 194
フン・セン　193
ブンタウ　19, 23, 26, 27, 28, 29, 31
ブンロート・ブルワリー　111
米越通商協定　128
ベトイン銀行（Vietinbank）　149
ベトナム化学グループ（Vinachem）　147
ベトナム軍隊通信グループ（Viettel）　146, 148
ベトナム航空　147
ベトナム投資開発銀行（BIDV）　146, 148
ベトナム農業地方開発銀行（Agribank）　146
ペトロ・ベトナム（Petrovietnam）　149
ペトロリメックス（Petrolimex）　149
ヘン・サムリン　193
ホイアン　136
ポイペト　29, 30, 31, 50, 51, 54, 58, 60, 78, 101, 103, 110, 122
貿易回廊　15
北部サブ回廊　27, 37
ホーチミン　27, 60, 147
　──港　125, 131, 132, 133, 152

――市　19, 21, 23, 26, 28, 29, 47, 48, 49, 52, 54, 56, 125, 128, 129, 130, 132, 133, 136, 137, 141, 152, 154, 157
ポル・ポト　185, 192

【マ行】

マイクロファイナンス　189
丸紅　216
マンハッタンSEZ　150, 152, 154
三井住友銀行　216
三菱東京UFJ銀行　216
南シナ海における関係国の行動宣言（DOC）　196
南シナ海問題　196
ミネベア　214
ムクダハン　136
メコン川　133, 136
　――水運　126, 133, 137, 153, 154
メコン圏諸国　1
メジャー・シネプレックス・グループ　111
モクバイ　29, 31, 33, 43, 51, 54, 55, 126, 132, 152, 153, 154

モンドルキリ州　145

【ユ行】

輸送回廊　15

【ラ行】

ライス・ポリシー　188
ラオス外国貿易銀行（BCEL）　148
ラタナキリ州　146
リスクカテゴリー　190
レタイン　29, 38, 39
レムチャバン　35, 51
労働集約型　198, 203, 213
ロジスティクス回廊　15
ロンアン省　129
ロン・ノル　192

【ワ行】

わが国製造業企業の海外事業展開の動向　205
和平工作　193
ワンストップ　217

執筆者紹介

編著者

浦田 秀次郎	日本経済研究センター特任研究員 早稲田大学大学院アジア太平洋研究科教授	（総論）
牛山 隆一	日本経済研究センター国際アジア研究部長兼主任研究員	（第3章）

著者（執筆順）

石田 正美	日本貿易振興機構アジア経済研究所開発研究センター長	（第1章）
大泉 啓一郎	日本総合研究所調査部上席主任研究員	（第2章）
池部 亮	日本貿易振興機構海外調査部アジア大洋州課長	（第4章）
小林 公司	みずほ総合研究所上席主任研究員	（第5章）
鈴木 博	カンボジア総合研究所CEO／チーフエコノミスト	（第6章）
上原 正詩	日本経済研究センター主任研究員	（第7章）

躍動・陸のASEAN、南部経済回廊の潜在力
――メコン経済圏の新展開――

2017年2月15日 第1版第1刷発行　　　　　　　　　　　検印省略

編著者	浦　田　秀次郎	
	牛　山　隆　一	
発行者	前　野　　　隆	
発行所	株式会社 文眞堂	

東京都新宿区早稲田鶴巻町533
電　話　03（3202）8480
FAX　03（3203）2638
http://www.bunshin-do.co.jp
〒162-0041　振替00120-2-96437

印刷・モリモト印刷　製本・イマヰ製本所
© 2017
定価はカバー裏に表示してあります
ISBN978-4-8309-4915-9 C3033

好評既刊

ASEAN 経済共同体研究の決定版！

ASEAN 経済共同体の創設と日本

石川幸一・清水一史・助川成也 編著

ISBN978-4-8309-4917-3／C3034／A5判／379頁／定価2800円＋税

創設50周年を迎える ASEAN は経済統合でも新たな段階を迎えた。ASEAN 経済共同体（AEC）によりレベルの高い FTA を実現。2025年を次の目標年次としてサービス貿易，投資，熟練労働者の移動の自由化により統合の深化を進めるとともに RCEP により東アジアの経済統合を主導する。日本経済にもきわめて重要な ASEAN の経済統合の現状と課題を専門家が詳述。

201X年，日本の投資はどこへ向かうのか？

ASEAN シフトが進む日系企業 統合一体化するメコン地域

春日尚雄 著

ISBN978-4-8309-4772-8／C3033／A5判／212頁／定価2400円＋税

近年の状況を見ると，海外進出企業は集中のメリットを優先し，リスク分散をはかる必要を軽んじていた感がある。日本企業は ASEAN とりわけメコン地域への投資の比重を増やす行動が起きつつある。本書では一大経済圏となりつつある GMS（拡大メコン経済圏）で，日系グローバル企業を中心に産業の集積と分散がどのように起きているかを論じている。

ASEAN 経済圏を分野別に分析・展望！

現代 ASEAN 経済論

石川幸一・朽木昭文・清水一史 編著

ISBN978-4-8309-4875-6／C3033／A5判／360頁／定価2500円＋税

現代世界経済で最も重要な成長センターである ASEAN は，経済統合を推進し，AEC（ASEAN 経済共同体）を実現する。実現すれば，AEC は中国やインドにも対抗する経済圏となり，日本，そして日本企業にとっても最重要な地域となる。急速な経済発展を続ける現代の ASEAN 経済を各分野の専門家が分析。現代 ASEAN 経済を学ぶための必読書。

国別の経済・地域の課題を展望！

ASEAN 経済新時代と日本 各国経済と地域の新展開

トラン・ヴァン・トゥ 編著

ISBN978-4-8309-4897-8／C3033／A5判／390頁／定価2800円＋税

ASEAN 経済共同体（AEC）創設，加盟各国が中所得以上に発展した ASEAN 新時代が到来。高所得国シンガポール，高位中所得国マレーシアとタイ，低位中所得国インドネシア，フィリピン，ベトナムとラオス，低位中所得国の仲間に入りつつあるカンボジアとミャンマーの現段階と持続的発展の条件を分析し，AEC，対中・対日関係，メコン河流域開発，平和環境の今後を展望。

ASEAN経済の統合度を多角的に検証！
ASEAN経済統合の実態
浦田秀次郎・牛山隆一・可部繁三郎 編著
ISBN978-4-8309-4868-8／C3033／A5判／236頁／定価2750円＋税

日本企業の事業展開先として注目されるASEAN。本書は，AEC構築を控えたASEAN経済が実際にはどれほど統合度を高めているのか，様々な統計や事例をもとに貿易，投資，企業・人の動きなど多角的に検証したものである。企業関係者や研究者，学生など幅広い層を対象とするASEAN経済理解のための必読書。

ASEAN経済共同体の実像と将来。
ASEAN大市場（メガ）統合と日本　TPP時代を日本企業が生き抜くには
深沢淳一・助川成也 著
ISBN978-4-8309-4838-1／C3033／A5判／292頁／定価2200円＋税

2000年代，日本，中国，韓国，そしてインド，アメリカ，豪NZがASEANを巡りFTAの主導権争いが展開された。通商環境が激変する中，日本企業は東アジア戦略の舵をどう切り，今後どう展開していくべきなのかを分析。ASEAN経済共同体（AEC）の死角から東アジア大統合の展望まで全てわかる。ビジネス関係者，学生，研究者から政府関係者まで必読の1冊。

来るべきアジアFTA新時代に備える必携の一冊！
日本企業のアジアFTA活用戦略　TPP時代のFTA活用に向けた指針
助川成也・高橋俊樹 編著
ISBN978-4-8309-4888-6／C3033／A5判／235頁／定価2400円＋税

アジアは自由貿易協定（FTA）を構築する時代から企業戦略に生かす時代に入った。21世紀型新通商ルールを持つTPPの発効を控え，企業の知恵比べが始まっており，FTAに対する理解度は，海外事業展開の「成否」に直結する。FTAの研究者，利用者，実務者，各々の視点から制度，実態，事例，問題点を多角的に洗い出した必携の一冊。

貧困削減を「開発経営学」構築を意図しつつ論述！
新興国市場の特質と新たなBOP戦略　開発経営学を目指して
林　倬史著
ISBN978-4-8309-4912-8／C3034／A5判／222頁／定価2600円＋税

新興国の所得構造の底辺を構成するBase of the Pyramid（＝BOP）の貧困削減を，新興国市場の特質と経営戦略論の視点から明らかにする。従来は，開発経済学の領域から論じられてきた発展途上国・新興国の貧困問題を，「開発経営学」という新たな理論的フレームワークの構築を意図しながら，フィリピンとバングラデシュの事例分析を中心に論じる。

日中の第一線の研究者が，中国の構造改革の実像に迫る！

2020年に挑む中国 超大国のゆくえ

厳　善平・湯浅健司・日本経済研究センター　編
ISBN978-4-8309-4909-8／C3033／A5判／269頁／定価2800円＋税

短期的な経済の動向だけでは中国の実力は判断できず，中国指導部が目指す方向を見誤ると，将来は予想できない。本書は日中の第一線の研究者がテーマ別に分析，2020年の「100年目標」達成に向けて現在，中国の指導部が何を考え，どのような方向に導こうとしているのかを明らかにする。

中国がアジアを変えるのか，アジアが中国を変えるのか！

新・アジア経済論 中国とアジア・コンセンサスの模索

平川　均・石川幸一・山本博史・矢野修一・小原篤次・小林尚朗　編著
ISBN978-4-8309-4896-1／C3033／A5判／239頁／定価2800円＋税

驚異的な経済成長に伴い，人民元の国際化から軍事費の増大，一帯一路戦略，AIIBなど，世界は中国の拡大に関心を高めている。「ワシントン・コンセンサス」と「北京コンセンサス」の限界を分析，「アジア・コンセンサス」と呼ぶ新たなアジアの開発協力モデルを気鋭の研究者が提示する。

様々な視点から中国経済を捉え直した、元経済紙記者の中国経済論！

中国経済を読み解く 誤解しないための8つの章

室井秀太郎　著
ISBN978-4-8309-4928-9／C0033／46判／154頁／定価1600円＋税

日本人の中国経済に対する見方は極端ではないか？本書は、日本人の中国経済の理解が、歴史的な経緯や中国の広大さ、多様さ、特殊性を踏まえないことが多いのに対し、こうした観点から中国経済を捉え直すことにより、中国経済への理解を深めることを意図している。中国との事業にかかわるビジネスマンだけでなく、広く中国に関心を持つ読者に読んでもらいたい本。元経済紙記者の中国経済論。

最新ヨーロッパ経済の羅針盤！

ヨーロッパ経済とユーロ

川野祐司　著
ISBN978-4-8309-4920-3／C3033／A5判／314頁／定価2800円＋税

インダストリー4.0, イギリスのEU離脱問題, 移民・難民問題, 租税回避, 北欧の住宅バブル, ラウンディング, マイナス金利政策, 銀行同盟, 欧州2020…ヨーロッパの経済問題を丁寧に解説。写真付き観光情報も充実。